新 版

初学者のための
憲法学

Study of the
Constitution
for Beginners

麻生　多聞
青山　　豊
三宅裕一郎
實原　隆志
福嶋　敏明
志田　陽子
岡村みちる
馬場　里美
飯島　滋明
榎澤　幸広
奥田　喜道

北樹出版

■執筆者・分担一覧■ （執筆順）

麻生　多聞（あそう　たもん）	鳴門教育大学大学院准教授	1章・13章
青山　　豊（あおやま　ゆたか）	早稲田大学講師	2章・3章
三宅裕一郎（みやけ　ゆういちろう）	日本福祉大学教授	4章・20章
實原　隆志（じつはら　たかし）	福岡大学教授	5章・7章
福嶋　敏明（ふくしま　としあき）	神戸学院大学教授	6章
志田　陽子（しだ　ようこ）	武蔵野美術大学教授	8章・15章
岡村みちる（おかむら　みちる）	埼玉大学講師	9章・11章
馬場　里美（ばば　さとみ）	立正大学教授	10章
飯島　滋明（いいじま　しげあき）	名古屋学院大学教授	12章・21章
榎澤　幸広（えのさわ　ゆきひろ）	名古屋学院大学准教授	14章・17章
奥田　喜道（おくだ　よしみち）	奈良教育大学准教授	16章・18章・19章

新版はしがき

2008年に本書の初版が刊行されて以来、13年という長い年月が経過した。その後に、新たな判例が登場し、法制の重大な変更が行われ、政治状況も大きく変動を遂げた。13年前には想像もできなかったような憲法状況が、2021年現在のわれわれの眼前にある。このような状況をふまえて補正すべき箇所が増えたこと、さらに、読者等からの貴重なご意見を反映すべき箇所が生じたことをふまえて、新版が刊行される運びとなった。

初版のはしがきで示されているように、大学で初めて憲法を学ぶ学生を対象とし、スタンダードとして挙げられる教科書に準じた体裁を保ちつつ、内容を平易で理解しやすいものとして執筆するという本書の方針に変わるところはない。本書は、大学における初学者向けという性格を持つものではあるが、憲法問題に関心を持たれる一般市民の方々にとっても、憲法の何がどのように重要なのかという見地から、読み応えのある内容として仕上がるよう執筆されている。初版と同様に、本書をご活用いただければ幸いである。

最後に、本書の刊行は、北樹出版の古屋幾子氏によるイニシアティブがなければ実現されることはなかった。編集過程におけるご協力に対し、心からの謝意を表したい。

2021年3月

執筆者一同

はしがき

　本書は、大学で初めて憲法を学ぶ学生を対象として編まれた、憲法学の入門書である。本書の執筆陣は、全員が大学において憲法を講ずるものであるが、初学者を対象とした講義に際し実用に耐えうる教科書として、適切なものを執筆するという動機に基づき本書の企画は立ち上げられた。

　大学において、法学部ではもちろん憲法が必修科目として設定されているが、法学部以外の多様な学部、学科においても憲法が履修されていることの背景には、２つの理由がある。ひとつは、教員免許取得のためには、憲法の履修による単位取得が不可欠という事情である。これには、憲法学という学問の内容に着目したものというよりもむしろ、進路の要件として規定される単位の取得を果たすという形式的意味がある。

　もうひとつの理由としては、憲法学という学問の内容そのものの中に、社会人として羽ばたく前段階の学生諸君にとって普遍的な意義が見出されるからこそ、憲法が履修されるという実質的意味が考えられる。

　大学で憲法を講ずるわれわれが共通して抱く想いは、憲法学の面白さ、奥深さ、ほかには見出すことができない特別の意義を、学生諸君に感じてもらいたいということである。このような想いを抱きながら、われわれは日々教壇に立っている。その際に思われることは、初学者の学生諸君にとって、憲法学に主体的に取り組んでもらうために有用な教科書はないものかということであった。大学で憲法を学ぶ際、スタンダードとして挙げられる教科書がある。実際に、多くの憲法講義では、そのような教科書が指定されていることが、大学のシラバスなどからうかがえる。しかし、学生諸君の視点からすれば、そのような教科書はやや難解かつ抽象的であり、初学者向けの教科書をできれば用意してもらいたいという希望が寄せられることも多いのが実情である。

　このような点を考慮しつつ、スタンダードとしての実質を有する教科書の体系に準じた体裁は保ちながら、内容を平易で理解しやすいものとして執筆する

こと、これが本書を貫く基本的な思想となっている。私たちが大学生であった時代、初学者として憲法学に接したときに、このような内容の教科書があればよかったのにという視点を常に持つよう、執筆に際しては心がけた。

講義ではテーマごとに必ず印刷配布、あるいは板書により学生諸君に参照してもらわなければならない資料があるのだが、そのような資料についても最新の内容を添付することにより、講義必携となる教科書を目指している。また、本書の叙述内容、資料の選別については、各テーマの執筆分担を、各執筆者の専門性を考慮して決定することにより、学生諸君にとって最大の成果をもたらすことができるよう配慮して本書は編まれている。

大学における初学者向けという性格を持つ本書ではあるが、憲法問題に関心を持たれる一般市民の方々にとっても、必要とされる内容を網羅したものと自負している。高校卒業程度の理解力があれば、本書のすべては平易に理解できる内容である。しかし、平易ではありながら、決して底の浅い内容には仕上げていないつもりである。昨今、政治における憲法問題の重要性はかつてないほどに高まっている。心ある市民の方々にとっても、憲法の何がどのように重要なのかという基本的論点の導きの書として、本書をご活用いただければ幸いである。

本書の執筆陣は、早稲田大学大学院法学研究科で学び、大学院を巣立って津々浦々の大学で憲法を講ずる若手の研究者、さらに研究会などで知己を得た研究者により構成されている。長らく共に憲法学を修めてきたこのメンバーにより、憲法学の入門書を刊行できることを幸せに思う次第である。

最後に、本書の刊行については、北樹出版の木村哲也氏、古屋幾子氏に大変行き届いたご協力をいただいたことを記し、心からの謝意を表したいと思う。

　2008年3月

執筆者一同

目　次

第1章　憲法とは何か･･･2

□1□　「憲」と「法」という2つの漢字で組み合わされた「憲法」という
　　　　言葉の意味──国家の最高法規　(2)

□2□　立憲主義（近代立憲主義）とは何か　(3)

□3□　憲法に「国民の三大義務」があることとの整合性　(7)
　　　　(1)　憲法26条2項における「教育を受けさせる義務」／(2)　憲法27条に
　　　　おける「勤労の義務」／(3)　憲法30条における「納税の義務」

□4□　「個人主義」と「利己主義（ミーイズム）」の違い　(9)

□5□　2つの意味の憲法　(10)
　　　　(1)　形式的意味の憲法／(2)　実質的意味の憲法

□6□　日本国憲法の特質　(11)
　　　　(1)　基本的価値「個人の尊厳」の基礎法／(2)　制限規範／(3)　最高規範

□7□　日本国憲法の改正要件は国際的に見て厳しすぎるものではない　(13)

第2章　日本国憲法史･･･15

□1□　大日本帝国憲法の特色　(15)
　　　　(1)　似非・外観的な立憲主義／(2)　神権天皇主義／(3)　大日本帝国憲法の
　　　　権利宣言

□2□　大日本帝国憲法と立憲政治　(19)

□3□　日本国憲法の成立　(21)
　　　　(1)　ポツダム宣言の受諾と「国体」護持／(2)　日本政府による憲法改正作
　　　　業／(3)　GHQが憲法草案作成に着手するまでの経緯／(4)　マッカーサー
　　　　草案の提示、帝国憲法改正草案の審議、日本国憲法の誕生

□4□　日本国憲法制定過程の問題点　(27)
　　　　(1)　憲法生誕の法理と八月革命説／(2)　押しつけ憲法論

第3章　国民主権‥‥‥‥‥‥‥‥‥‥‥‥‥‥‥‥‥‥‥‥‥‥‥‥‥‥‥‥‥32

　　1　日本国憲法の基本原理としての国民主権　(32)

　　　　⑴　主権概念の多義性／⑵　一人ひとり具体的な「人民」と、抽象的集合
　　　　体としての「国民」／⑶　国民主権の融合

　　2　象徴天皇制　(36)

　　　　⑴　国民主権と象徴天皇制／⑵　天皇の国事行為／⑶　国事行為の代行と
　　　　委任／⑷　国事行為以外の行為／⑸　皇位の世襲と継承／⑹　明仁天皇自
　　　　身による「問題提起」とそれ自体の問題性／⑺　皇室典範特例法の制定／
　　　　⑻　特例法制定過程から浮かび上がる本質的な課題

第4章　平和主義‥‥‥‥‥‥‥‥‥‥‥‥‥‥‥‥‥‥‥‥‥‥‥‥‥‥‥‥‥48

　　1　戦争の放棄　(48)

　　　　⑴　「戦争の放棄」の独自性はどこにある？／⑵　平和主義の規範構造／
　　　　⑶　「戦争の放棄」をめぐる学説

　　2　戦力の不保持──政府による「自衛力」論の陥穽　(53)

　　　　⑴　「自衛権」と政府の「自衛力」論／⑵　「戦力」とは何か？／⑶　政府
　　　　の「自衛力」論の問題点

　　3　日本の防衛法制の現在　(58)

　　　　⑴　日本の防衛法制の展開／⑵　日米安保体制と対米軍事協力の展開／
　　　　⑶　2015年9月の「安全保障関連法」の成立

　　4　おわりに　(64)

第5章　基本的人権の原理‥‥‥‥‥‥‥‥‥‥‥‥‥‥‥‥‥‥‥‥‥‥‥‥‥67

　　1　人権宣言の歴史──日本国憲法制定まで　(67)

　　　　⑴　人権宣言の萌芽／⑵　人権宣言の誕生／⑶　人権宣言の普及／⑷　人
　　　　権宣言の社会化／⑸　人権の国際化

　　2　人権の観念　(70)

　　　　⑴　人権の固有性・不可侵性・普遍性／⑵　人間の尊厳性──人権の根拠

　　3　人権の内容　(72)

　　　　⑴　自由権・参政権・社会権／⑵　分類の相対性／⑶　制度的保障

　　4　人権の享有主体　(75)

　　　　　　⑴　未成年者／⑵　天皇・皇族／⑶　法人・団体／⑷　外国人

第6章　人権の限界と妥当範囲 ⋯⋯⋯⋯⋯⋯⋯⋯⋯⋯⋯⋯⋯⋯81

　　① 人権の限界　（81）
　　　　　　⑴　人権の内在的制約／⑵　公共の福祉／⑶　違憲審査の手法

　　② 特別な法律関係における人権　（85）
　　　　　　⑴　特別権力関係論／⑵　公務員の人権／⑶　刑事施設被収容者の人権

　　③ 私人間における人権の保障　（91）
　　　　　　⑴　問題の背景／⑵　代表的な学説と判例

第7章　包括的基本権 ⋯⋯⋯⋯⋯⋯⋯⋯⋯⋯⋯⋯⋯⋯⋯⋯⋯95

　　① 幸福追求権の意義　（95）
　　　　　　⑴　憲法13条の法的性格／⑵　幸福追求権の意味

　　② 幸福追求権から導き出される人権　（98）
　　　　　　⑴　プライバシーの権利、名誉権〜人格権／⑵　自己決定権

第8章　法の下の平等 ⋯⋯⋯⋯⋯⋯⋯⋯⋯⋯⋯⋯⋯⋯⋯⋯106

　　① 憲法のいう「平等」とは　（106）
　　　　　　⑴　基本のイメージ／⑵　一般原則と個別の規定／⑶　「法の下の平等」
　　　　の意味／⑷　差別の理由にしてはいけない事項／⑸　差別が起きる場面

　　② 逆戻り禁止ルールと世界史の視野　（111）
　　　　　　⑴　貴族制度の廃止と禁止／⑵　形式的平等から実質的平等へ

　　③ 平等違反が起きる場面と裁判例　（112）
　　　　　　⑴　平等違反への違憲審査は／⑵　政治的関係——政治参加における平等
　　　　／⑶　経済的関係——雇用関係や経済活動における平等／⑷　社会的関係
　　　　——様々な現実／⑸　家族関係と性別の平等／⑹　外国人の人権と平等／
　　　　⑺　文化的少数者と平等

第9章　思想及び良心の自由 ⋯⋯⋯⋯⋯⋯⋯⋯⋯⋯⋯⋯⋯⋯122

　　① 精神的自由総論　（122）
　　　　　　⑴　「精神的自由」の基礎をなす自由／⑵　精神的自由の優越的地位／

　　　⑶　「二重の基準論」とその根拠

　　②　「思想及び良心の自由」（日本国憲法19条）（125）

　　　　⑴　諸外国における「思想及び良心の自由」の保障規定／⑵　諸外国に
　　　　「思想（及び良心）の自由」の規定がほとんど無い理由／⑶　日本におけ
　　　　る「思想及び良心の自由」の保障規定／⑷　『思想及び良心』の自由」の
　　　　意味／⑸　思想及び良心の自由の「保障」の意味

第10章　信教の自由……………………………………………135

　　①　信教の自由の歴史　（135）

　　②　信教の自由の内容と限界　（136）

　　　　⑴　内容／⑵　限界

　　③　国家と宗教の分離の原則　（140）

　　　　⑴　政教分離原則とは／⑵　政教分離原則の限界

第11章　表現の自由……………………………………………148

　　①　表現の自由の意義と保障の内容　（148）

　　　　⑴　表現の自由の「優越的地位」と保障の根拠／⑵　表現の自由に対する
　　　　規制の合憲性を判断する枠組み概説

　　②　表現の自由と「知る権利」　（155）

　　　　⑴　送り手の自由から受け手の自由も／⑵　「情報開示請求権」の法的性
　　　　格／⑶　アクセス権

　　③　取材・報道の自由　（157）

　　　　⑴　報道の自由／⑵　取材の自由／⑶　国家機密による限界

　　④　放送の自由　（158）

　　⑤　集会・結社の自由、通信の秘密　（159）

　　　　⑴　集会・結社の自由／⑵　通信の秘密

　　⑥　表現の自由の現代的問題　（160）

　　　　⑴　インターネット規制／⑵　「忘れられる権利」／⑶　「フェイク・ニュ
　　　　ース」と規制の動き

第12章　社会権‥‥‥‥‥‥‥‥‥‥‥‥‥‥‥‥‥‥‥‥‥‥‥‥162

　　1　生存権 （163）

　　　　(1)　生存権の内容／(2)　生存権の法的性格／(3)　憲法25条1項・2項区分論／(4)　生存権をめぐる裁判とその影響／(5)　外国人と生存権／(6)コロナ感染と生存権をめぐる日本の政治的状況

　　2　環境権 （168）

　　3　勤労の権利（27条） （169）

　　4　労働基本権（28条） （171）

　　　　(1)　労働基本権の内容／(2)　労働基本権の限界

第13章　教育と憲法‥‥‥‥‥‥‥‥‥‥‥‥‥‥‥‥‥‥‥‥‥‥174

　　1　生存権説から見た教育を受ける権利 （174）

　　2　学習権説から見た教育を受ける権利 （177）

　　3　教育権の所在 （179）

　　4　教師の教育の自由と「政治的中立性」 （181）

第14章　人身の自由‥‥‥‥‥‥‥‥‥‥‥‥‥‥‥‥‥‥‥‥‥‥187

　　1　奴隷的拘束からの自由 （187）

　　2　刑事手続 （188）

　　　　(1)　登場人物／(2)刑事手続の流れ

　　3　適正手続 （191）

　　4　被疑者の権利 （192）

　　　　(1)　不当な逮捕からの自由／(2)　不法な抑留・拘禁からの自由／(3)　住居の不可侵

　　5　被告人の権利 （195）

　　　　(1)　37条の「刑事被告人の諸権利」／(2)　黙秘権・自白の証拠能力／(3)　事後法と「二重の危険」の禁止／(4)　公務員による拷問・残虐な刑罰の禁止

　　6　残された課題 （198）

　　　　(1)　冤罪事件は防げるか／(2)　犯罪被害者の保護／(3)　裁判員制度実施に

より生じた問題点

第15章　経済的自由権‥‥‥‥‥‥‥‥‥‥‥‥‥‥‥‥‥‥‥‥‥‥‥‥‥‥201

　　1　経済的自由権とは　（201）
　　　　　⑴　近代的な消極国家と経済的自由／⑵　現代的な規制と「公共の福祉」
　　　　　／⑶　規制の目的／⑷　規制目的に応じた憲法判断

　　2　職業選択の自由　（204）
　　　　　⑴　権利の内容と性質／⑵　「公共の福祉」と規制の根拠・目的／⑶　規
　　　　　制の合憲性に関する審査基準

　　3　居住・移転の自由　（207）
　　　　　⑴　権利の内容と性質／⑵　海外渡航の自由と国籍離脱の自由／⑶　外国
　　　　　人の入国・再入国

　　4　財産権　（208）
　　　　　⑴　財産権保障の意味／⑵　知的財産権／⑶　財産権の制限／⑷　消費者
　　　　　保護のための法律と行政／⑸　財産権の制限と補償／⑹　「正当な補償」
　　　　　とは／⑺　アクチュアルな問題を考えてみよう

第16章　参政権‥‥‥‥‥‥‥‥‥‥‥‥‥‥‥‥‥‥‥‥‥‥‥‥‥‥‥‥‥215

　　1　選挙権の意義　（215）

　　2　選挙権　（215）
　　　　　⑴　選挙権の法的性格／⑵　近代選挙の五原則／⑶　選挙権享有の要件／
　　　　　⑷　選挙権の行使をめぐる憲法訴訟

　　3　被選挙権　（225）

第17章　家族と憲法‥‥‥‥‥‥‥‥‥‥‥‥‥‥‥‥‥‥‥‥‥‥‥‥‥‥227

　　1　24条が制定された理由　（228）
　　　　　⑴　「家」制度／⑵　家族国家／⑶　ベアテ・シロタの存在

　　2　基本原則　（230）
　　　　　⑴　配偶者の選択／⑵　離婚／⑶　財産権／⑷　相続／⑸　住居の選定

　　3　憲法24条をめぐる問題と新たな展開　（234）
　　　　　⑴　「家」制度残滓の問題／⑵　性別役割分業型家族の問題／⑶　ジェン

　　　　　　　ダーと女性差別撤廃条約／(4)　24条を取り巻く問題

　　4　憲法24条と改憲動向　（239）

第18章　国会……………………………………………………………………241

　　1　国会の地位　（241）
　　　　　　　(1)　国民の代表機関／(2)　国権の最高機関／(3)　唯一の立法機関

　　2　国会の組織　（244）
　　　　　　　(1)　二院制／(2)　国会議員の地位

　　3　国会議員の選挙　（246）
　　　　　　　(1)　選挙における原則／(2)　選挙制度／(3)　政党／(4)　選挙における自由
　　　　　　　と公正

　　4　国会の活動　（251）
　　　　　　　(1)　国会の会期／(2)　緊急集会／(3)　会議の原則

　　5　国会と議院の権能　（252）
　　　　　　　(1)　国会の権能／(2)　議院の権能

第19章　内閣……………………………………………………………………254

　　1　行政権の概念　（254）

　　2　独立行政委員会の合憲性　（255）

　　3　内閣の成立　（256）
　　　　　　　(1)　国会による内閣総理大臣の指名／(2)　内閣総理大臣によるその他の国
　　　　　　　務大臣の任命

　　4　内閣総辞職　（258）

　　5　内閣総理大臣及び内閣の権限　（259）
　　　　　　　(1)　内閣総理大臣の権限／(2)　内閣の職権

　　6　議院内閣制と衆議院の解散　（260）
　　　　　　　(1)　議院内閣制の本質／(2)　内閣の衆議院解散決定権

　　7　国民内閣制論　（265）

第20章　裁判所‥‥‥‥‥‥‥‥‥‥‥‥‥‥‥‥‥‥‥‥‥‥‥‥‥‥267

　　1　裁判を受ける権利　（267）
　　　　(1)　裁判を受ける権利の意義／(2)　裁判の公開／(3)　市民の司法参加と
　　　　「裁判員制度」

　　2　裁判所と司法権　（270）
　　　　(1)　司法権とは何か？／(2)　司法権の限界

　　3　裁判所の違憲審査権と憲法訴訟論　（275）
　　　　(1)　日本の違憲審査制の性格／(2)　憲法判断回避のルール／(3)　「憲法訴
　　　　訟」における「違憲審査基準」／(4)　裁判所による違憲判断の方法

第21章　地方自治‥‥‥‥‥‥‥‥‥‥‥‥‥‥‥‥‥‥‥‥‥‥‥‥‥282

　　1　なぜ「地方自治」が重要なのか　（282）
　　　　(1)　住民自治／(2)　団体自治

　　2　「自治体」について　（285）
　　　　(1)　「自治体」という用語について／(2)　地方自治の法的性質／(3)　憲法
　　　　で保障された「自治体」を判断する基準は／(4)　外国人の参政権／(5)　道
　　　　州制について

　　3　自治体のしくみ　（287）
　　　　(1)　「二元型代表制」／(2)　首長／(3)議会

　　4　条例　（289）
　　　　(1)　「自治体の事務」に関すること／(2)　「法律の範囲内」（憲法94条）で
　　　　あること

　　5　住民の意思表明　（291）
　　　　(1)　地方自治特別法に対する住民投票（憲法95条）／(2)　直接請求制度
　　　　（地方自治法12条・13条）／(3)　住民投票

　　日本国憲法　（295）

　　大日本帝国憲法　（302）

　　索引　（306）

xiv

資料・コラム

近代啓蒙期の国家権力観（14）

「芦田修正」をめぐる芦田均本人の変節？（27）

「押しつけ憲法論」の複層性（30）

ノモス主権論（47）

内閣総理大臣・吉田茂による、憲法9条全体により自衛戦争も放棄したものとする発言（66）

人権宣言（80）

公務員の労働基本権の制限に関する最高裁の動向（87）

代理母をめぐる問題（105）

労働法の規制緩和について（170）

派遣と規制緩和、格差問題について（172）

ベアテ・シロタ案・「総論部分」（240）

男女雇用機会均等法施行規則・「間接差別」（240）

与那国町へ「自衛隊配備」と「住民自治」（294）

初学者のための憲法学
【新版】

第1章 憲法とは何か

① 「憲」と「法」という2つの漢字で組み合わされた「憲法」という言葉の意味——国家の最高法規

　大学の憲法講義において、初学者として本書に接する読者は、高等学校までの社会科で、「憲法」が「国家の最高法規」であることを学んだ筈である。「国家の最高法規」という憲法の性質は、大学における憲法教育ではとりわけ重要なものであるが、この点に立ち入る前に、そもそも「憲法」が、「憲」と「法」という2つの漢字で組み合わされた「憲法」という言葉により表されることの由来について説明することから、本章の叙述を開始することとしたい。

　「刑法」であれば、「犯罪とそれに対する刑罰の関係を規定する法」、「労働法」であれば、「労働関係及び労働者の地位の保護・向上を規整する法」というように、その名称から由来を推測することが可能である。法律の名前を見れば、その法律の性格や目的を把握することができる。しかし、憲法ではこうはいかない。とりわけ、大学1年生で憲法の講義を初めて受講する学生の中で、「憲」という漢字の意味を説明することができる人は、決して多くはない。

　漢和辞典を参照すると、「憲」(のり・おきて)という漢字は、「法」(のり・おきて)と同じ意味「ルール」を表す漢字であることがわかる。「ルール」を表す漢字を2つ繰り返す(憲+法)ことによって、「ただの法ではない」こと、すなわち「国家の最高法規」であることが意図されている。まずは、「憲法」という言葉のこのような由来について、確認しておきたい。それでは、「ただの法ではない」、「国家の最高法規」とは、どのような意味なのだろうか。結論を先に示してしまうと、憲法は「国家にとって最も重要な決まりを定める国家

の設計図」と言うことができる。

　国家の運営をめぐって、まずは3つの問いが立てられることになる。第一に、「誰が統治権力＝主権を持つのか？」という問い、第二に、「その統治権力は、具体的に、どの機関によって行使されるのか？」という問い、そして第三に、「国家権力は何を目的として、どのように行使されなければならないのか？」という問いである。国家を運営するためには、この3つの問いに対する答えが必要となる。「憲法なくして国家なし」という言葉もあるように、民主制国家であれ、独裁国家であれ、国家は必ず、国家の設計図としての憲法を持っている。

　第一の問いに答える根拠としては、「主権の存する日本国民」と明記する憲法1条が挙げられる。第二の問いに対しては、「国会は、国権の最高機関であつて、国の唯一の立法機関である」と定める憲法41条、「行政権は、内閣に属する」と定める憲法65条、そして、「すべて司法権は、最高裁判所及び法律の定めるところにより設置する下級裁判所に属する」と定める憲法76条1項を挙げることができる。

　そして、第三の問いについては、高等学校までの社会科で学んだように、日本国憲法の三大原理として「人権の尊重・国民主権・平和主義」が規定されていることを確認しておきたい。日本国憲法においては、これに関わる憲法条項を数多く認めることができるが、本書における全ての章の内容が、このような憲法条項をめぐって書かれているので、考察を深めてもらいたい。

２　立憲主義（近代立憲主義）とは何か

　次に、日本国憲法に基づく憲法学において最重要概念とされる立憲主義について、これがいかなるものであるかについて説明していきたい。まず、次の文章を読んでみよう。

　　「憲法は、私たちが守らなければならない最高法規です。そのような憲法を、しっかりと勉強していきましょう」

　これは、筆者がある小学校で実際に耳にした、ある教員により小学6年生の児童に向けて発せられた言葉である。そして、この文には、重大な誤りが含まれている。この文のどこが「重大な誤り」なのだろうか。

　答えは、「私たちが守らなければならない」という部分である。憲法とは、「私たち」(＝国民)が「守らなければならない」ものではない。その根拠として、「憲法尊重擁護義務」を規定する、日本国憲法99条を挙げることができる。憲法99条は、「憲法を尊重し、擁護しなければならないのは、一体誰なのか？」という問いに対する答えを示す条文である。それでは、99条の条文を参照してみよう。

> 憲法99条「天皇又は摂政及び国務大臣、国会議員、裁判官その他の公務員は、この憲法を尊重し擁護する義務を負ふ」

　以上のように、99条の中には、「日本国民」が含まれていない。「天皇又は摂政及び国務大臣、国会議員、裁判官その他の公務員」、これを総称して「国家権力」と呼ぶ(ただし、天皇と摂政については、天皇が象徴としての存在に純化し、政治的権限の全てを喪失したため、純粋な意味における国家権力ということはできない点に注意が必要である)。したがって、憲法によって拘束されるのは、国民ではなく国家権力である。「国家権力を憲法で拘束することにより、国家権力の恣意的(勝手気まま)な行使を抑止し、国民の人権を保障するという考え方」を、立憲主義という。

　立憲主義とは、「憲法を立てる主義」の意だが、「どのような目的のために憲法を立てるのか」が重要となる。この目的とは、「国家権力の恣意的な行使を抑止し、国民の権利・自由を保障すること」である。「国家権力を憲法で拘束することにより、国家権力の恣意的な行使を抑止」するとは、どのような意味かといえば、まずは、「憲法に定められた形でしか国家権力は行使され得ない」ということになる。

　憲法に書かれた権力のみを、国家権力は行使することができる(憲法の授権規範性)。憲法に書かれていない権力を国家が行使した場合は、憲法違反(違憲)となる。あるいは、憲法に書かれている権力(例えば、行政権など)を国家

が行使しても、それが憲法に規定されている国民の人権を侵害するような場合であれば、それは違憲となる。

　国は行動するために法律を必要とする。憲法違反の法律により、国民の人権が侵害されることがある。法律の上位に憲法を位置づけて（憲法の最高法規性）、憲法に反する法律を違憲・無効とするメカニズムを作ることで、国民の人権が国家権力によって侵害されないようにする。立憲主義は、「個人の尊厳」を国家の中核的価値として定めている（個人主義）。その実現のために、国家権力を制限することこそ、立憲主義の中核的思想である。

　なぜ、このような考え方が生まれたのだろうか。18世紀末・近代において、各国で封建的身分体制を打破する市民革命が起こり、その結果、「国民の権利・自由を保障するために国家権力を制限しなければならない」という思想に基づく憲法が制定されることとなった。これまでは、国民一人ひとりの権利・自由を保障することを国家は目的としていなかったが、この「近代」という時点を契機として、国民の権利・自由を保障するために国家があるという思想（近代立憲主義）が誕生したのであった。

　18世紀末に闘われた市民革命の後、「人は生来自由かつ平等であり、人は人である以上、当然に不可侵の権利を持つ」という思想が人権宣言に結実した。この「人が人である以上、当然に持つ不可侵の権利」を「人権」と呼ぶ。ここで重要な点は、そもそも人権が「国家権力により侵害されてはならない権利」として構成されたものである、ということである。人権とは、まず、「対国家権力防御権」として把握されるべきものである。歴史を振り返れば、個人の権利・自由に対する最強最大の侵害主体が、常に国家権力であり続けてきたことがわかるだろう。

　国家権力は、放っておくと何をするかわからない。誤った方向で行使されれば、個人にとってとんでもないことになってしまう。「猛獣に化ける可能性のある国家権力を、憲法という名の檻の中でしっかりと押さえつける」というイメージを持つとよいだろう。

　1789年に国民憲法制定議会により採択されたフランス人権宣言16条は、「権利の保障が確保されず、権力の分立が定められていない社会は、憲法を有する

ものではない」と述べている。この有名な言葉は、権力分立という制度によって国家権力の恣意的な行使を抑制し、結果として国民の権利が保障されることが、立憲主義の中核にあることを示している。

　権力分立とは、ひとつの機関に全ての権力を集中させると権力の濫用が生じやすいことから、国家権力を3つに分け、それぞれを3つの個別の機関に持たせて、抑制と均衡のシステムを通じて権力の恣意的な行使をチェックするというしくみである。国民が、人間としての尊厳を保ちながら生存するために不可欠な権利、すなわち人権が保障されていない社会、そして、私たちの権利・自由を保障するために不可欠な権力分立というしくみを持たない社会は、「憲法」という名称の規範を有していたとしても、フランス人権宣言16条によればそれは憲法ではないということになる。

　フランス人権宣言16条により想定される憲法が、「立憲主義に基づく憲法」を指すものであることは明らかである。「立憲主義に基づく憲法を有するものではない」と書かず、単に「憲法を有するものではない」と言い切ってしまっているところに、「立憲主義に基づく憲法」こそが憲法だという強い確信が現れている。これは、国家が「憲法」という名の規範を持っていたとしても、それが「立憲主義に基づく憲法」としての内実を持つものでなければ、そんなものは持っていても仕方がないという意味なのである。

　日本は、第二次世界大戦後に、ようやく立憲主義に基づく憲法としての日本国憲法を手にした。戦前の日本においては、言論・思想の監視体制があり、権利・自由に対する侵害が常態化していた。治安維持法や特別高等警察による反体制派の弾圧がどのようなものであったかについては、高等学校までの社会科で学んだ筈である。

　戦前の憲法である「大日本帝国憲法」では、「臣民の権利」を定める条文の多くに、「法律の範囲内において保障する」と書かれている。例えば、大日本帝国憲法29条は、「日本臣民は法律の範囲内において言論著作印行集会及び結社の自由を有す」と規定していた。22条では、「法律の範囲内において居住・移転の自由を有す」とあった。これを、「法律の留保」と呼ぶ。

　先ほど、「法律の上に憲法をおいて（つまり、憲法の最高法規性）、憲法に反す

る法律を違憲・無効とするメカニズムを定めることで、国民の人権が国家権力によって侵害されないようにする。これが立憲主義の考え方」であると説明した。このような立憲主義の考え方が、戦前の大日本帝国憲法ではとられていなかったことがわかる。法律を制定したり、改廃するのは、憲法の制定や改廃と比べて容易であるため、「法律の定めがあれば、憲法上の権利は制限することができる」という「法律の留保」に基づく大日本帝国憲法の下では、国家にとって不都合な思想、宗教の弾圧は難しいことではなかった。しかし、立憲主義に立脚する日本国憲法では、当然のこととして、「法律の留保」というメカニズムは存在しない。

③　憲法に「国民の三大義務」があることとの整合性

　憲法は国家権力を拘束するものであり、憲法99条の憲法尊重擁護義務規定も、国家権力のみにその義務を課していると説明したが、日本国憲法には「国民の三大義務」が確かに規定されている。これは、先の説明と矛盾するように見えるが、これについては、どのように考えればよいのだろうか。

（1）憲法26条2項における「教育を受けさせる義務」

　まず、憲法26条2項は、「すべて国民は、法律の定めるところにより、その保護する子女に普通教育を受けさせる義務を負ふ。義務教育は、これを無償とする」と規定している。しかし、この義務は、「いかなる国民も（親がどのような教育思想を持っていても）、必ず義務教育の中学校までは教育を受けることが保障される」という意味での「教育を受ける権利」の読み替えとして把握されるものである。

　世の中には、自らが保護する子女に対して、「学校になど行く必要はない。すぐにでも働いてほしい」と考える保護者も存在する。しかし、少なくとも、中学校修了程度の普通教育を受けなければ、社会生活を円滑に送ることは困難と考えられる。そのため、日本国憲法26条は、全ての国民が必ず中学校までは通学することができるよう「教育を受ける権利」を保障しており、その権利を

実効的なものにするために、26条 2 項で、「保護する子女に普通教育を受けさせる義務を負う」と定めている。したがって、26条 2 項の「義務」については、保護者が負わされる「義務」という側面よりも、むしろ、全ての国民が必ず中学校までの普通教育を受けることができるという「権利」としての側面こそが、その本質であるということが可能である。

（2）憲法27条における「勤労の義務」

　日本国憲法27条 1 項は、「すべて国民は、勤労の権利を有し、義務を負ふ」と定めている。しかし、「勤労の義務」を果たさない国民に対して、罰金や懲役刑が科されることはない（罰則規定の不存在）ため、27条 1 項の「義務」は精神的規定にすぎず、「法的義務」ではないと説明することができる。また、この「義務」については、国民が勤労することができるよう、国に労働環境整備を求める規定として読み替えることも可能である。

（3）憲法30条における「納税の義務」

　日本国憲法30条は、「国民は、法律の定めるところにより、納税の義務を負ふ」と規定する。これについては、「法律の定めるところにより」という条件づけの箇所が重要である。市民革命以前、かつて封建領主は、法律に基づかない恣意的な課税を繰り返し、国民を苦しめてきた。これをふまえて、日本国憲法30条は、「国民が選挙を通じて選出する議員により制定される法律」によらない恣意的な課税には一切応じなくてもよいという「権利」の裏返しとして、「法律の定めるところにより、納税の義務を負ふ」という「租税法律主義」を定めた。したがって、30条の「義務」もまた、権利の読み替えとして把握することが可能である。

　以上のような根拠により、憲法99条と、憲法中に規定されている「国民の三大義務」は、矛盾しないものと考えることができる。

④ 「個人主義」と「利己主義（ミーイズム）」の違い

　「個人の尊重」を国家の中核的価値として定める立憲主義は、個人主義に立脚するものだと先に述べたが、そのような立憲主義や、立憲主義に基づく日本国憲法について、「自分のことさえよければいい」という「利己主義（ミーイズム）」ではないのか、という問いや批判が向けられることがある。

　しかし、憲法学は、立憲主義や日本国憲法が中核的価値とする「個人主義」は、「利己主義」とは異なると考えている。その根拠は、日本国憲法12条と13条である。

> 憲法12条「この憲法が国民に保障する自由及び権利は、国民の不断の努力によつて、これを保持しなければならない。又、国民は、これを濫用してはならないのであつて、常に公共の福祉のためにこれを利用する責任を負ふ」
> 憲法13条「すべて国民は、個人として尊重される。生命、自由及び幸福追求に対する国民の権利については、公共の福祉に反しない限り、立法その他の国政の上で、最大の尊重を必要とする」

　12条の条文においては、「この憲法が国民に保障する自由及び権利」は、「濫用してはなら」ず、「常に公共の福祉のためにこれを利用する責任を負ふ」と書かれている。「公共の福祉」とは、「社会全体の幸福」と言い換えることができるもので、「他の国民の迷惑にならないようにしなければならない」とするものである。したがって、ある国民による権利の行使が、他の国民の権利を侵害するような場合には、制限を受けることがありうることを、12条は明記していることになる。

　13条の条文でも、尊重される個人の権利が、「公共の福祉」に反する場合には、「最大の尊重」を受けないという趣旨を読み取ることができる。このような条文を根拠として、立憲主義や日本国憲法が中核的価値とする個人主義が「利己主義」に立脚するものではないということが可能であろう。

⑤　2つの意味の憲法

大別すると、「憲法」の意味には2種類のものがある。

（1）形式的意味の憲法

　内容がいかなるものであるかを問わず、「憲法」という法の形式、「憲法」という名称を有する法典のことを「形式的意味の憲法」という。「憲法」と名のつくものは、全てこれに該当する。例えば、日本国憲法と大日本帝国憲法を比較すると、先述した「国家権力は何を目的として、どのように行使されなければならないのか」という問いに対して、異質な立場をとるものと考えられるが、それでもこの両者については「憲法」という名称を持つ法典という点において、「形式的意味の憲法」という同一のカテゴリーが存在する。

　「形式的意味の憲法」とは、中身に一切こだわらない、あくまでも「形式」のみに注目した分類である。このような分類がなければ、例えば日本国憲法とは全く異質の内容を持つがゆえに、とても同じ「憲法」だとは思えない「憲法」が存在するという現実に直面したとき、それが何故「憲法」と呼称されているのかという問いに答えることができない（フランス人権宣言16条が、「権利の保障が確保されず、権力の分立が定められていない社会は、憲法を有するものではない」と述べたように）。

（2）実質的意味の憲法

　「形式」という言葉の反意語は「実質」である。「形式的意味の憲法」という分類が、内容にこだわらず、「憲法」という「形式」さえ有していればよかったのに対し、「実質的意味の憲法」とは、「実質＝内容」にこだわる分類である。

　注意を要するのは、「実質的意味の憲法」が持つ「内容」については、どのようなものであっても構わないというわけではなく、「ある特定の実質＝内容」を持つものでなければならないという点である。では、「実質的意味の憲法」に充填され得る「ある特定の実質＝内容」とはどのようなものだろうか。それ

は、「固有の意味の憲法」と「立憲的意味の憲法」である。

　「国家あるところ憲法あり」という言葉がある。国家とは、国民、領土、国家権力という3つの要素を持つ組織体であり、これはきわめて多くの人間が関係する複雑なものとならざるを得ない。国家よりもはるかに規模の小さな組織体、例えば学校や企業のような組織体も、社則や校則というルールにより、その組織における決まりごとを規定しなければ、組織体として活動することができない。誰が社長で、誰が校長で、どのような指揮監督権限があるのか、どのような課程をこなせば修了することができるのか、細かい規定が必ず設けられている。どのような組織体にも、その組織のあり方を定めるルールが必ず必要なのである。このような意味で、「国家の組織構造を定める規範」を、国家に必ず付随する国家固有の憲法、すなわち「国家固有の憲法」と呼ぶ。

　「立憲的意味の憲法」とは、「近代立憲主義という思想に基づいて制定された憲法」を意味する。より詳細に言えば、「近代という時代に確立された、国民の権利・自由の保障を目的として、国家権力を制限しようとする考え方に立脚する憲法」ということができよう。

6　日本国憲法の特質

　日本国憲法には、「立憲的意味の憲法」、「固有の意味の憲法」という2つの意味を持つ「実質的意味の憲法」という側面と、「憲法」という名称を持つ「形式的意味の憲法」という側面がある。「立憲的意味の憲法」としての日本国憲法の特質としては、以下の3点を挙げることができる。

（1）基本的価値「個人の尊厳」の基礎法

　近代立憲主義という概念は、最も重要な価値として「個人の尊厳」を掲げる。日本国憲法は、前文や11条、13条などに個人の尊厳を重視するという立場が示されている。戦前の大日本帝国憲法は、「国体」、すなわち天皇を中心とした国政のあり方こそ、何にもまさる基本的価値としていたが、かような統治体制は近代立憲主義と相容れるものではない。日本国憲法は、「個人の尊厳」という

基本的価値の実現に向けて国家の組織のあり方が定められていることから、「個人の尊厳」という目的を持つ「実質的意味の憲法」であり、「個人の尊厳」を保障するという目的に合致した形で、国家に「固有の憲法」として国家組織のあり方を定める「実質的意味の憲法」である。このような意味において、日本国憲法は「個人の尊厳」という基本的価値のための基礎法だということができる。

（2）制限規範

　「個人の尊厳」という基本的価値の実現のためには、憲法は国家権力を制限するものでなければならない。歴史を回顧すれば、国家権力は個人にとって最大最強の抑圧主体であり続けてきたことがわかる。各自でただひとつの宗教を選んで真摯に信仰したいと考えても、国家権力により、それとは異なる宗教の信仰を義務づけられれば、逆らうことはできなかった。戦争において勝利のために自分の生命を投げ出すことが美徳とされ、徴兵令を忌避することは自分の生命に執着する「エゴ」の現れとみなされ、非国民として徹底的な排除・抑圧の対象とされた。国家権力は、時に絶望的なまでに個人の自由を圧迫する主体となり、思想統制が強化された結果、治安維持法による「国体」変革などを目的とする結社の禁止に違反したとして逮捕された者に対しては、「打つ、吊るす、火で皮膚を焼く、夏のさかりに熱い湯を背中に注ぎ込む」といった拷問が加えられた。これらの出来事は、全て戦前の日本で実際に起こったことばかりである。近代立憲主義という思想に立脚する日本国憲法は、国家権力という「猛獣」を憲法という檻の中に閉じ込め、その権力が濫用されることのないよう監視し、個人の尊厳を実現するという方向においてのみ権力行使が認められるという形で、国家権力の行使のあり方を規定している。このような意味において、近代立憲主義に立脚する日本国憲法は、「制限規範」であるということができる。

（3）最高規範

　日本国憲法98条では、憲法の最高法規性が規定されている。憲法改正には、

法律の改正（衆議院、参議院の出席議員の過半数の賛成で議決）よりもはるかに困難な手続、すなわち、衆議院、参議院の両院における各院の総議員の3分の2以上の賛成と、さらに国民投票で国民の過半数の賛成が必要とされている。法律の制定改廃のための要件は、憲法と比較するときわめて容易であることがわかる。

　大日本帝国憲法29条では、「日本臣民ハ法律ノ範囲内ニ於テ言論著作印行集会及結社ノ自由ヲ有ス」と規定されており、憲法上の「表現の自由」という権利が、憲法よりもはるかに制定改廃の容易な法律、例えば、映画法、新聞法、治安維持法等によって制限されることが、憲法上で予告されていたということができる。6頁で述べたように、憲法上の権利に対し、憲法より下位の法律により「待った」がかけられることを「法律の留保」と呼ぶ。大日本帝国憲法上、大日本帝国臣民に認められていた権利は、憲法より下位の法律により、いかようにも制限が可能だったのである。これでは、憲法の「最高法規性」は認められるものではない。

　六法全書で大日本帝国憲法を参照すれば、「臣民の権利」にはことごとく何らかの留保、制限が付せられていることに気づくだろう。対照的に、日本国憲法3章「国民の権利及義務」において、いかに留保、制限の少ないことか。ここに、「法律の留保」の排除を認めることができる。

　改正が困難な憲法により、わざわざ権利・自由を保障することの背景には、国家権力が、単純過半数により比較的容易に改正可能な法律によって、国民の権利・自由が制限されることのないように国家権力を制限するという意図がある。日本国憲法98条は、憲法に反する法律を無効としている。このような意味で、憲法の最高規範性とは、国家権力が私たち国民の権利・自由を容易に制限することができないようにするため、法律より高次にある憲法により、国民の権利・自由を保障しようとするための前提である。

7　日本国憲法の改正要件は国際的に見て厳しすぎるものではない

　衆参両院の総議員の3分の2以上の賛成と、国民投票における国民過半数の

賛成を必要とする日本国憲法改正要件について、厳しすぎるのではないかという声もある。しかし、これまでに存在してきた、議会による憲法改正手続を定める394の憲法典のうち、日本と同様に議会の総議員の3分の2以上の賛成を必要とする憲法は78%を占め、2分の1はわずか6%。4分の3が11%、5分の3が3%であり、それでも多くの国で憲法が改正されていることをふまえて、日本国憲法改正要件が極端に高いハードルであるということはできないということが、有力な政治学者により指摘されている。憲法の最高法規性という見地から考えれば、憲法改正要件が法律のそれと比べて厳格であるのは当然のことと言えるだろう。

■参考文献■

芦部信喜（高橋和之補訂）『憲法〔第7版〕』（岩波書店、2019）

植野妙実子『基本に学ぶ憲法』（日本評論社、2019）

ケネス・盛・マッケルウェイン、駒村圭吾「憲法を考える――施行70年、70年変わらない意味」『朝日新聞』2017年5月2日付。

樋大樹『憲法がわかる46のおはなし――檻の中のライオン』（かもがわ出版、2016）

水島朝穂『18歳からはじめる憲法〔第2版〕』（法律文化社、2016）

水島朝穂『はじめての憲法教室――立憲主義の基本から考える』（2013）

【資料】

近代啓蒙期の国家権力観

「権力を持つ者がすべてそれを濫用する傾向にあることは、歴史の経験が示すところである」モンテスキュー

「人民の敵は犯罪者と政府である。政府が犯罪者の合法化パターンとならないよう、憲法という鎖で羽交い絞めることが必要である」ジェファーソン

「人間はそもそも傲慢な存在であり、高位につけば必ず専制へと向かう。これは証明された真理である」バルレー

第2章 日本国憲法史

① 大日本帝国憲法の特色

（1）似非・外観的な立憲主義

　大日本帝国憲法は、ヨーロッパに派遣されてドイツ系の憲法を学んだ伊藤博文ら明治国家建設の立役者であった官僚たちの手で極秘裏にその草案が作成された後、欽定憲法（君主の単独意思により制定される憲法⇔民定憲法）として黒田清隆内閣時の1889（明治22）年2月11日に発布された後、翌年11月29日に施行された。もっとも、大日本帝国憲法は、それに対して一般的にイメージされている非近代的な成文憲法典だったのかというと必ずしもそうとは言い切れない。その中には、権力分立制、議会制、大臣責任制、司法権の独立、「臣民」の権利保障等についての規定が不十分ながらもあり、アジアでは最初の「立憲的意味の憲法」として位置づけられる。では、本来絶対主義的な傾向の強い明治藩閥政府が不十分ながらもこうした立憲主義的性格を有する憲法典を保持するに至ったのはいかなる理由によるのだろうか。

　第一に、明治維新により新政府は太政官体制（今日でいうところの内閣）を確立したものの、その支持基盤は弱く、わずかに官僚と軍隊組織を唯一確実な土台とするのみで、江戸時代の幕藩体制が封建武士を政治権力の支持基盤としたように明治新政権も確固たる支持基盤を形成する必要に迫られていた。明治政府はそれを、維新以来急速に成長しつつあった寄生地主階層に求め、それに伴って被治者から治者へと地主階層の地位を転換する必要があったが、これを可能にしたのが制限選挙制（選挙権・被選挙権を付与する要件として一定の財産保有・納税や性別の面で制限を設ける選挙制度⇔普通選挙制）の確立である。大日本

帝国憲法発布後、彼らが被選挙権を駆使して国政に足場を築くことになる帝国議会の設置（1890（明治23）年）は明治政府の階級的基盤の確立を意味した。第二に、明治国家が近代国家へと成長するためには国民の全精力を国家的に吸収する必要があった。封建的な「領民」から国家の一員たる「臣民」というように国民の意識改革が必要とされたのである。こうした「臣民」意識形成のイデオロギー的前提を成したのが大日本帝国憲法の制定であった。第三に、大日本帝国憲法の制定は、1870年代から80年代における自由民権運動の高揚に見られるように、対内的には反政府運動に対する妥協的な解決策としての意義を有する一方、対外的には欧米列強諸国に対抗する目的で近代国家の外観を整えるものとしての意義を有していた。1858（安政5）年に徳川幕府が米・蘭・露・英・仏との間で締結した不平等条約を改正する条件として「司法権の独立」を始めとする権力分立原則に基づいた政治機構の確立という国家組織の近代化をこれらの国々が要求していたことは、憲法制定を通じた一定程度の近代化が不可避であったことを物語っている。

　明治政府が範としたのは、イギリスに見られるような議会主義に基づく立憲君主制ではなく、ドイツの権威主義的な立憲君主制だった。近代諸国と対等に伍していく上では日本古来の特殊性ばかりに固執するわけにはいかず、相互に交流し合って張り合う限りでは西欧化・近代化に励むことにしたものの、内に向かっては天皇を中心とする独特の日本主義を強調しなければならなかった。そしてこうした二面的性格は、今日の学説の多くが大日本帝国憲法の特徴について「似非・外観的な立憲主義」との評価を下す要因にもなっている。

（2）神権天皇主義

　大日本帝国憲法においては、国政のあり方を最終的に決定する力＝主権は天皇にあり、天皇主権主義が基本原理とされていた。その根拠は「国家統治ノ大権ハ朕（＝天皇）カ之ヲ祖宗ニ承ケテ之ヲ子孫ニ伝フル」（大日本帝国憲法発布勅語）という古来より脈々と続いてきた天皇統治の伝統に求められる。また、その1条「大日本帝国ハ万世一系ノ天皇之ヲ統治ス」と3条「天皇ハ神聖ニシテ侵スヘカラス」に見られるように、天皇の権力の絶対性を粉飾するべく、

「万世一系」や「神聖」の語が含まれた大日本帝国憲法は「神権主義的な憲法」として特徴づけられる。そして、天皇の大権は広範囲にわたっており、天皇が統治権を総攬（一手に掌握）していたため（4条）、帝国議会・内閣・裁判所はいずれも天皇大権の翼賛機関たる位置づけにとどまっている。

　帝国議会における法律の制定には天皇の裁可を必要とし（6条）、しかも天皇は「緊急勅令」や「独立命令」の形式で、帝国議会の協賛を経ずに立法的措置を行うこともできた（8条・9条）。衆議院の解散制度はあるにはあったが（44条2項・45条）、内閣の成立・存続は帝国議会の信任とは無関係であり、内閣は帝国議会での不信任決議で総辞職する必要もなかった。また、帝国議会も民意を十分に反映していたとは言い難く、それは衆議院と貴族院の二院で構成されていたとはいえ、皇族・華族・勅任の議員など公選によらない「勅選」議員からなる貴族院が「公選」議員からなる衆議院と対等の地位にあり、衆議院の動向を牽制することが可能だった。もっとも、制限選挙的な選挙法下で有権者の総数が少なかったことを思えば、「民主的に構成されている」と評するのが憚られる面が衆議院にもあったことになる。

　内閣は1885（明治18）年には既に制度化されていたものの、大日本帝国憲法上に規定された機関ではなく、単に官制で定められていたにすぎない（「官制」は、現行の日本国憲法下では内閣法、国家行政組織法、各省の設置法がそれに当たる）。天皇は国務各大臣の助言・同意に基づいて行動するとされていたが、国務各大臣は議会の意思とは無関係に在職し、責任を負うのは帝国議会に対してではなく天皇に対してだった（55条）。大日本帝国憲法時代の内閣は同格的な「国務各大臣」の集合体であって、内閣総理大臣といってもその地位は基本的に「国務各大臣」の一角を占めるにとどまり、せいぜい「同輩中の首席」でしかなかったため、政治的リーダーシップを担保する国務各大臣の任免権が内閣総理大臣にあろうはずもなく、（内閣総理大臣以外の）国務各大臣が辞任するというだけで内閣が総辞職してしまうこともあり得たのである。

　「天皇ノ名ニ於テ」裁判を行う通常の裁判所は民事・刑事事件の裁判権しか持たず、それとは別に設けられていた行政裁判所の管轄に行政事件は属していたため（60条・61条）、その権限の範囲を限定されていた（大日本帝国憲法下の行

政裁判所は軍法会議や皇室裁判所とともに現行の日本国憲法76条2項で設置が禁じられている「特別裁判所」に当たる）。また、帝国議会が制定する法律が大日本帝国憲法に反するのかどうかを裁判所が審査する違憲立法審査制も整備されていなかった。例えば、天皇制廃止を主張するようなイデオロギーや結社組織を取り締まる目的で死刑を含む厳罰主義を導入していた治安維持法のごとき法律であっても、ひとたび帝国議会を通過して天皇が裁可することにより効力を発すれば、大日本帝国憲法の29条に規定されている「集会・結社の自由」「言論の自由」等にこの法律が反するのではないかと異議を申し立てて合憲・違憲を法廷で決する途が閉ざされていたということである。帝国議会が法案審議の過程で、憲法上に規定された諸々の自由との関係を考慮しつくし、「それらの自由を侵すものではない」との御墨つきを与えた上で法案を通過させた以上、後は天皇以外に誰もそれに対して異議申立てを行う資格などないと考えられていた。他方、1891（明治24）年の大津事件をめぐる大審院判決でも明らかなように、「司法権の独立」については事実上かなり強く認められていたものの、行政機関たる司法省に司法行政権が属していたために裁判官の身分上の独立が確固たるものだったとは言い難い（この点、本事件を通じて「司法権の独立」を守ったとされる大審院長・児島惟謙が複数の担当裁判官に対し、松方正義内閣からの死刑判決要求に抗うよう粘り強い説得工作を行った点などは、「裁判所内の裁判官の独立」の観点からすると、今日的には憲法上問題が多いと見られる余地があることについても併せて留意する必要がある）。

（3）大日本帝国憲法の権利宣言

　本来「人権」とは、人間がただ人間であるとの理由で生まれながらに有する権利のことをいう。しかし、大日本帝国憲法の権利宣言はこうした「生来の権利」ではなくて、天皇の自己制限を通じた恩恵により付与される「臣民の権利」を定めたものだった。どこまでも天皇に隷従し、天皇を翼賛すべき存在こそが「臣民」であったため、憲法上の権利保障とはいっても「臣民」としての立場に抵触しない限りで主張されうるにとどまったということである。

　大日本帝国憲法上に規定された権利は、原則「法律ノ範囲内ニ於テ」または

「法律ニ定メタル場合ヲ除ク外」保障されるにすぎなかったことから（19条・22条・25条・26条・29条など）、あくまでも「法律による保障」であって「法律からの保障」ではなく、帝国議会制定の法律によるのであればいかようにでもそれを制限できた。憲法上の権利はもっぱら行政府に対して主張しうるにとどまり、人権抑圧で悪名高い治安警察法や治安維持法も憲法上堂々と正当化されたのである。この点、こうした「法律の留保」による制限のみならず、さらなる制限の可能性も残していたのが28条規定の「信教の自由」である（「日本臣民ハ安寧秩序ヲ妨ケス及臣民タルノ義務ニ背カサル限ニ於テ信教ノ自由ヲ有ス」）。天皇の祖先を祀る神社神道が事実上の「国定宗教」として位置づけられたことで、それと両立しない宗教活動はあえて法律を持ち出すまでもなく行政の恣意的判断で過度に取り締まられるおそれがあった。

　権利保障の範囲も十分とは言い難く、思想・良心の自由や学問の自由はもとより、平等権が除外されている。平等に至っては、「日本臣民ハ法律命令ノ定ムル所ノ資格ニ応シ均ク文武官ニ任セラレ及其ノ他ノ公務ニ就クコトヲ得」（19条）というように公務就任権の面で認められていたにすぎない。明治政府は江戸時代の封建的身分制を廃止したものの、それに代えて設けたのが皇族・華族などの特権的身分制度である。平等の主張は、この新たなる身分秩序、ひいては神権天皇制に反するとして国法上の禁圧対象とされたのだった。

② 大日本帝国憲法と立憲政治

　大日本帝国憲法の歴史は、「超然主義」（政府は党派から超然した地位にあり、その進退を議会によって左右されてはならないとの考え）の名の下に藩閥政府が主導権を掌握し、対外的には朝鮮半島と台湾を植民地化した大正初期までの時期、大正から昭和初期にかけて立憲政友会と立憲民政党という二大政党を前提に習俗的規律として議院内閣制がほぼ確実に成立していたと言える政党政治爛熟の時期、そして1931（昭和6）年の満州事変以降に軍部が政治の実権を掌握したに等しい時期の計3つに大きく分けることができる。このうち、大日本帝国憲法における立憲主義的な諸制度が比較的順調に運用されていたのは、いわゆる

「大正デモクラシー」が花盛りだった第二期であり、その時期には美濃部達吉や佐々木惣一といった著名な憲法学者による立憲主義的な憲法解釈がある程度受け入れられて学界の支配的潮流となり、男子普通選挙制が実現され、政党内閣制を慣行化する状況が生まれたが、その他の時期は民意無視の政治がむしろ大手を振って通例的に行われてもおかしくなかった。軍部によるファシズムが横行した第三期に人権抑圧はとりわけ激しさを増す。

　天皇に権力を集中させることの典型は政治権力の集中だけではなく軍事権力の集中にも見て取れる。軍事を政治から独立させて議会の介入しえない聖域に置き、それを天皇にのみ直属させるという「統帥権独立」の建前（大日本帝国憲法11条）や、軍部大臣の任用資格を現役武官に限定する「軍部大臣現役武官制」（陸海軍省官制）が軍閥支配を招来させ、対外侵略を日本の国是とさせて行く。世界恐慌の中で日本経済も苦境に陥り、軍部による強硬なアジア大陸への進出政策に活路を見出そうとする主張が勢いを増して政党内閣への支持が揺らぎ、軍の一部が1932（昭和7）年の5・15事件で現職の犬養毅首相を暗殺するに至って「（議会の多数派政党が内閣を組織するという）憲政の常道」が崩壊して以降、政党内閣の慣行は粉砕された。またこの時期、治安維持法や刑法上の不敬罪（天皇や皇族の尊厳を貶める罪）等を手掛かりに「国体信仰」との矛盾を、思想警察として暗躍した特別高等警察（特高）から指摘された思想・宗教が弾圧対象となり、遂には美濃部博士の唱える学問上の定説「天皇機関説」までもが、軍部と歩調を合わせる右翼急進派からの執拗な圧力を受けて、時の岡田啓介内閣が1935（昭和10）年に国体明徴声明を二度にわたり発するまでに至る。一般的に天皇機関説は、「統治権は法人たる国家にあり、天皇はその最高の地位にある機関として他の機関の参与・輔弼を得ながら統治権を行使する」との説であるが、美濃部博士の場合は帝国議会の権限を強く押し出す方向でそれを唱えている点に特徴があった。天皇が主権者であることを否定するものではなく、ただ天皇主権を基本原理とする大日本帝国憲法を「立憲主義的・自由主義的」に解釈するのである。しかし、これが「国体に反する」として国家権力による憲法学説（「臣民」の権利や帝国議会の権限を抑制的に捉える一方、国家と天皇とを同視する、専制主義的にして神がかり的な「天皇主権説」）の公定にまで達した（天

皇機関説事件）。

　また、新たなる人権制限として、戦争動員の観点から1938（昭和13）年に国家総動員法が制定され、その下で次々と言論弾圧が罷り通っていく。本法に依拠する命令により、言論機関は政府にとって都合の悪い言論を沈黙させられるばかりか、政府の推進する国策を積極的に喧伝するプロパガンダ機関への移行をも強いられた。そして1940（昭和15）年に既存の諸政党が解党し、事実上帝国議会を政府の傀儡手段にする大政翼賛会が結成されたことは、帝国議会が政府や軍に対する歯止めとしての役割を事実上放棄して政党内閣の基盤そのものが喪失したことを物語っている。

③　日本国憲法の成立

（1）ポツダム宣言の受諾と「国体」護持

　連合国との総力戦＝太平洋戦争は、アメリカ・中華民国・イギリス（後にソ連も参加）が日本降伏の条件を約定して1945（昭和20）年7月26日に突きつけてきたポツダム宣言を日本政府が黙殺した後、人類史上初の原爆投下とソ連の対日参戦という過程を経て、「国体」変革回避に望みを託しながら8月14日にようやく受諾を連合国に通告し、次いで9月2日の戦艦ミズーリ号における降伏文書署名により降伏が法的に確定した結果、約4年に及ぶその幕をどうにか閉じたのだった。このときに大日本帝国憲法体制は事実上崩壊し、最高司令官ダグラス・マッカーサーの指揮下、連合国最高司令官総司令部（General Headquarters；GHQ）のイニシアティブで日本の戦後改革が進められて行くことになる。ポツダム宣言はこの改革の綱領的意義を有する文書であり、それは、領土要求や戦犯処罰といった戦勝国が通常敗戦国に対して課す条件のみならず、日本の民主化と非軍事化をも義務づけるものだった。その中でも「……日本国政府ハ日本国国民ノ間ニ於ケル民主主義的傾向ノ復活強化ニ対スル一切ノ障碍ヲ除去スベシ　言論宗教及思想ノ自由並ニ基本的人権ノ尊重ハ確立セラルベシ」とする10項と「……日本国国民ノ自由ニ表明セル意思ニ従ヒ平和的傾向ヲ有シ且責任アル政府ガ樹立セラル」べきことを謳った12項が特に重要である。

　ところで、日本が降伏を申し入れる際に懸念されたのは「国体」が護持されるかどうかだった。だが、およそ「国柄」や「国家体制」を指し示すことは疑いないにしても、主張者ごとにその文言に込める意味合いがまちまちであったことは否定できない。総じてそれは3つの意味に分けられる。①天皇に主権が存することを根本原理として据える国家体制。②天皇が統治権を総攬する国家体制。③天皇を国民の憧憬対象の中心に据える国家体制。日本政府は1945（昭和20）年8月10日に次のような留保を付けてポツダム宣言受諾を連合国に申し入れた。「右宣言ハ天皇ノ国家統治ノ大権ヲ変更スルノ要求ヲ包含シ居ラザルコトノ了解ノ下ニ受諾ス　帝国政府ハ右了解ニシテ誤リナキヲ信ジ本件ニ関スル明確ナル意向ガ速ニ表示セラレンコトヲ切望ス」。これに対して翌11日にアメリカ合衆国国務長官のジェームズ・バーンズは次のように回答する。「降伏ノ時ヨリ天皇及日本国政府ノ国家統治ノ権限ハ降伏条項ノ実施ノ為其ノ必要ト認ムル措置ヲ執ル連合国最高司令官ノ制限ノ下ニ置カルルモノトス　日本国ノ最終ノ政治形態ハポツダム宣言ニ遵ヒ日本国国民ノ自由ニ表明スル意思ニ依リ決定セラルベキモノトス」。この回答に天皇は、全面降伏する目的で「御聖断」と呼ばれる最終決断を行い、終戦の詔書の中で「朕ハ茲ニ国体ヲ護持シ得テ」という表現を用いているが、少なくとも日本政府は、ポツダム宣言が国民主権主義の採用を必ずしも要求していないと考えており、「国体」を護持できるとふんでいた。しかし、これは、大日本帝国憲法に一切手をつけずにポツダム宣言の趣旨を実効化することなどほぼ不可能だったにもかかわらず、日本政府が①と②の意味での「国体」を護持できると考えていたことを物語っている。他方で、それでも連合国が「国体」護持を受け入れたのだとすると、それはやはり③の意味限定だったと考えざるを得ない。

（2）日本政府による憲法改正作業

　天皇の防波堤になることを期待されて降伏直後に成立した皇族内閣の東久邇宮稔彦内閣が、大日本帝国憲法体制の修正を迫って矢継ぎ早に発出されるGHQからの命令に歩調を合わせられずに52日間で総辞職した後、10月6日に天皇から大命降下（元老や重臣が推挙する人物を天皇が首相に任命する、大日本帝

国憲法上に明文の根拠を持たないシステム）を告げられて首相に就任した幣原喜重郎は、マッカーサーから憲法改正の必要性を指摘されたことを受けて内閣の下に憲法問題調査委員会を設置する。幣原内閣の憲法担当国務相である松本烝治が委員長を務めた当委員会の改憲方針は、大日本帝国憲法体制の第二期に当たる大正デモクラシーのありようを理想としていた。当委員会に参加した美濃部達吉、宮沢俊義、清宮四郎、河村又介といった当代の著名な憲法学者らも、かかる構想を共有している。確かに彼らはファシズム下での自由抑圧に対して批判的だったが、その要因が全て大日本帝国憲法それ自体に帰せられるとの見方はとっていない。戦前・戦中の自由抑圧は治安維持法や統帥権の独立を悪用した軍部の横暴によりもたらされたのであって、大日本帝国憲法それ自体は立憲主義的であり、戦後の日本でも十分通用すると彼らは考えていた。翌年2月2日に成案として決裁された通称「松本草案」には、小幅改正の甲案（松本甲案）と大幅改正の乙案（松本乙案）とがある。松本甲案は、議会の議決を要する事項を拡大して天皇の大権事項を削減したり、国務各大臣の責任を国務全般に及ぼして天皇にではなく議会に対して責任を負うものとしたり、国民の権利・自由の保障を強化するなどの提言を行っているが、総じて軽微な表現修正の域を出ていなかった。他方で松本乙案は、軍隊に関する規定を削除し、人権規定に教育を受ける権利や勤労の権利・義務を盛り込むなど、松本甲案よりも自由主義的で、その改正の範囲も広い。しかし、どちらの案も「国体」護持の姿勢を堅持していて、主権者・統治権の総攬者たる天皇の地位に変更を加えておらず、抜本的改正の意図が日本政府にないことをうかがわせるものだった。

（3）GHQが憲法草案作成に着手するまでの経緯

　当初GHQは、基本的に改憲作業を日本政府へと委ね、その改憲案がポツダム宣言その他の諸原則と整合するのかどうかを監視するにとどめるとの方針だった（もっとも、大日本帝国憲法と民間の憲法草案については精査している）。年が明けて1946（昭和21）年2月8日、政府の憲法問題調査委員会は、松本草案のうち最終案である松本甲案をGHQに提出した。ただ、これに先立ち、2月1日に毎日新聞がスクープ報道した「憲法問題調査委員会試案（松本乙案に近い

通称「宮沢甲案」と呼ばれるもの）」の内容をGHQは既に精査し終えており、それが大きく予想に反するものだったため、GHQ独自の憲法草案の作成に着手していたのである。スクープされたのが、松本甲案ではなく宮沢甲案だったとはいえ、その1条「日本国ハ君主国トス」、2条「天皇ハ君主ニシテ此ノ憲法ノ条規ニ依リ統治権ヲ行フ」、4条「天皇ハ其ノ行為ニ付責ニ任ズルコトナシ」というように、やはり宮沢甲案も「主権者」「統治権の総攬者」としての天皇の位置づけに変更を加えておらず、弥縫策的改正の方向性を推測させる内容だった。つまり、ポツダム宣言に盛り込まれた連合国側の要求をとうてい満足させるものではなかったため、改正の主導権を日本政府に委ねてきたGHQは方針転換を迫られることになる。その結果、GHQの側で独自に憲法草案を作成することを決定し、2月3日にマッカーサーは以下の「マッカーサー・ノート」または「マッカーサー三原則」と呼ばれるものを草案の中に盛り込むよう配下のホイットニー民政局長に命じた。①天皇は国の最上位にある（「最上位」(head) とは、「国政に関する権能」を天皇が有しない現行の日本国憲法下の象徴天皇制に通じる観念と解される）。皇位は世襲される。天皇の職務及び権能は、憲法に基づいて行使され、憲法に表明された国民の基本的意思に応えるものとする。②国権の発動たる戦争は廃止する。日本は、紛争解決のための手段としての戦争、さらに自己の安全を保持するための手段としての戦争をも放棄する。いかなる日本陸海空軍の保持も決して許されず、いかなる交戦権も日本軍には与えられない。③日本の封建制度は廃止される。貴族の権利は、皇族を除き、現在生存する者一代以上には及ばない。華族の地位は今後どのような国民的または市民的な政治権力も伴うものではない。そして翌4日からこの作業は着手され、以後12日にそれを終えるまでの9日間にわたり、GHQ内の民政局（Government Section : GS）スタッフは秘密裏に憲法草案の作成に傾注することとなった。

（4）マッカーサー草案の提示、帝国憲法改正草案の審議、日本国憲法の誕生
　2月13日、民政局長のコートニー・ホイットニーと同次長のチャールズ・ケーディスが外相官邸を訪れ、日本政府側の代表である松本烝治国務相と吉田茂外相に対し、8日に提出されていた松本甲案を「自由と民主主義の文書として

受け入れることは不可能である」との回答を、英文で書かれた全11章92条からなるGHQの憲法草案を提示することで行った。この草案が俗に「マッカーサー草案」と呼ばれるものである。それは、例えば、1条「天皇は日本国の象徴であり、日本国民統合の象徴である。この地位は主権を有する国民の意思に基づくものであって、それ以外の何物にも基づくものではない。」（→マッカーサー三原則の第一原則にあった「最上位（head）」が「象徴（symbol）」に変化している）や8条「国権の発動たる戦争は廃止する。いかなる国であれ他の国との紛争解決の手段としては武力による威嚇又は武力の行使は永久に放棄する。」（→マッカーサー三原則の第二原則にあった「自己の安全を保持するための手段としての戦争」が放棄対象なのかどうかが一見して判然としなくなっている）を始めとして、現行の日本国憲法に極めて近い内容となっていた。この席でホイットニーは、マッカーサー草案を最大限考慮しながら、改めて政府案を作成する際の指針としてこれを用いてもらいたいと要望している（この席で松本国務相が、マッカーサー草案を日本政府が呑まなければ「天皇の身体（person of the Emperor）を保障できない」とする発言をホイットニーの口から聞いたとされるが、この発言を松本国務相以外に記憶していた同席者はGHQ側にも日本政府側にもいない）。

　マッカーサー草案に予想外の内容が含まれていたことに日本政府は衝撃を受け、2月18日にはGHQに松本甲案の再考を促したものの、それも却下された。再考を求めれば求めるほど保守派の頑迷固陋な抵抗であるとの印象をますます強めたホイットニーは、GHQが示す原則と形式を受け入れるのかどうかの返答を20日午前中にするよう求め、受け入れないのであればマッカーサー草案をGHQ名義で発表して国民世論に問うとしている（この点、GHQが日本に改憲作業を急がせたのは、GHQをも管理下に置く極東委員会の始動が2月下旬に迫っていたことと無関係ではない）。それから何とか2日間の猶予を与えられた日本政府は、マッカーサー草案を受け入れない限りは連合国によるいっそう強い圧力の下で天皇制そのものの護持が覚束なくなると判断し、いやおうなくこの草案を基に憲法改正を行うことを22日に幣原内閣として閣議決定した。そして、この草案を基に日本側の草案が作成され（マッカーサー草案を日本語訳した、俗に「3月2日案」と呼ばれるもの。ただし、一院制を二院制にするなどの提案が行われ

ている）、GHQとの折衝を経た結果、3月6日に日本政府の「憲法改正草案要綱」として国民向けに発表されたのである。このうち、天皇の規定は、マッカーサー草案の中にあった"symbol"の文言を踏襲して、「天皇ハ日本国民至高ノ総意（the sovereignty of the people's will）ニ基キ日本国及其ノ国民統合ノ象徴（symbol）タルベキコト……」となっている。4月17日、本要綱は口語体の条文形式に整えられた「帝国憲法改正草案」として公表され、枢密院での諮詢後、20歳以上の男女に選挙権を認めるばかりか25歳以上の男女に被選挙権も認める、正真正銘の「普通選挙」を日本の憲政史上初めて導入した新しい衆議院議員選挙法の下、4月10日実施の総選挙の結果により誕生した39名の女性議員を含む衆議院議員で新たに構成し直された第90回帝国議会に6月20日提出された。そして衆議院で約2カ月、貴族院で約1カ月に及ぶ慎重な審議の果てに若干の修正を経た上で10月7日に圧倒的多数で可決、さらに枢密院での再諮詢の後に天皇の裁可を経て、11月3日に全11章103条からなる「日本国憲法」として公布され、6カ月経過後の47（昭和22）年5月3日に施行された（日本国憲法100条1項参照）。

　ところで、帝国議会の審議ではいくつかの重要な修正が行われている。まず、衆議院の審議では、GHQの要請により、前文と1条に「国民主権」の原則がようやく明示された。これは、マッカーサー草案内にある"the sovereignty of the people's will"が政府案では「日本国民至高ノ総意」と訳されていた点について、これでは主権が国民にあるのかどうか不明確であるとの指摘をGHQから受けた上での修正である。また、鈴木義男議員の尽力により、9条1項の冒頭に「日本国民は、正義と秩序を基調とする国際平和を誠実に希求し」の表現が配され、また帝国憲法改正案委員会小委員会の長である芦田均議員の尽力により、2項の冒頭に「前項の目的を達するため」という表現が付加されたほか（いわゆる「芦田修正」）、鈴木議員と森戸辰男議員の尽力により、生存権規定（25条）として「健康で文化的な最低限度の生活を営む権利」が加えられた点などを挙げることができる。また、貴族院の審議では、極東委員会からの申し入れにより、芦田修正を受けて内閣総理大臣と国務大臣が「文民」でなければならないとする規定（66条2項）が追加された。

④　日本国憲法制定過程の問題点

（1）憲法生誕の法理と八月革命説

　日本国憲法誕生の性質をめぐって問題となったのは、憲法の「改正」と「制定」が本来その性質を異にするものであるのに、「帝国憲法改正草案」が、大日本帝国憲法の改正要件に従い、大日本帝国憲法の改正案として帝国議会で議決されながら、「日本国憲法」というタイトルで制定・公布された点である。それは、手続的には、天皇主権原理に立脚する大日本帝国憲法を「改正」するという体裁をとりながらも、実質的には国民主権原理に立脚する全く新しい憲法の「制定」に他ならなかった。

　形式的手続を重視する見解によると、大日本帝国憲法73条の改正手続により天皇の名で改正の発議がなされ、帝国議会での議決と枢密院の諮詢を経た改正

案を天皇が裁可・公布するという手続をふんで日本国憲法は成立したのだから、あくまでも大日本帝国憲法を改正した憲法であって新憲法ではない、欽定憲法であって民定憲法ではないとされる。しかしこの見解に対しては、過度に形式論に傾き、大日本帝国憲法の延長線上に日本国憲法を位置づけ、天皇の権限については拡張的に、人権については縮小的に解釈する途を開くおそれがあるなどとして学説の大勢からは批判が寄せられている。

　これに対して、日本国憲法生誕の法理として従来およそ通説的地位を得てきている説を唱えたのが、憲法問題調査委員会のメンバーだった憲法学者の宮沢俊義である。宮沢は、ポツダム宣言を受諾したことで日本政府の最終的な政治形態が「日本国国民ノ自由ニ表明セル意思」で決定されるとなったことは、日本政府自らが天皇主権を放棄したことを意味し、この時点で法学的意味における革命が生じたのだとして、いわゆる「八月革命説」を唱えた。この八月革命により、改正条項も含めて大日本帝国憲法はポツダム宣言の趣旨に反する限りでその効力を失ったことになる。にもかかわらず大日本帝国憲法の改正手続を通じて新憲法が制定されたのは、新旧の憲法に形式的な連続性という外観を与えることで、急激な価値転換を契機に生じるかもしれない政治的混乱をあらかじめ防止しようとの政策的意図によるものと説明されるのである。しかし、そもそもポツダム宣言の受諾によって負うことになったのは国際法上の義務であって、受諾した途端に国内法上の根本的な変革がもたらされたとは考えにくいのではないか、占領期で国の主権すら事実上欠けている時期に、その国の人民の主権が確立したと言えるのかなどの疑問も呈されている。

（2）押しつけ憲法論

　一国の憲法が自律的に制定されたといえるためには、他国からの干渉を受けずに国民の自由意思によってそれは制定されなければならない（憲法の自律性の原則）。この点、GHQによる草案の作成と提示や、それを日本政府が呑まざるを得なかったという事情を重く見て日本国憲法制定の自律性が損なわれていたとする見解があり、その代表的なものとして持ち出されることが多いのがいわゆる「押しつけ憲法論」である。

　国際法の観点からすると、日本政府はポツダム宣言を受諾することで宣言の内容を実施する法的な義務を負ったと解されるため、その後の天皇自身による自らの神格性の否定（1946（昭和21）年1月1日の「人間宣言」）や民主化改革をふまえた国民主権原理や基本的人権などの確立を日本政府は図らなければならず、事実上それは大日本帝国憲法の廃棄に取り組むべきことを意味していた。ならば、GHQによる憲法改正の要求は、ポツダム宣言の受諾に基づく法的義務の誠実な履行を要求していたにすぎないと解することも不可能ではない。

　また、天皇の「身体」保障と引き換えにマッカーサー草案の受け入れを強要されたとの思いに囚われ続けた松本烝治国務相の認識に現世において大なり小なり共感を覚える者が国会内外に常時一定数いるのだとしても、そうした人物たちのうち、国民主権もまたGHQからの「押しつけ」である（少なくとも松本国務相は「押しつけ」と認識したはずである）ことについて自覚している者は一体どれだけいるだろうか。「押しつけ」られたとされるものの中から国民主権だけを例外扱いし、それを所与の前提であったかのように自分が事実上みなしているにもかかわらず、そのことにいまだ思いが至っていない人物が日本国憲法を排撃して、その改正を声高に訴えているのだとしたら、まずはそうした無意識の前提化にこそ反省が求められるべきだろう（戦争放棄については、マッカーサーではなく幣原首相が発意者だったとする有力説を補強するかもしれない新資料が教育学者の堀尾輝久氏により2016年に発掘されたことが注目される）。

　ともあれ、占領下で制定されたという表面的な結果だけを切り取って「押しつけ」られたとの悪感情を募らせ、望むらくは全面改正、最低でも「お試し的な部分改正」をめざす意欲を陰に陽に自らの主張に含ませようとする傾向が各種の押しつけ憲法論にはおよそ共通して認められる。しかし、占領下であっても、在野の研究者グループである憲法研究会が1945（昭和20）年12月に作成した改憲試案がGHQから非常に高く評価されて、実際マッカーサー草案の作成においては大いに参考に値するものとして扱われたり、帝国議会での審議の過程でマッカーサー草案にも政府の改正案にもなかった提案、例えば、25条に生存権規定や9条に「平和」の文字を取り入れたりする提案が議員の側から主体的に行われてそれが採用されたりするなど、「国民の自由な意思の表明」があ

「押しつけ憲法論」の複層性

1952（昭和27）年4月の占領終了後に様々な場（例えば、54（昭和29）年7月の自由党憲法調査会総会の席上）で松本烝治元国務相の口から、46（昭和21）年2月13日に外相官邸でマッカーサー草案が日本政府側に手交されて松本甲案が一蹴されて以降、憲法制定過程で自らが覚えたという「押しつけ」の認識が語られるに従い、それに同調する声が国会内外で広く上がるようになった。そこで、「押しつけ」の有無をも確かめるべく、政府憲法調査会の会長・高柳賢三氏（英米法学者）を始めとする調査会メンバーが58（昭和33）年11月から1カ月あまり渡米し、マッカーサー、ホイットニー、ラウエルら関係当事者に書面ないしは対面のインタビューを敢行した上で、約6年後の64（昭和39）年7月、池田勇人首相に最終報告書を提出している。その報告書は次のような文章で締めくくられていた。

「……意見のだいたい一致を見たところを総合すれば、次のとおりである。すなわち、原案が英文で日本政府に交付されたという否定しえない事実、さらにたとえ日本の意思で受諾されたとはいえ、手足を縛られたに等しいポツダム宣言受諾に引き続く占領下においてこの憲法が制定されたということは、明らかなのであるから、この面に関する限り、それを押しつけられ、強制されたものであるとすることも十分正当であるというべきである。特に、日本側の受諾の相当大きな原因が、天皇制維持のためであつたことも争えない事実である。ただ、それならば、それは全部が全部押しつけられ、強制されたといい切ることができるかといえば、当時の広範な国際環境ないし日本国内における世論なども十分分析、評価する必要もあり、さらに制定の段階において、いわゆる日本国民の意思も部分的に織り込まれたうえで、制定された憲法であるということも否定することはできないであろう。要するにそれらの点は、この報告書の全編を通じて、事実を事実として判読されることを期待する以外にない。」（「憲法制定の経過に関する小委員会報告書」）

「押しつけ」られたことを理由に憲法改正を訴えてその実現を図る（国会で憲法改正を発議して国民投票にかける）ためには、その前段階として「押しつけ」られたとの認識を有するようになる要因ともなった事実を、そもそも自らが認識できていなければならないはずである。もっとも、日本国内でその事実が一般的に公のものとなるのは占領終了前後まで待たなければならなかった。掛け値なしの平時とは言い難い占領期間中は「心理戦」の一環としてGHQによる事前のメディア規制が非常に厳しく行われていたため、当時にあっては、ごく限られた数の当事者や消息通を除くと、改正作業に対するGHQの関与は「公然の秘密」であるとすら言えない状況にあったことになる。この点、憲法制定（憲法改正）過程に相当程度GHQの意向が働いていたという事実に広くアクセスできるだけの状況下に日本国民一般が置かれるようになったのは、占領当初から約1年間東京に滞在して、つぶさに占領下の日本を観察したアメリカ人ジャーナリストのマーク・ゲイン（Mark Gayn）の書 *"Japan Diary 1945-1948"*（New York: William Sloane,1948）が1948年にアメリカ国内で公刊され、その後に邦訳版である井本威夫訳『ニッポン日記（上）（下）』（筑摩書房、1951年）が、占領末期である51（昭和26）年9月のサンフランシスコ講和条約（正式名称「日本国との平和条約」）調印の直後に日本国内で公刊されるや、たちまちベストセラーとなったことが非常に大きい。そこで描かれている、GHQが松本国務相らにマッカーサー草案を手交した場面についての記述は、細かい部分ではところどころ事実に反するのではないかとおぼしき箇所もあるとはいえ、おおむね事実経過としては正しいものであり、GHQによる検閲下で取材して書かれたものとは思えないほど正確な記述である。ちなみに、マーク・ゲインは、松本国務相のことを「超保守主義者」と記し（上巻113頁）、極東委員会がGHQの「押しつけ憲法」の危険性を予期していたと指摘している（同115頁）。

> 他方で、いまだ帝国議会での審議が行われていた46（昭和21）年６月から10月にかけての時期に、審議対象である「帝国憲法改正草案」に目を通してGHQの関与を薄々感じ取っていた人物もいた。前述の高柳賢三氏は、帝国議会での審議に参加していた貴族院議員時代を振り返って次のように語っている。
>
> 「……わたくしが貴族院で新憲法の審議に参加したとき、政府案には英訳がついていた。両者を細かく比較してみて、直ちに英訳の方が原文で、日本文の方がその翻訳だという印象をうけた。従って政府案は連合国とくにアメリカに由来するにちがいないと推定した。そしてわたくしは、これは戦勝国たる連合国からつきつけられた、いわば講和条約の一部のようなもので、敗戦国たる日本としては呑まざるをえないのではないのかなとも考えた。……当時のわたくしは、日本の憲法改正について極東委員会、米本国政府、総司令部の複雑な権限関係などについては、何も知らなかった。それらは憲法調査会の行った調査の結果として、初めてわたくしに分かってきた事柄である。」（高柳賢三『天皇・憲法第九条』（書肆心水、2019年）65〜66頁）

　ったと評価しうる状況が一定程度で見られたことも含め、憲法制定過程全体の実際面にこそ目を向けなければならないだろう。その点をふまえれば、国内法的に見ても自律性の原則が維持されていなかったとは必ずしも言い切れないのではないか。その上で、憲法制定過程に対する評価の問題と、憲法それ自体に対する評価の問題とがそれぞれ別次元であることも認識する必要がある。

■参考文献■

坂野潤治『明治憲法史』（ちくま新書、2020）

大石眞『日本憲法史』（講談社学術文庫、2020）

長谷部恭男『憲法〔第７版〕』（新世社、2018）

古関彰一『日本国憲法の誕生〔増補改訂版〕』（岩波現代文庫、2017）

堀尾輝久「憲法九条と幣原喜重郎　憲法調査会会長高柳賢三・マッカーサー元帥の往復書簡を中心に」（『世界』2016年５月号）

野中俊彦・中村睦男・高橋和之・高見勝利『憲法Ⅰ』（有斐閣、2012）

宮沢俊義『憲法の原理』（岩波書店、1967）

佐藤達夫（佐藤功補訂）『日本国憲法成立史第1-4巻』（有斐閣、1962、64、94）

長谷川正安『昭和憲法史』（岩波書店、1961）

第**3**章 国民主権

① 日本国憲法の基本原理としての国民主権

　日本国憲法はその前文の第1段「……ここに主権が国民に存する……」と1条「……主権の存する日本国民……」からもわかるように国民主権原理を採用している。その上で、ここで言うところの「国民主権」とは何か、より具体的には「主権」とは何か、またその担い手である「国民」とは誰のことを指しているのかを明らかにしなければならない。

（1）主権概念の多義性

　「主権」という概念を最初に明確にしたとされるジャン・ボダンによると、主権は、①国家権力そのものという意味、②国家の独立性という意味、③国政の最高決定権（国の政治のあり方を最終的に決定する力）という意味に分けられる。主権は、中世末期に絶対君主が中央集権国家を作り上げていく過程で、その権力が封建領主に対しては最高であり、他国やローマ教皇・神聖ローマ皇帝に対しては独立であることを説く理論として主張された。そして「朕（君主）は国家なり」の思想が支配していた絶対君主制国家では、①〜③の意味は「君主の最高独立の権力」の形で統一的に理解されていたが、その後「君主の権力」「最高の権力」「独立の権力」のどれに着目するのかで「主権」という文言はこれら別々の意味で用いられるようになったのである。

　①にいう「国家権力」としての主権は、国家の有する支配権（立法権・行政権・司法権）を言い、日本国憲法で言えば41条の「国権」がそれに当たり、国の統治の権能を総称する「統治権」（大日本帝国憲法4条）とはほぼ同義である（た

だし、41条に言う国会の「国権の最高機関性」は文字通りの意味ではなくて「政治的美称」であるというのが通説である）。さらに、この「国権」ないしは「統治権」という意味での主権は、ポツダム宣言8項「日本国ノ主権ハ本州、北海道、九州及四国並ニ吾等ノ決定スル諸小島ニ局限セラルベシ」にも見て取れる。②にいう「独立性」としての主権は、主権概念の成立過程で君主権力の最高独立性が主張されるようになった経緯からすると、本来の意味における主権である。この意味での主権は、日本国憲法の前文第3段「……自国の主権を維持し、他国と対等関係に立たうとする各国の責務……」に見て取れる。③にいう「最高決定権」としての主権とは、国の政治のあり方を最終的に決定する力ないしは権威という意味であり、それが君主にある場合は君主主権、国民にある場合は国民主権と呼ばれる。そしてこの意味での主権は、前述した日本国憲法の前文第1段「……ここに主権が国民に存する……」と1条の「……主権の存する日本国民……」に見て取れる。このことからもわかるように、通常「国民主権」という場合の「主権」は③の意味だが、国政のいついかなる場面でもこの「最高決定権」を国民が直接行使しなければならないのか等の問題に、そもそもこの主権の担い手たる「国民」とは誰なのかという問題とも絡めて取り組まなければならない。

（2）一人ひとり具体的な「人民」と、抽象的集合体としての「国民」

　例えば君主のような唯一無二の存在が国の最高決定権を有するというのであれば話は非常に単純なのだが、国民がそれを有するとはいかなる状態を指して言うのだろうか。「国民主権」に言うところの「国民」がイコール「一人ひとりの個々具体的な人民（peuple）」であるとすれば、その国の国民誰もが主権を有することになる。しかし、その場合、誰かひとりでも国家の政治的決定に反対の意思表示を行えば、そのひとりの最高決定権としての主権によりそれが否定されたということでその政治的決定自体が覆されてしまう。もしその意味で国民主権が理解されるならば、全員一致でもない限り、あるいは自らとは意見を異にする他者を抹殺するのでもない限り、国の政治的決定というものは覚束なくなる。このように、文字通りに一人ひとりの具体的な個々人、つまり

個々の人民に主権があると考えるならば、主権行使のあかつきには「恐怖政治」が待ち受けているかもしれない。もっとも、国民主権が、通常は必ずしもそのような状態を指すものでないことは明らかだろう。

　そこで、国民主権にいう「国民」を、具体的な個々人としてではなく、抽象的な人間の集合体である「国民（nation）」として捉える見解が登場してくる。これは、君主の有していた最高の権力が、抽象的な集合体としての「国民」に移行したと考えるものである。この考え方では、ひとりの人間の有する力がひとつの集合体へと移行したことから、具体的に存在する全ての個々人が、ある特定の国政のあり方に賛同する必要はなく、全体としての「国民」がそれに賛同していると一応でもみなせれば、それでその政治的決定は正当化される。そして、この場合の国民主権は、政治的決定を行う権力そのものというよりも、実際に行われた政治的決定を正当化する原理として機能するのである。

　では、この考え方の下で実際に政治的決定を行うのは誰なのか。「国民」は、抽象的な集合体であって具体的な存在ではないため、国政のあり方について政治的決定を下そうにもそれは不可能である。そこで、こうした「国民」を代表する具体的な存在が必要となってくるが、この場合の代表者は、抽象的集合体としての「国民」の代表者であるため、必ず個々人の投票により選ばれなければならないというわけではない。私たちが選んでいなくても、代表者を「国民」の代表とみなすことができればそれでも足りる。ここでの「国民主権原理」は、まだそれだけでは必ずしも代表民主制や議会制民主主義と直接的に結びつかない。たとえ独裁者であっても「国民」の代表者とみなすことができるならば、その独裁者による政治的決定も正当化されてしまうからである。

（3）国民主権の融合

　以上のように、「国民主権」はそう簡単に理解できるような原理ではない。その理由としては、具体的に存在する個々人が様々な考えを抱き、多種多様な生を平素送っているということもある。また、「国民」を抽象的な集合体として捉えるということは、それが実体のないものだということであり、そのような存在に主権を与えることは、一人ひとりの具体的な個々人を主権者とするこ

とと同じくらい危険なことかもしれない。そこで、現実には、両者の良いところをそれぞれ抽出し、それぞれ異なる考え方により相互の問題点を補い合うことで「国民主権」原理を憲法典で具体化するということが行われている。

　まず、現存の具体的な個々人を政治的決定のプロセスから排除することは、その個々人を基本的人権の主体として尊重する姿勢とは言い難いため、彼ら・彼女らを政治的意思決定プロセスに関わらせることが必要となる。ただその場合、政治的決定を覆すほどの権力を一人ひとりに与えるのは問題があるため、一定の限られた場面で、全ての個々人に、そのプロセスに参加する機会を主権の行使として等しく保障するということにならざるを得ない。そしてその典型として考えられるのが、「国民固有の権利」としての「公務員の選定罷免権」（憲法15条1項）が行使される場面である。これにより、国民主権原理の下で実際に権力を行使する契機が保障されることになる（権力性の契機）。より具体的には、普通選挙（一定年齢以上の日本国籍保有者であれば男女の別や資力の差に関わりなく選挙権を認めた上で行われる選挙（15条3項））の原則に従って行われる、国民代表機関としての国会を構成する衆議院と参議院それぞれの議員を選出する選挙（43条1項）や、最高裁判所裁判官を対象とする国民審査（79条2項）など、個々の国民（実際は有権者）がその権利を行使する場面が日本国憲法には規定されている。

　そして、そのようにして選ばれた国民の代表者による決定は、その内容において国政のあり方を決めるものであるため、具体的な個々人がこの決定に異を呈したとしても、憲法で保障された具体的な個々人の基本的人権をこの決定が侵害すると裁判所で判断されない限りは、正当な国家権力の行使であるとみなされる。より具体的に言うと、国政の権威が国民に由来すること（憲法前文第1段）を前提にしつつ、主権者たる国民（前文第1段、1条）の代表者によって構成される国会が「国権の最高機関」「国の唯一の立法機関」（41条）として国政の基本的なあり方に関する政治的意思決定を第一次的に下すものと位置づけられ（前文第1段「……その権力は国民の代表者がこれを行使し……」）、国会で指名された内閣総理大臣（67条1項）が組織する内閣の判断（65条・73条）や、内閣の指名（6条2項）ないしは任命（79条・80条1項）に基づいて任命（80条1項・6条

2項）ないしは認証（7条4号）された裁判官が行う裁判所での判断（76条1項）は、元々は国民が選んだ代表者による決定に基づくものとして正当化されるのである（正当性の契機）。

②　象徴天皇制

（1）国民主権と象徴天皇制

　天皇制は日本国憲法においても維持され、大日本帝国憲法をその73条の改正手続にのっとって改正したものが他ならぬ日本国憲法であるという体裁をとっていることから、章立ても大日本帝国憲法のそれを踏襲していて、大日本帝国憲法におけるのと同様にその第1章のタイトルは「天皇」であり、しかも日本国憲法が施行された1947（昭和22）年5月3日の時点でその地位にあったのは、大日本帝国憲法時代最後の日である前日の5月2日の時点でその地位にあった人物、つまり昭和天皇＝裕仁天皇その人だった。

　とはいえ、そもそも双方の天皇制には根本的な違いがある。大日本帝国憲法では天皇主権が動かし難い建前であって、天皇の地位はその祖先たる「神」の意思に根拠を有し、天皇の存在は「天壌無窮」と考えられ、天皇制の当否が法的な議論の対象になることはなかった。それに対して日本国憲法は国民主権を動かし難い建前として採用し、天皇の地位も主権者たる国民の意思にかからせることにしたのである。より具体的に言うと、日本国憲法の1条は天皇を「日本国の象徴」及び「日本国民統合の象徴」であるとしており、その地位を「主権の存する日本国民の総意」に従属させることにした。確かに、日本国憲法が国民主権を採用しつつも天皇の存在を認めた点には腑に落ちないところもないとは言えない。そのため、天皇制の存置は、日本固有の歴史・伝統・国民感情を考慮して尊重するという立場からまず何よりも取り組まれなければならなかった。その上で、日本国憲法下の天皇はあくまでも国民の自由な合意に基づく象徴として位置づけられているのだから、もはや日本国憲法が提示する通りにそれを受け入れるわけにはいかないとする世論が今後勢いを増すと、それは、象徴天皇制を下支えする「主権の存する日本国民の総意」が根本的に変化した

と言いうる事態かもしれない。そして、その変化が憲法改正国民投票（96条）の結果でもって追認されるのであれば、象徴天皇制自体も改廃を免れないという結論が1条からは導き出されるのである。

　では、天皇が「象徴」であるとはどういうことなのだろうか。一般的に言って「象徴」とは、「平和と鳩」や「純潔と白百合の花」の組み合わせのように「無形で抽象的なものが有形で具体的な存在となって表れたもの」と定義できる。この「天皇が象徴である」という部分に着目すると、確かに大日本帝国憲法時代でもそのように言えた。ただし、大日本帝国憲法時代は「主権者」「統治権の総攬者」としての天皇と結びついた上での象徴だったのに対して、後述するように日本国憲法下では「国政に関する権能」を一切有さない限りでの天皇と結びつくにとどまる象徴であることに注意を要する。

（2）天皇の国事行為

　こうして天皇は、大日本帝国憲法時代とは違って日本国憲法下では「主権者でもなければ統治権も総攬しない象徴」という国家機関にすぎなくなった。そのため、それでもなお「天皇の権能」を概念化して、その行使を認めるというのであれば、その範囲と行使方法の両面で大幅な限定を加えざるを得ない。この点、日本国憲法4条1項が「天皇は、この憲法の定める国事に関する行為のみを行ひ、国政に関する権能を有しない。」と定めていることからもわかるように、天皇が行うものとして憲法上規定されているのは、4条2項（1項目）と6条（2項目）と7条（10項目）にそれぞれ限定列挙された計13項目の「国事に関する行為＝国事行為＝名目的・儀礼的な行為」のみである。さらに、日本国憲法3条が「天皇の国事に関するすべての行為には、内閣の助言と承認を必要とし、内閣が、その責任を負ふ。」としているため、国事行為に着手する前の段階で天皇自らが着手の最終決定を下す可能性を端から排除するとともに、天皇を無答責にもして、その名目的・儀礼的な行為に天皇はただ粛々と従事するにとどまるのである。

　そして、このように国政に関して実質的な決定を下す権限が天皇から剥奪されていることの影響は、天皇・皇族に直接関わる事柄にも及んでくる。皇位継

承や皇族の身分について定めたルールであるという点では、大日本帝国憲法時代の皇室典範と日本国憲法下の皇室典範で違いはない。しかし、大日本帝国憲法時代の皇室典範は、大日本帝国憲法と並んで最高法規的な位置づけをされ、両者の間には形式的効力の面で優劣がなかった。当時、こうした二重の体系をとることが可能だったのも、皇室典範の制定に帝国議会が一切関与しないために（大日本帝国憲法74条）それは一般的な意味での「法」とはみなされず、もっぱら天皇が制定に関与するものとして「皇室自律主義」が貫徹されていたからである。ところが、日本国憲法の2条では「国会の議決した皇室典範」となっているため、皇室典範は国会での単純過半数で改正可能な「法律」となった。したがって日本国憲法下の天皇は、国会で成立した（改正された）法律である皇室典範を、内閣の助言と承認を経て公布するという国事行為に従事するにとどまる（7条1号参照）。また、全ての皇室財産が国に属し、全ての皇室費用は国家予算に計上して国会の議決を経なければならないものとなり（88条）、皇室が他者から財産を譲受したり自らの財産を賜与したりするには国会の議決を経た上でその許可を得る必要があるなど（8条）、同様に皇室経済も民主的統制下に置かれることになり、より具体的には皇室経済法にのっとって皇室経済は細かく統制を受けるようになったのである。

（3）国事行為の代行と委任

　天皇が何らかの理由で国事行為を行えない場合に備えるべく、日本国憲法は「国事行為臨時代行」と「摂政」という2つの制度を設けている。まず前者の制度につき、「天皇は、法律の定めるところにより、その国事に関する行為を委任することができる。」と規定する日本国憲法4条2項に基づいて、「国事行為の臨時代行に関する法律」が制定されている。また、前述したように、この4条2項規定の「国事行為の委任」自体が国事行為であるため、その委任に際しては、3条規定の内閣の助言と承認が当然必要となる。国事行為の臨時代行に関する法律によると、国事行為の委任が天皇によって行われるのは、天皇に（「摂政」を置くほどまでに「重い」とは言えない）心身の疾患または事故があるときで、それに就任するのは「成年」に達している皇族構成員であり、その就

任順位は、①皇太子（皇太孫）、②親王・王、③皇后、④皇太后（上皇后）、⑤太皇太后、⑥内親王・女王の順となっている（同法2条1項）。つまり、現行法下では皇位に就く可能性のない女性皇族も国事行為臨時代行の立場で国事行為に従事する可能性が残されている。

　他方で後者は、「皇室典範の定めるところにより摂政を置くときは、摂政は、天皇の名でその国事に関する行為を行ふ。……」と規定する日本国憲法5条に基づく地位である。その摂政が国事行為を行うのだから、天皇の場合と同様に内閣の助言と承認（3条）が必要になることは言うまでもない。ここで言うところの「天皇の名で」というのは「天皇に代わって」の意味であるため、これだけでは国事行為臨時代行との違いが判然としないが、国事行為臨時代行が、国事行為の臨時代行に関する法律に列挙されたその設置理由となる事情が発生する場合に天皇自らの委任によって設置される地位であるのに対し、摂政は皇室典範に列挙された設置理由が発生することにより天皇を介さずに設置される地位であるところに違いがある。そしてその事情として皇室典範が挙げているのが、①天皇が成年に達しないとき（16条1項。なお、天皇の成年年齢は18歳である。22条）と、②天皇が心身の（単なる疾患ではなくて）重患または（単なる事故ではなくて）重大な事故により国事行為を自らすることができないときである（16条2項）。②に関しては、かかる事情で天皇が自ら国事行為をすることができなくなっているのかどうかの判断が皇室会議で下される（同）。摂政の就任順位は国事行為臨時代行のケースと同じで（17条）、女性皇族にも就任の可能性があるが、国事行為臨時代行とは異なり、これまでに日本国憲法下で摂政が置かれたことはない。

（4）国事行為以外の行為

　言うまでもなく、天皇の地位に就くのが生身の人間であることからして、その人物が日々行うのは何も計13項目の国事行為だけに限られるわけではない。天皇にも私生活が認められるのは当然であり、国事行為とはまた別に、純粋に個人としての立場で、例えば、読書、散歩、学術研究、各種スポーツの実践・観戦、楽器演奏、観劇、親族や知人・友人の冠婚葬祭への参加、そして皇居内

での宮中祭祀などの私的行為が許されていいはずである。ところが、公の場において、国事行為とも私的行為とも言い難い一方、一見して公的な性格が認められるとおぼしき行為に従事している天皇の姿がこれまでもたびたび目撃されてきた。問題は、こうした行為を、天皇が行為する場面を日本国憲法に規定された計13項目の国事行為に限定している4条1項との関係でどのように解すべきなのかである。そして、そうした行為として議論の対象になるのは、皇居での新年一般参賀、園遊会、宮中晩餐会、国会開会式や全国戦没者追悼式への出席と「おことば」の朗読、植樹祭・国民体育大会・オリンピックなどへの出席、外国元首の接受、外国親善訪問、被災地訪問など多岐にわたる。

　この点、4条1項が天皇の行為を国事行為に限定していることを理由に、天皇の行為として許されるのはあくまでも国事行為と私的行為だけだとする「二行為説」に立った上で、上記の行為がこれらのいずれでもないのだとすると、それらの行為は違憲と考えざるを得ないだろう。ただ、二行為説に立ちつつも、例えば上記の「おことば」の朗読を7条10号「儀式を行ふこと」に含めて合憲とする考え方がある。しかし、これに対しては、「儀式を行ふこと」とは天皇が主宰者となってそれを行うと考えるのが自然であり、国会の開会式の主宰者は衆議院議長ないしは参議院議長であるのだから（国会法9条）、他者が主宰する公的行事に「参列者」としての立場で参加する天皇が「おことば」を朗読することを指して「儀式を行ふ」と解するのは無理があるのではないかとの疑問が呈されることになる。では、この「おことば」を私的行為に含めて合憲とすることは可能だろうか。これに対しては、国会議事堂内の参議院本会議場という公の場で朗読されることからして、それを私的行為に分類することにより内閣の掣肘から外れることへの懸念が指摘される。

　他方で、国事行為・私的行為以外にも天皇の行為を認める「三行為説」があり、それはおよそ3つに大別される。そのひとつは、国事行為以外の公的行為を「国事行為に準じる行為」とみなし、その限りで合憲であるとする「準国事行為説」である。例えば、国会開会式における「おことば」を、国事行為である国会の召集（7条2号）に応じて集まってきた国会議員に対する「挨拶」とみなし、かかる国事行為と密接な関連を有する行為と解したり、国民体育大会

など他者が主宰する行事への「参列」を、天皇自らが主宰する儀式の挙行（7条10号）が国事行為であることをふまえて、「主宰」に準じる参加行為と解したり、外国元首との親書・親電交換を、外国の大使及び公使の接受（7条9号）と密接な関連を有する行為と解したりするなどして、当該行為に本来の国事行為との近接性をなるべく見出しながら合憲可能性を模索するのがこの説の特徴である。これに対しては、公的行為の範囲がいたずらに広がらないようにするという意図自体は妥当だとしても、「準じる」や「密接な関連性を有する」という基準が至極曖昧なだけに、結局はその意図に反することになる可能性が否定できないのではないかとの指摘を免れない。

　次に、国家機関として国事行為に従事することが求められるという意味で天皇が「公人」であることを理由に、国事行為・私的行為以外にも公人としての社交的・儀礼的な行為を認める「公人行為説」がある。この説によると、上記の行為は、4条にいう「国政に関する」行為と言えない限りはいずれも合憲となるが、そもそも日本国憲法に国事行為として限定列挙されているのは全て形式的・儀礼的な行為であり、その中には、公人行為説が言うところの、外国の大使及び公使の接受（7条9号）や儀式の挙行（同10号）といった社交的・儀礼的な行為が含まれているため、限定列挙された国事行為以外にその公人としての社交的・儀礼的な行為を日本国憲法は天皇に認めていないのではないかとの疑問をこの説に対しては呈することができるだろう。

　そして、3つ目の三行為説として、「限定列挙された国事行為を行う国家機関としての地位」と「私人としての地位」の他に「象徴としての地位」が天皇にあることを理由にしつつ、国事行為・私的行為以外にも「象徴たる地位に基づく公的行為＝象徴的行為」を天皇は行うことができるとする「象徴行為説」がある。この説は、国歌や国旗などの静態的なものではなくて生身の人間という動態的なものが日本国憲法では象徴に採用された以上、国事行為とはまた別に象徴として一定の公的行為に従事することを、いわば避けられない事態として日本国憲法が予定しているはずであると考え、公人行為説と同様に当該行為が4条の「国政に関する」行為と言えない限りで合憲であると考えるものだが、やはり公人行為説同様、国事行為の限定列挙性の軽視を指摘される運命にあり、

それに対しては、国事行為に内閣の助言と承認を必要とすることを規定した3条を象徴的行為に類推適用することを提言してその指摘をかわそうとする。さらに、象徴行為説に対しては、「象徴である」から「国事行為」とはまた別に「象徴としての公的行為」が認められるのではなくて、「国事行為」こそが「象徴としての公的行為」に他ならないのではないかとの異議も呈されている。他方で、「天皇が象徴としての立場を維持するのに、国事行為に従事しているだけで足りるのか」との見解もある。

（5）皇位の世襲と継承

　皇位（国家機関としての天皇の地位）について日本国憲法2条は「皇位は世襲であつて、国会の議決した皇室典範の定めるところにより、これを継承する。」としている。皇位が世襲であるというのは、皇位が、選挙や能力で選ばれる地位ではなく、皇統（天皇の血統）に属する者で代々受け継いでいくべき地位であることを意味する。この制度は、特定の血筋の人間であるのかどうかで皇位に就けるのかどうかを決するものであるため、日本国憲法14条1項で禁じられている「門地に基づく差別」であることは一見して明らかだが、14条2項で封建的身分制を原則認めない日本国憲法がそれを敢えて徹底せずに唯一残した「天皇家」という身分制秩序の文脈内にのみ位置するきわめて例外的な制度である。したがって、こうした唯一無比の制度を日本国憲法自体が認めている以上は、天皇と皇后（もしくは「後に天皇になる皇族男子」と「後に皇后になる皇族女子」）との間に出生した嫡出の男性皇子以下、直系優先・長系優先で、皇統に属する男系男子（父親が天皇の血筋を引く男性皇族）に皇位継承資格を限定し（皇室典範1条）、その資格者リスト（同2条1項）から男系女子を端から除いておくことも、日本国憲法14条1項に規定された「法の下における男女平等」の原則がそもそも当てはまらない措置として例外的に正当化されるため、女性が天皇であることを意味する「女性天皇」や、母方だけが天皇の血筋を引く天皇を意味する「女系天皇」を法制化しなくても違憲とまでは言えない。もっとも、これは、皇統に属する女性皇族（男系女子）や元男性・女性皇族ならびにその子孫らの皇位継承可能性が将来的にも完全に排除されているということまでは

必ずしも意味しないだろう。日本国憲法の2条は皇位の「世襲」を求めているにすぎず、また、日本国憲法下の皇室典範は国会で改正可能な法律であるため、その1条「皇位は、皇統に属する男系の男子が、これを継承する。」の規定を、男系の女子や女系の男子・女子にも皇位継承資格を認める方向で改正することも決して不可能な話ではない。そしてこの可能性を真剣に受け止めざるを得ない事情もある。昭和後期から平成にかけて皇室内に女児が連続して誕生する一方、若年の男性皇族が極端に少なくなっているため、現行の皇室典範が規定する皇位継承資格に拘泥する限りは皇統が断絶しかねないことからしても、天皇制の存続が既定事項であることを前提に、女性宮家（皇統に属する女性皇族が当主を務める宮家）の創設を可能にする皇室典範改正・新法制定も含めて何らかの抜本的な措置を講じることを通じた皇位継承資格者のさらなる確保が今後も喫緊の課題であり続ける。

　では、いかなる場合に皇位は継承されるのだろうか。この点について皇室典範の4条は「天皇が崩じた（死去した）ときは、皇嗣（皇位継承順位が筆頭である者）が、直ちに即位する。」と規定して、皇位継承が生じる要因を「天皇の崩御」に限定している。もっとも、皇位継承の法制化に当たり、日本国憲法下の要請として求められているのは「皇位の世襲」という一点だけであるため、日本国憲法自体は、皇位が世襲されさえすれば、世襲の要因が「崩御」であるのか「生前退位」であるのかは基本的に問わないというスタンスをとっていると考えられる。したがって、形式論で言えば、日本国憲法を改正しなくても皇室典範の改正もしくは新法の制定によって生前退位を制度化することも決して不可能ではないと解される。ただし、法律の規定の仕方次第では憲法問題が生じないとも限らない。例えば、天皇の意思さえあれば常時退位を認めるだとか、天皇の意思を確認しなくても常時退位させることができるというような制度は違憲性を疑われるだろう。全国民の総意を代表する国会やその委任を受けた皇室会議が退位の申し出を厳格に審査・承認するプロセスを介在させるなどの内容を盛り込むことが少なくとも必要になってくるのではないかと考えられる。

　（天皇にとって「元号」は、一般社会で言うところの「法名」「戒名」でもあることから、「天皇」の前に元号を置いて呼称する場合、例えば「昭和天皇」と呼称する場

合であれば、「昭和天皇」と現在は呼称されている「裕仁」という人物が「故人」であることをそれは意味する。しかし、以下でも述べるように、「平成」から「令和」への代替わりは、「昭和」から「平成」への代替わりとは異なり、天皇の崩御に伴って行われたものではなく、生前退位に伴って行われた。したがって、平成時代の天皇、しかも現在は「上皇」の地位にある「明仁」という存命中の人物を「平成天皇」と表記するのは何かと誤解を招きやすいことに鑑み、以下では統一的に「明仁天皇」と表記する。)

（6）明仁天皇自身による「問題提起」とそれ自体の問題性

　2016（平成28）年8月8日、「象徴としてのお務めについての天皇陛下のおことば」のタイトルを冠したメッセージを明仁天皇（現・上皇）が国民に向けて発した。その内容はおよそ次の通りである。①本メッセージは私的個人としての考えである、②国事行為とともに、「象徴」としての天皇の望ましいあり方を考え、それに基づいて天皇としての務めをこれまで果たしてきた、③高齢による心身の衰えから従来のように務めを果たすことが困難になってきている、④務めの縮小や摂政設置では天皇としての務めは果たせない、⑤健康上の理由で天皇が深刻な状態になったときには国民の暮らしに多大な影響が及びかねない、⑥本メッセージは、天皇・皇室が国民とともに未来を築き、安定的に続いていくことを念じて述べている。

　本メッセージにおいては、「国事行為」と「象徴的行為」とがそれぞれ別物であるとの前提に立って使い分けられていると考えられることからして、また、メッセージのタイトルに「象徴としてのお務め」という表現があることからして、明仁天皇が前述の「象徴行為説」に立っていたことはほぼ間違いない。もっとも、本メッセージには、生前退位の実現を明仁天皇が事実上求めているに等しいと受け取られる余地も十分あった。ならば、日本国憲法4条1項が禁じる「国政に関する権能の行使」に当たるのではないかとの声が生じてくるのは避けられそうにない。ただ、次のことも考慮に入れておく必要がある。いかんせん、自発的に国会が生前退位を認める方向で皇室典範改正や新法制定に乗り出すことは現実的に考えにくく、ならば、天皇と直接関係のある問題について

は天皇自身、またはその意向を斟酌した政府の方から一定程度で働きかけをしなければ、終身天皇制をめぐる問題が棚上げされ、問題解決の先送りが永続的に繰り返されることになったかもしれない。そのため、「おことば」表明後に自由な議論の下で国民や国会に最終的な決定権が留保されている限りは、明仁天皇からの「問題提起」も違憲ではないと考えることも決して不可能ではなかったと言える。

（7）皇室典範特例法の制定

　明仁天皇によるこの「おことば」の表明自体は、その文面全体から考えると、自らの退位を積極的に働きかける類のものだったとまでは必ずしも断定できないとはいえ、表向きは明仁天皇流の象徴天皇観を理解することに限って国民はそれを求められたはずなのに、国民の圧倒的多数は「退位ありき」で好意的に受け止め、そうした世論の動向がその後の国会における議論の方向性を事実上決する働きをしたことは否定できないところである。

　そして「おことば」表明の翌月には「天皇の公務の負担軽減などに関する有識者会議」が早くも設置された。この会議の名称からもうかがえるように、「退位ありき」ではなくて「公務の負担軽減」の観点から「おことば」を捉えようとする方向性がまず見て取れる。それでも、翌年の6月には「天皇の退位等に関する皇室典範特例法」が異例の速さで制定公布された結果、明仁天皇一代限りの、また、日本国憲法下では初めての生前退位が認められることになった。それから約半年後の12月1日には、退位の日を「2019（平成31）年4月30日」にすることが皇室会議で正式に決定したことから、これによって天皇の退位は1817（文化14）年の光格天皇以来202年ぶりに実現することになったのである。もちろん、この特例法は「恒久法」ではないため、4月30日に明仁天皇が退位して翌5月1日に新天皇＝徳仁天皇（前・皇太子）が即位し、元号が「平成」から「令和」となって以降は、あくまでも皇室典範4条規定の「天皇の崩御」が唯一の皇位継承事由として従来通り通用することになる。

（8）特例法制定過程から浮かび上がる本質的な課題

　結果的に8月8日の「おことば」は、主権者国民の総意次第で自らの象徴としての地位、ひいては天皇制自体が脅かされかねないという意味でも、国民の支持を取り付けることに傾注しなければならない明仁天皇からの事実上の働きかけを起点に、象徴天皇制の行方をめぐる問題への対処に関連して平成時代のほぼ全般にわたり国民主権が十全に行使されてきたとは言い難い現状をはしなくも炙り出すことになった。これは、その限りでの主客転倒を物語っている。本来は天皇にこうしたことを行わせるべきではないというのが国民主権の原則であるはずなのに、国民は知らず知らずのうちにそうした方向へ明仁天皇を駆り立ててきたのかもしれない。だとすると、主権者たる国民は「おことば」の表明を、単に「生前退位が実現して良かった」で済ませるのではなく、将来的に可能性がゼロとまでは言えない次回の生前退位実現に向けて今上天皇から行われるかもしれない事実上の働きかけを、今回と同様にただ黙って待つのみという主体性なき姿勢を今後も果たして繰り返していいものかどうか、また、明仁天皇から提示された象徴天皇像が現行の日本国憲法下での唯一のあるべき象徴天皇像なのか等について今後熟考するための契機にする必要がある。

■参考文献■

園部逸夫『皇室法入門』（ちくま新書、2020）

高橋和之『立憲主義と日本国憲法〔第5版〕』（有斐閣、2020）

芦部信喜（高橋和之補訂）『憲法〔第7版〕』（岩波書店、2019）

石川健治・姜尚中「対談　象徴としての天皇と日本国憲法──今上天皇の『退位』を巡る考察」（『すばる』40号（2018年1月））

渋谷秀樹『憲法〔第3版〕』（有斐閣、2017）

横田耕一『憲法と天皇制』（岩波新書、1990）

清宮四郎『憲法Ⅰ統治の機構〔第三版〕』（有斐閣、1979）

┌─【資料】┄┄┄┄┄┄┄┄┄┄┄┄┄┄┄┄┄┄┄┄┄┄┄┄┄┄┄┄┄┄┄┄┄┄┄┐

ノモス主権論

　法哲学者の尾高朝雄（1899年～1956年）は、大日本帝国憲法と日本国憲法との間で「国体」の連続性を認める「ノモス主権論」を唱えたことで知られている。その概要は以下の通りである。

　従来の天皇統治という原理を直ちに天皇主権と見て、天皇が日本の政治を最終的に決定する「力」を有していたと解することも、また、新たに主権が国民に存することになったからといって国民の意思ならば何事をもなしうるという万能の「力」を国民が獲得したのだと解することも、いずれも正しい見方ではない。政治には、誰が主権者であるのかにかかわらず誰もが従わなければならない「矩（のり）」というものがあって、それに従う限りで「力」は正当な権力として意味づけられる。そしてその矩が、あらゆる政治上の力の上に位置する「ノモス（νόμος;「法」や「正義」を意味するギリシャ語）」なのである。国政の行方を最終的に決する権威を「主権」とするならば、ノモスこそが主権であり、天皇統治も国民主権もノモスを最高原理としている点では変わりがない。かつて日本国民は天皇統治という形の中にノモスの実現を待望していたし、今日の国民主権原理も、国民の意思による国民のための政治こそが政治を正しい政治ならしめる唯一の方法であるとの信念に立脚しているのであるから、天皇統治から国民主権への移行は、これまで天皇の統治に頼っていたという意味で、政治に対する国民の他力本願的な姿勢を拭い去り、また、ノモスに従った政治の構築を今後は国民自らの双肩に担うとの覚悟を表明したものであるという意味で、大きな変化であり、それはそれで格段の進歩であることに間違いはないけれども、こうした大日本帝国憲法から日本国憲法への移行を「国体の変革」であるとして、国民精神の歴史的連続性を中断するほどの荒療治的な変革というように解する必要はないのではないか。

　これに対して憲法学者の宮沢俊義（1899年～1976年）は、「ノモス」の具体的内容を最終的に決するのは誰なのか、すなわち天皇なのか国民なのかというのがここでの問題であるのに、ノモス主権論はそれに明確に答えないことで新憲法上の国民主権と天皇制とを調和させようとしているが、あたかもそれは、新憲法上で国民主権が採用されたことで天皇制が負った天皇主権の廃止という致命的な傷口を包み、できる限りそれに昔ながらの外観を与えようとする「ホウタイ（包帯）」の役割を果たしているにすぎない等々の応答を行った。けっきょく尾高の「国体」同一論は、彼が「ノモス＝法の支配」に深くコミットしていた（「人の支配」に最大級の警戒心を払っていた）という本質的な部分はどちらかというと後景に追いやられ、また、戦前・戦中の神権天皇制を戦後の文脈で正当化していると受け取られかねない危うさを孕んでいたこともあり、「天皇制のアポロギア（弁明）」のレッテルを貼られて一蹴された感がある（もっとも、近年において、特に憲法学者の石川健治氏により尾高の理論に対する多角的な再評価が進んでいることを付言しておきたい）。

└┄┄┘

第4章 平和主義

　身近な憲法問題と言われた場合に、日本国憲法9条の問題を真っ先に思い浮かべるという方も多いのではないだろうか。そして、その中には、平和主義という理想は結構だけれども、いざ他国から攻められた場合には自衛隊のような軍事組織を準備しておく必要があると考える方も少なくないのではないか。

　憲法9条の存在意義自体は否定しないが、その理想を実現するためには最低限の武力の存在もまた必要だと考えるのは、ある意味一般的な感情であるのかもしれない。けれども、ここで一旦立ち止まって考えてみなければならないのは、こうした2つの発想というものが果たして両立可能なものなのだろうか、ということである。もっとつきつめて言うならば、日本国憲法9条の独自的な意義とは一体どこにあるのか、ということでもある。本章では、以上のような観点から、日本国憲法の平和主義について考えていくことにしたい。

1　戦争の放棄

（1）「戦争の放棄」の独自性はどこにある？

　先に憲法9条の独自的な意義とは一体どこにあるのかと記したが、これに対しては、まず「戦争の放棄」を明確に謳った点であるという回答が、いち早く出されることであろう。しかしながら、「戦争の放棄」を憲法で明文化したのは、実は日本国憲法が初めてではない。

　例えば、古くは1791年のフランス憲法が、「フランス国民は征服の目的をもって、いかなる戦争をも行うことを放棄し、また、いかなる人民に対しても、武力を行使しない」と定めていたし、とりわけ20世紀に入ってからは、第一次世界大戦後の国際的な戦争違法化の潮流と国際法的に戦争を制限した国際連盟

規約（1919年）や不戦条約（1928年）など国際条約の誕生も相まって、1931年スペイン憲法や1935年フィリピン憲法などが「国家の政策の手段としての戦争」を放棄する規定を持つに至った。また、第二次世界大戦後に「武力の行使」及び「武力による威嚇又は武力の行使」をも広く禁じた国連憲章（1945年）が成立してからは、1948年イタリア憲法、1949年ボン基本法（ドイツの憲法）、1972年大韓民国憲法なども、戦争放棄の規定を持つに至っている。

　これだけを見てくれば、わざわざ日本国憲法の平和主義が独自的な意義を持つなどとは言えなさそうである。しかしながら、先に挙げてきた外国の憲法が放棄した戦争には、あるひとつの共通点がある。それは、そこで明確に放棄されている戦争が、かつて国益追求の手段とされていた「侵略戦争」であるという点である。裏を返せば、これらの諸国は、国家防衛のためのいわゆる「自衛戦争」までは放棄していないということになる。

　つまり、日本国憲法の平和主義が独自的な意義を持つというためには、まずは憲法9条がいわゆる「自衛戦争」までも放棄しているのかどうかという点が明らかにされなければならず、この点をめぐって学説は分岐している。

（2）平和主義の規範構造

　その前に、改めて日本国憲法の平和主義の構造を振り返っておこう。

　日本国憲法は、前文において、「日本国民は、恒久の平和を念願し、人間相互の関係を支配する崇高な理想を深く自覚するのであつて、平和を愛する諸国民の公正と信義に信頼して、われらの安全と生存を保持しようと決意した」として、平和主義の基本姿勢を示している。ここでは、あくまで国際的に中立的な立場を維持しながら国連の集団安全保障体制による安全保障が予定されていると考えられている。憲法9条の「戦争の放棄」は、何よりもこのような前文の存在を前提として、その文脈において解釈される必要があるだろう。

　そして、日本国憲法の平和主義の中核である憲法9条は、その1項で、「日本国民は、正義と秩序を基調とする国際平和を誠実に希求し、国権の発動たる戦争と、武力による威嚇又は武力の行使は、国際紛争を解決する手段としては、永久にこれを放棄する」として、「放棄」の対象を列挙している。ここで注意

しておかなければならないのは、憲法9条1項が「放棄」するとしているのは、国際法上で定められた手続にのっとって開始・遂行される法的な意味での「戦争」（国権の発動たる戦争）だけではない。つまり、それよりも広い、例えばかつて日本軍が自作自演の口実で戦況を拡大していった1931年の満州事変のような「武力の行使」や、ドイツ・フランス・ロシアが強大な武力を背景に、日清戦争後の下関条約に基づき日本に割譲された遼東半島を清国に返還するよう日本に対して迫った1895年の三国干渉のような「武力による威嚇」も、ここに含まれるということである。

　さらに、9条2項は、「前項の目的を達するため、陸海空軍その他の戦力は、これを保持しない。国の交戦権は、これを認めない」と定めている。「交戦権」とは、もともと国際法上、戦争に際して交戦国に認められる諸権利（敵国の兵力を殺傷したり軍事施設を破壊すること、イラク戦争後にアメリカがイラクで主導して行ったような占領行政権を行使すること、戦時に中立船舶を臨検したりすること）を指すとされてきたが、他方で、日本国憲法の下ではそもそも他国と戦うこと自体が認められないことから、「交戦権」を素直に戦闘を行う権利としてこの存在を否定する見解も有力である。いずれにせよ、ここで完全に「戦力」を持つことと「交戦権」が否定されていることは重要である。

　このように、日本国憲法における一連の平和主義に関する規定からは、軍事力の存在が徹底的に排除されていることを、平易に読みとることができるように思われるが、しかし、先にも述べた「自衛戦争」遂行の可否、つまり「自衛権」の有無とその発動の可否をめぐって、「戦争の放棄」の捉え方に様々な解釈が生まれているのである。

（3）「戦争の放棄」をめぐる学説

　日本国憲法はどこまで戦争を放棄しているのか。この点について、「戦争の放棄」をめぐる学説は、大まかに分けて次の3つに分類することができる。

①　「自衛戦争」肯定説

　第一の説は、憲法9条1項の「国際紛争を解決する手段としては」という文言に着目し、そのような戦争は従来国際法上では「侵略戦争」とされてきてい

たことから、憲法9条1項で放棄されたのは「侵略戦争」のみであるとする。そして、憲法9条2項の「前項の目的」を〈侵略戦争の放棄〉とすることによって、それ以外の「自衛戦争」を行うための実力は否定されていないという解釈を導き出そうというものである（ちなみに、1946年の衆議院帝国憲法改正小委員会における修正審議の段階で、委員長を務めた芦田均がこの「前項の目的を達するため」という文言を加えたが、その意図は「自衛戦争」の余地を残そうとするものだったとされる（芦田修正）。しかし現在、その真意については疑問視する見解も有力である。本書27頁も参照）。

　しかし、この第一の「自衛戦争」肯定説は、法的に相当な問題点を抱えている。というのは、何よりもまず、この説は戦争や軍事組織の存在を予定しているはずであるが、日本国憲法には、内閣の構成員が文民でなければならないことを定めた66条2項の文民条項と呼ばれる規定以外、それらの存在を予定した規定は存在しないからである。例えば、世界最強の軍事組織を持つアメリカでも、正確な権限配分についてはいまだに議論があるとはいえ、連邦議会が戦争を宣言するほか、軍隊に関する詳細な規律を定め、そして大統領が最高司令官として戦争を遂行するという憲法上の明示的な規定が存在している（アメリカ合衆国憲法1条8節・2条2節1項を参照）。およそ戦争を想定し軍隊を持つ立憲主義国家においては、こうした戦争開始の手続や軍隊の最高指揮権の所在を憲法で定めるのは不可欠なことである。この点は、第一の説が持つ決定的な欠陥といえるであろう。また、「交戦権」をどう解釈するにせよ憲法9条2項でそれが否定されていることからすれば、どうあれ「自衛戦争」の余地はなくなると考えざるを得ない。したがって、第一の説は、「戦争の放棄」に関する解釈としては妥当なものとは言い難いであろう（なお、2014年5月、当時の安倍首相の私的諮問機関である「安全保障の法的基盤の再構築に関する懇談会」（安保法制懇）は、これまで歴代政府が憲法9条の下で禁じられるとしてきた「集団的自衛権」などの全面的解禁を提言したが、安倍首相は同日、この立場はこれまでの政府の憲法解釈と一致するものではなく、「いわゆる芦田修正論」であるとして明確に退けている）。

②　憲法9条2項全面放棄説

　次に、第二の説は、憲法9条1項で放棄された戦争を、国際法上の通例にな

らい「侵略戦争」と捉える点では第一の「自衛戦争」肯定説と基本的に同様であるが、しかし、憲法9条2項で「戦力」及び「交戦権」を否定している以上、結局は「自衛戦争」も含む全ての戦争が禁止されるというものである。つまり、憲法9条1項で「侵略戦争」が放棄され、憲法9条2項で最終的に「自衛戦争」も放棄されるという9条一体型での全面戦争放棄であり、これまで学界の多くがこの説を採用してきた。

　この第二の憲法9条2項全面放棄説は、結論として9条が全ての戦争を否定しているという点では明快な学説であると言えなくもないが、その反面、1項と2項を敢えて分離して解釈することの「実益」があまり判然とはしない、ということを指摘することができるかもしれない。もちろん、これまでの国際法上の用例に従って憲法9条1項の「国際紛争を解決する手段として」の戦争を「侵略戦争」と解釈する方が、理論的な整合性と一貫性を持つという意義があることも否定できないであろう。

　しかしながら、こうした国際法上の用例は、もともと国際的な戦争違法化の流れの中で「自衛戦争」に抜け道を与えるために大国によって主張されてきたという歴史的経緯があり、現在においてもなお法的に確定的なものとして解釈しなければならないものかどうかを検討する必要がまずあると思われる。それに加えて、「侵略戦争」が「自衛」を口実としてしばしば行われてきたという歴史を見れば、それらを9条の中で一旦区別して解釈することの「実益」は乏しいとさえ考えられる。むしろ現在、9条を1項と2項に分離して解釈を行う「実益」とは、例えば2005年10月に自民党が9条1項は維持しつつ9条2項を全面削除して新たに「自衛軍」を設ける内容の「新憲法草案」を発表したことに見られるように、9条2項の「戦力」の不保持を改正可能なものとしてはっきりと位置づける効果をもたらすということになるのではないだろうか（なお、2012年4月に自民党が発表した2つめの改憲案である「日本国憲法改正草案」では、9条2項が全面的に改変され、「前項の規定は、自衛権の発動を妨げるものではない」となり、さらに9条の2が新設され「国防軍」の創設が打ち出された）。

③　憲法9条1項全面放棄説

　そして、第三の説は、およそ「自衛戦争」も「国際紛争を解決する手段とし

て」行われる戦争に違いはないことから、憲法9条1項は、国際法上の用例に
とらわれず全ての戦争をここで既に放棄しているとするものである。これによ
れば、憲法9条2項は、戦争の全面放棄という9条1項の趣旨を具体的に確認
するものということになる。この第三の説は、9条があらゆる戦争を放棄した
という点では第二の説と結論を同じくするが、第二の説に比べればまだまだ学
界の通説とは言えない。もっとも、先に述べた第二の説の解釈の「実益」とい
う点も考慮すると、この第三の説は、今後ますます留意されるべき可能性を有
しているとも言えるであろう。

　これまで政府は、おおむね第二の説に従い、一切の「戦力」の保持はできな
いとしてきた。けれども、周知のように、現実には既に自衛隊という世界有数
の強大な軍事組織が存在しており、しかも政府は、これを憲法9条2項によっ
て禁止された「戦力」には該当しないという立場をとってきている。これはい
かなる理由によるものであろうか。次に、この点についての政府の論拠をめぐ
る問題点について見てみよう。

② 戦力の不保持——政府による「自衛力」論の陥穽かんせい

（1）「自衛権」と政府の「自衛力」論

　これまで政府は、いかなる理由によって、実体としては世界にも有数の軍事
組織である自衛隊の合憲性を、憲法9条との関係で説明してきたのであろうか。
ここで登場してくるのが、憲法9条2項で否定された「戦力」とは異なる「自
衛のための必要最小限度の実力」、いわゆる「自衛力」という考え方である。
だが、「自衛力」について見る前に、その考えの前提となっている「自衛権」
についても若干説明をしておく必要がある。

　「自衛権」とは、もともと国際法上の概念であり、他国からの差し迫った侵
害に対して、国家が自国防衛のために一定の実力を行使してこれに対抗する権
利を指すとされる。古くから国家に固有の権利とされてきたが、戦争が一般に
合法とされた時代にあっては特に語られる意味もなかった。「自衛権」概念が
有用性を帯び始めたのは、19世紀から20世紀にかけて、戦争が一般に違法化さ

れるようになってきてからのことである。

　次に、国際法上伝統的に「自衛権」に基づく実力行使が正当化されるために
は、①他国による急迫不正の侵害があること（違法性）、②この侵害を排除す
るためには一定の実力を行使するしかほかに方法がないこと（必要性）、③侵
害を排除するための実力行使が必要最小限で、なおかつ他国の侵害行為と釣り
合っていなければならないこと（均衡性）、この3要件を満たしていなければ
ならないとされてきた。さらに現在、国連憲章51条は、「自衛権」を国家の
「固有の権利」としつつも、既に「武力攻撃が発生した場合」に「安全保障理
事会が……必要な措置をとるまでの間」に限定してその行使を認めている。

　これらをふまえて、政府の言う「自衛力」論を見てみよう。政府は憲法9条
2項によって「戦力」が否定されたとはしつつも、しかし、それは「自衛権」
を否定することまでをも意味するものではないとしていた。つまり、他国から
の侵害に対して国家を防衛するための「自衛権」は有していることから、その
「自衛権」を行使するために「戦力」には至らない「必要最小限度の実力」、す
なわち「自衛力」を保持することは憲法9条によって禁止されてはいない、よ
って自衛隊は「戦力」に当たらないから合憲である、という解釈を行い現在に
至っているのである（例えば、1972年11月13日の田中内閣における政府見解）。

（2）「戦力」とは何か？

　ここで改めて問題となるのは、憲法9条2項が否定した「戦力」とはそもそ
も一体何を指すのかということである。まず、学界の多数説によれば、「戦力」
とは、①外部からの防衛を目的とし、②それに見合った人員、編成、装備（戦
車、戦闘機、戦艦、ミサイルなど）を備えた実力組織であるという。実力組織と
いう意味でいえば「警察力」もそうであるが、しかし、以上の①・②の点から
これは「戦力」とは区別される。

　実は、政府も当初は、このような学界の多数説に近い立場をとっていた。し
かし、1950年の警察予備隊の設置に始まる実質的な日本の再軍備が進むに従っ
て、その立場は次第に変容していく。警察予備隊設置の際はかろうじてこれを
「警察力」を補うものと説明していたが、1952年にこれが保安隊と警備隊に改

組・増強された際、政府は、「戦力」とは「近代戦争遂行能力」、つまり近代の
戦争を遂行するのに役立つほどの装備・編成を備えたものであるとして、保安
隊・警備隊はこれに当たらないとした。ここに「警察力」と「戦力」の中間に
9条2項に反しない実力が存在するという発想が導入される。そして、1954年
に日本に対して防衛力の増強という法的義務を課した日米相互防衛援助協定が
結ばれ、それを受け保安隊・警備隊が現在の自衛隊に改組され国土防衛という
目的が前面に出された結果（自衛隊法3条）、政府によって主張されるようにな
ったのが、「自衛力」という考えだったのである。

　なお、先述した国連憲章51条は、自国に対する武力攻撃に対し単独で自衛行
動を行う「個別的自衛権」のほかに、自国への武力攻撃が発生していなくても
他国に対して武力攻撃が発生した場合、それに対して共同で反撃を行う「集団
的自衛権」も認めている。歴代政府は、憲法9条の下では日本の防衛を踏み越
える「集団的自衛権」の行使まではできないとする憲法解釈を維持してきた
（「集団的自衛権と憲法との関係に関する政府資料」（1972年10月14日参議院決算委員会
提出資料））。しかし、後述する2015年9月に成立した「安全保障関連法」によ
って、きわめて疑義の多い論理に基づきその一部が解禁されるに至っている。

（3）政府の「自衛力」論の問題点

　日本国憲法の平和主義という理念は堅持しつつ自衛のための「必要最小限度
の実力」は憲法上許されると考える方にとっては、以上のような政府の「自衛
力」論は魅力的に映るかもしれない。だが、それは果たして本当に矛盾なく成
立あるいは両立しうるものなのだろうか。こうした視点から、以下では、政府
のいう「自衛力」論の問題点を見ていきたい。

①　国家の自衛権を個人の正当防衛権との類比で正当化することの不合理性

　まず、「自衛力」論は、憲法9条の存在にかかわらず、およそ国家は「固有
の権利」として「自衛権」を持っていることを前提として、そこから一定の実
力の保持を正当化しようとする。そこには、個人の「正当防衛権」と同様に、
国家も外敵に襲われたらそれに反撃する権利は当然認められるという発想があ
ると思われる。

　しかし、このような形で国家を個人になぞらえようとするやり方は、実は法学的には正しくない。なぜならば、個人の生命を維持することは、それ自身が何ものにも代え難い自己目的である。ところが、国家は、個人の意志によって初めて成立する人為的な存在であって、その存在を維持することそれ自体が自己目的化するということは決してありえないからである。もちろん、国家に居住する個人の生命を外敵から保護するために国家は「自衛権」を持つのだ、という議論もありうるのかもしれない。だが、そのことと、国家が「固有の権利」として「自衛権」を持つということは、別次元の問題である。加えてその文脈から言えば、国家防衛を主たる任務とする軍隊という組織がそのような事態に際し、果たして個人の生命を守ることにどれほどの優先性を置くことになるかについては、冷静に立ち止まって考えてみる必要があるだろう（飯島滋明「南西諸島の自衛隊配備」飯島滋明他編『自衛隊の変貌と平和憲法』（現代人文社、2019年）135頁以下も参照）。

　国家の「自衛権」から出発するこうした議論は、憲法9条の存在をバイパスして「自衛」を名目とした軍事力の保持を安易に肯定させることにつながりやすいだけに、注意が必要である。

②　「自衛力」と「戦力」の垣根の流動性

　さらに、そもそも「自衛力」を、憲法9条2項が禁じた「戦力」から分離させることが可能かどうかを考えてみなければならないであろう。恐らく、政府の「自衛力」論を魅力的だと考える方は、平和主義の下で例外的に「自衛」という目的に徹して実力が行使されるのであれば、誤った結果を招くことはないだろうと考えるのかもしれない。

　しかし、別の見方で考えてみよう。一体、世界のどこの国に、自国の軍隊を「侵略軍」と称して保持している国があるだろうか。1990年8月に隣国クウェートに侵攻したあのサダム・フセイン率いたイラク軍でさえ、当然のことながら自らを「侵略軍」と名乗っていたわけではないのである。つまり、国際法上、自衛権行使と国際的な軍事的措置を除く全ての武力行使が違法化された現在、全ての国の軍隊は、まずは「自衛」を目的とした組織のはずである。けれども、2003年のイラク戦争などに見られるように、「自衛」のために軍隊を保有して

いるはずのそれらの国家は、およそ「自衛権」では説明できないような軍事行動を度々繰り返してきている。この事実からすれば、軍事力というものを用途に着目して「自衛力」と「戦力」に分離するという考え方自体が、そもそも成り立ちえないということになるのではないか。

　もっとも確かに、「自衛力」とされる自衛隊の実力行使については、他国の軍隊と比較すると、様々なさらなる固有の制約が加えられてきたことも事実である（「集団的自衛権」の行使の禁止や国連などによる軍事的強制措置への参加の禁止など）。しかし、後述するように、「集団的自衛権」については、2014年7月の第二次安倍内閣による閣議決定と2015年9月の「安全保障関連法」によってその一部が解禁されるに至っており、自衛隊にとっての固有の制約には大きな揺らぎが生じてきている。また、日本への攻撃を効果的に阻止するという名目の下に、敵の射程外から自衛隊が敵を攻撃することを可能とする兵器システムの開発及び防衛能力の強化が前面に打ち出されるなど（2020年12月18日の閣議決定）、「自衛力」と「戦力」の垣根はますます流動化してきている。

　なお、自衛隊の合憲性をめぐっては、これまでいくつかの裁判所でも争われてきたが、現在に至るまで自衛隊を合憲とした判決は出ていない。

長沼事件（札幌地判1973. 9. 7判時712. 24、札幌高判1976. 8. 5行集27. 8. 1175、最大判1982. 9. 9民集36. 9. 1679）

　　航空自衛隊のミサイル基地を建設するため農林大臣が付近の水源涵養保安林であった北海道長沼町馬追山の保安林指定を解除する処分を行ったことに対し、地元住民らが自衛隊の違憲性を理由にこの処分の取消しを求めて争った事件。札幌地裁は、自衛隊が憲法9条2項によって禁じられた「戦力」に該当するものとして自衛隊を明確に違憲と述べ、初の違憲判断を下したが、札幌高裁は保安林の指定解除により生ずる危険は代替施設建設により解消されたので「訴えの利益」がないとし訴えを却下した。最高裁もこれを踏襲した。

砂川事件（東京地判1959. 3. 30下刑集1. 3. 776、最大判1959. 12. 16刑集13. 13. 3225）

　　米軍基地目的で使用されていた立川飛行場の拡張計画に反対する団体の一部が、測量行為中断を求めて飛行場の境界柵を破壊し境界内に侵入したところ、その行為が日米安全保障条約3条に基づく刑事特別法2条に違反する無断侵入として起訴された事件。東京地裁は、駐留米軍が憲法9条2項の禁じた「戦力の保持に該当する」と述べ、明確に違憲という判断を下した（日本防衛目的のみならず、米国の戦略に依拠して軍事活動の拠点ともなりうる駐留米軍の存在により、日本が自国と直接関係のない武力闘争の渦中

に巻き込まれ、戦争の惨禍が日本にも及ぶことになると述べた）が、国の跳躍上告を受けた最高裁は、日米安全保障条約のような「高度の政治性を有するもの」については、それが「一見極めて明白に違憲無効であると認められない限りは、裁判所の司法審査の範囲外のもの」であるという「統治行為論」により、日米安全保障条約に関する憲法判断を避けている。

③　日本の防衛法制の現在

（1）日本の防衛法制の展開

　以上のように、政府は、「戦力」には至らない「必要最小限度の実力」＝「自衛力」を保持することは憲法上認められるとして、自衛隊の存在を正当化してきた。しかし、現実には、その前提すら飛び越えるような形で、自衛隊の活動を拡大・強化するような法律が近年次々と制定されるようになっている。

　まず、これまで政府は、自衛隊の任務が国土防衛に限定されていることから、自衛隊の海外派遣は認められないとしてきた。具体的には、国連憲章43条に規定される正規の国連軍（アメリカが中心となり湾岸戦争やイラク戦争で編成されてきた「多国籍軍」とは異なる）や、国連平和維持活動（Peace Keeping Operation: PKO）の中でも武力行使を伴う平和維持軍（PKF）への自衛隊の参加は、憲法上認められず、またPKOのうち原則として武力行使を伴わない停戦監視団への参加についても、憲法上許されないわけではないが、自衛隊法上そのような任務は認められていない、との立場をとってきた（1980年10月30日の政府統一見解）。ちなみに、1954年6月には、国会でも「自衛隊の海外出動をなさざることに関する決議」が参議院本会議で可決されている。

　ところが、1990年の中東危機から1991年の湾岸戦争にかけて、日本も経済的協力だけではなく人的貢献も行うべきだとする「国際貢献論」が高まり、それを契機として1992年6月には、「国際連合平和維持活動等に対する協力に関する法律」、いわゆる「PKO協力法」が制定され、これに基づき自衛隊の海外派遣への途が開かれるようになった。当初は、武力行使を伴うPKFへの自衛隊の参加は「凍結」されていたが、2001年12月の同法改正によってそれは解除され、自衛隊の武器使用基準も緩和されている。

　また、2001年9月の世界同時多発テロや同年12月の奄美沖不審船騒動、2002年9月に明らかとなった北朝鮮拉致事件などを背景として、2003年6月には、他国からの武力攻撃に自衛隊が対処するために首相の権限強化などを定めた「武力攻撃事態法」を始めとする有事関連三法が制定され、翌2004年6月には、これを補完する「国民保護法」「米軍行動円滑化法」「外国軍用品等海上輸送規制法」などが制定され、いわゆる「有事法制」が完備されるに至った。もっとも、これらの法律の実質的な狙いは、日本が攻められた場合に備えたものというよりは、むしろアメリカがアジア太平洋地域で行う戦争で自衛隊に「後方支援」をさせ、さらには日本の地方自治体や民間企業までをも国を挙げて動員・協力させることにある、という点には注意を要する。

　そして、2007年1月に自衛隊を所管していた「防衛庁」が「防衛省」に格上げされて以降も、このあと見ていく日米安保体制の強化と相まって、日本の防衛法制は着々と整備が進められてきた（2013年12月の「特定秘密保護法」など）。現時点におけるその到達点ともいうべきものが2015年9月に可決された「安全保障関連法」であるが、これについては（3）で扱う。

（2）日米安保体制と対米軍事協力の展開

　日本の防衛法制を見ていく上で欠かせないのが、1960年にアメリカとの間に再締結された「日米安全保障条約」を中心とする日米安保体制である。この条約は、1952年に日本が独立する際に引き続き米軍の日本駐留を認めるために締結され、後にそれが改定されたものである。その主な内容としては、①「日本国の安全」と「極東の平和及び安全の維持に寄与する」目的で米軍の日本駐留を認めること（6条）、②日本の施政下にある領域におけるどちらかの国に対する武力攻撃に対して、「自国の憲法上の規定及び手続に従つて」日米共同で対処すること（5条）、などである。

　ここで問題なのは、この共同防衛行動が、日本が憲法9条との関連で否定した「集団的自衛権」の行使に当たらないのか、ということである。ちなみに、政府は、この点について、在日米軍基地は日本の領土であり日本に対する攻撃であるから、この場合の日本の防衛行動は「個別的自衛権」の行使に当たる、

と説明してきた。しかし、ここでの問題の本質とは、アメリカの軍事行動によって在日米軍基地が攻撃対象とされた場合、日本は、この条約により否応なしにアメリカの行う戦争に巻き込まれる危険性が出てくるということなのである。しかも、そこでの作戦行動は、当然アメリカが実権を握ることになり、日本は、あくまでもそれに追随する形で、共同防衛行動をとらざるを得なくなるであろう。こうしたことから、「日米安全保障条約」自体がそもそも憲法違反なのではないか、といった疑問も当然出てくるかもしれない。ちなみに、最高裁は、「日米安全保障条約」は「一見明白に違憲無効」とは言えないとしながらも、その合憲性については判断を避けている（前掲「砂川事件」参照）。

　そして現在、日本は、「日米安全保障条約」を基軸とした日米安保体制によって、何よりも優先的に対米軍事協力を強化するに至っている。

　1996年4月の「日米安保共同宣言」では、冷戦後の「日米安全保障条約」の存在意義に「再定義」が施され、それは広く「アジア太平洋地域の平和と安定」に資するものと位置づけられ、同時に日本が「日本周辺地域」での事態に際して米軍に「後方支援」などの軍事協力を行うことが約束された。これを受けて、1997年9月には、1978年に日米間で策定されていた「日米防衛協力の新指針」、いわゆる「日米ガイドライン」が改定され、これを具体化するために1999年5月、「周辺事態」に際して行われる後方での自衛隊の対米軍事協力活動について定めた「周辺事態法」など、いわゆる「日米ガイドライン関連法」が成立している。ちなみに、政府の説明によれば、「周辺事態」とは地理的な概念ではなく、「我が国周辺の地域における我が国の平和と安全に重要な影響を与える」ような、事態の性質に応じて定まるものであるとされた。しかし、これについては、「周辺事態」の概念があまりにも曖昧すぎるため、アメリカがアジア太平洋地域で行う軍事行動に日本がほぼ無限定的に組み込まれ、結局はアメリカとの「集団的自衛権」の行使につながるのではないかという批判がもとより強くなされていた（なお、同法は、後述する2015年9月の「安全保障関連法」によって「重要影響事態法」に改正され、対象となる事態として「周辺事態法」にあった「我が国周辺の地域における」という限定的な文言が削除された）。

　また、2001年9月11日にニューヨークで発生した世界同時多発テロ事件を契

機として、同年10月には「テロ対策特別措置法」が、また2003年3月にアメリ
カ・イギリスなどが中心となって開始されたイラク戦争を支援するために、同
年7月には「イラク復興支援特別措置法」が、それぞれ制定されている。いず
れの法律も、自衛隊が海外での米軍などによる戦闘行為を軍事的に支援する内
容となっており、実態としては「集団的自衛権」の行使に限りなく踏み込むも
のとなっていた。

　なお、「テロ対策特別措置法」は2007年11月に期限が切れて失効し、インド
洋で給油活動を行っていた海上自衛隊も撤退することになった。しかし2008年
1月、「新テロ対策特別措置法」が参議院での否決の後に、実に57年ぶりとな
る衆議院の「再議決」によって可決成立し（憲法59条2項）、これを受けて、同
年2月より再び海上自衛隊がインド洋に派遣され給油活動を再開したが、最終
的に活動期間の延長切れで2010年1月に同法は失効した。

　また、4年の時限立法であった「イラク復興支援特別措置法」についても、
2007年6月の同法改正によって2年の活動期間延長が認められたものの、その
後2009年7月の延長期限切れにより失効した。しかし、その過程では、全国各
地で同法に基づく自衛隊のイラク派遣を違憲とする訴訟が提起され、その内、
2008年4月の名古屋高等裁判所判決では、イラクでの航空自衛隊の空輸活動が
同法及び憲法9条1項に反するものであったという判断がなされている。また、
民主党への政権交代後の2009年10月には、航空自衛隊が武装した多くのアメリ
カ兵を輸送していた実態が、情報公開請求によって明らかになっている。

自衛隊イラク派遣違憲訴訟名古屋高等裁判所判決（名古屋高判2008. 4. 17判時2056. 74）
　　「イラク復興支援特別措置法」に基づく国によるイラクへの自衛隊派遣は違憲であ
　り、「戦争や武力行使をしない日本に生存する権利」等を内容とする原告の「平和的
　生存権」を侵害するものであるとして、国家賠償法に基づく損害賠償、イラクへの自
　衛隊派遣の差し止め及びその違憲確認を求めた事件。第二審の名古屋高裁は、原告の
　請求を全て退けたものの、傍論において、「イラク復興支援特別措置法」を合憲とす
　るとしても航空自衛隊の空輸活動は、武力行使を禁じた同法2条2項等に反し、憲法
　9条1項にも反する活動に該当すると判示した。また、前述の長沼事件以来35年ぶり
　に、「平和的生存権」の具体的権利性についても正面から認める判断を行った。

（3）2015年9月の「安全保障関連法」の成立

　2012年12月に第二次安倍政権が発足し、第一次安倍政権退陣後は実質的に中断していた「集団的自衛権」を容認するための憲法9条解釈変更に向けた動きが強まっていった。政府は、第1次安倍政権時代に設置し休眠状態にあった首相の私的諮問機関「安保法制懇」を再始動させ、これまで政府が憲法9条の下で行使できないとしてきた「集団的自衛権」の解禁を始めとする従来の憲法解釈変更に着手することになる。そして、2014年7月、第二次安倍政権の下で「国の存立を全うし、国民を守るための切れ目のない安全保障法制の整備について」と題する閣議決定が行われ、「集団的自衛権」を限定的に容認する方向に舵が切られることになった。

　その後、これを受ける形で自公連立与党の間で協議が進められ、2015年5月、「武力攻撃事態法」などを始めとする既存の10本の法律を束ねて改正する「平和安全法制整備法」と新法である「国際平和支援法」の計11本の法律から構成される「安全保障関連法」案が国会に提出された。もっとも、同法案の国会審議の段階では、若者世代も含む1960年以来の国民的な反対運動が巻き起こった。さらに注目すべきは、同法案に対しては、全国の憲法研究者を始めとする大学人からだけではなく、内閣法制局長官経験者や最高裁判事経験者などからも違憲だとの声が相次いだことである。しかし、同年9月、同法案は国会での強行採決により成立した。

　この「安全保障関連法」における最大のポイントは、①「存立危機事態」という新たな概念を設定し、日本と「密接な関係にある他国に対する武力攻撃が発生し、これによりわが国の存立が脅かされ、国民の生命、自由及び幸福追求の権利が根底から覆される明白な危険がある」場合には、限定的に日本が「集団的自衛権」を行使することを可能にした点である（「武力攻撃事態法」の改正法である「事態対処法」2条4号、改正自衛隊法76条1項2号）。

　それ以外にも、「安全保障関連法」では、さしあたり次のような重大な変更が行われている。②前述したように、海外における自衛隊の活動範囲を「周辺事態」から「重要影響事態」に変更することで地理的限定がなくなり、「現に戦闘行為が行われている現場」以外であれば自衛隊が米軍等の他国軍隊に対す

る「後方支援」（新たに「弾薬の提供」等も含む）を行うことが地球上のどこでも可能となった（「周辺事態法」の改正法である「重要影響事態法」1条・2条3項）。③これまで米軍等が主導して行われてきた国際社会の平和と安定のための国際的な活動に対して自衛隊が支援を行うためには「テロ対策特別措置法」や「イラク復興支援特別措置法」といった時限立法を制定する必要があったが、今回制定された1本の新たな法律の中に「国際平和共同対処事態」という概念を設定し、そのような事態に対処する国際社会の取り組みを、自衛隊が時限立法によることなく恒久的に支援することが可能となった（「国際平和支援法」）。④平時の段階から、自衛隊員が自衛隊の武器だけではなく、米軍等の武器を防護するために武器を使用することが可能となった（改正自衛隊法95条の2）。

　そして、なにより注意しておかなければならないのは、このような一連の「安全保障関連法」が、それに先立つ同年4月に日米間で再改定された「日米ガイドライン」に規定された内容となっているということである。再改定された「日米ガイドライン」では、「日本の平和と安全」だけではなく、「アジア太平洋地域及びこれを越えた地域」の安定と繁栄の確保などがその目的として掲げられ、日米安保体制の対応する範囲が、従来よりも格段に広がることを明らかにしている。そして、「切れ目のない、力強い、柔軟かつ実効的な日米共同の対応」「日米同盟のグローバルな性質」など、今後の日米安保体制がめざすべき基本的方向性を強調した上で様々な事態に対応した日米共同軍事行動のあり方が詳細に示されているが、まさしくその内容は、「切れ目のない安全保障法制」と位置づけられた「安全保障関連法」に反映されているのである。「安全保障関連法」が新たな「日米ガイドライン」実施法などと呼ばれる所以でもある（倉持孝司「新・新『日米防衛協力のための指針』（ガイドライン）」『別冊法学セミナー・安保関連法総批判』（日本評論社、2015年）101頁参照）。

　このように、憲法9条を中心とする日本の平和主義は、政府がアメリカの要請に応じて、日米安保体制を基軸とした対米軍事協力関係を積極的に推し進める形で、形骸化されてきているのが現実である。憲法9条とこのような現実との乖離がよく言われることがあるが、しかしその現実とは、実際は政府が無理な解釈を重ねて作り出してきたものであり、しかも今日、それは政府自身の

「自衛力」論によっても説明がつかないところまできていることも忘れてはならないであろう。

4 おわりに

　以上のように見てくると、平和主義を維持しながら最低限の武力を保持するという発想は、結局のところ平和主義を蝕み、さらには軍事の拡大に何の歯止めにもならない「幻想」に近い考え方であることが明らかなように思われる。

　2017年5月、当時の安倍首相は、憲法9条の文言はそのままにして、新たに条文を追加しそこに自衛隊の存在を書き込むことを内容とする「自衛隊加憲」という新たな改憲構想を突如発表した。その後、これを受ける形で、自民党憲法改正推進本部が中心となって条文案の作成に着手したものの、2018年3月の自民党大会では、次のような「条文イメージ」が妥協案として最終的に了承されている。すなわち、「前条の規定（憲法9条）は、我が国の平和と独立を守り、国及び国民の安全を保つために必要な自衛の措置をとることを妨げず、そのための実力組織として、法律の定めるところにより、内閣の首長たる内閣総理大臣を最高の指揮監督者とする自衛隊を保持する」。

　問題は、ここに登場する「自衛の措置」という文言である。「自衛権」には、自国が攻撃を受けた際に自ら反撃する「個別的自衛権」だけではなく、自国と密接な関係にある国が攻撃を受けた際にその国と一緒になって反撃を行う「集団的自衛権」も含まれることは、既に見てきた（国連憲章51条）。実は、2015年の「安全保障関連法」では、これまで憲法9条の下で禁じられるとされてきた「集団的自衛権」の行使が可能とはなったが、しかしながら、それはあくまでも日本の存立を脅かすことになる他国の事態（存立危機事態）に限定されており、「他国防衛」を本質的要素とする全面的な「集団的自衛権」の行使についてまでは、依然として解禁されてはいない。換言すれば、このことは、憲法9条の規範力が決して失われていない証左でもあった。

　ところが、もし上記「条文イメージ」のような文言が憲法9条に書き加えられるとすれば、一体どうなるであろうか。その場合、「個別的自衛権」と「集

団的自衛権」の垣根は取り外されることになり、自衛隊は、憲法9条のような特殊な足かせをもたない「普通の国」と同様、「自衛権」を根拠として海外での全面的な軍事力行使が可能になってくるであろう。そして、「自衛権」を口実とした武力行使は、他国の国家実行などにも見られるように際限なく拡大していく危険性がある。

　例えば、アメリカは、諸外国で遂行しているテロリスト掃討作戦において無人攻撃機（ドローン）を使用し、無辜の市民まで巻き込んでテロ容疑者を一方的に殺害する「標的殺害（targeted killings）」作戦を繰り返してきたが、アメリカ政府によれば、これは「自衛権」に基づく合法な行為なのだという。日本も現在、「自衛の範囲」とした上で、自国への脅威の策源地となる外国のミサイル基地等を機先を制して攻撃する、いわゆる「敵基地攻撃能力」を実質的に整備しようとしているが、敵の射程外である安全圏から先制的に攻撃を行うことも「自衛」の名の下に正当化しようとするその発想には、先のアメリカのケースと通底するものが見られるように思われる。それ自体否定できない正当性をもつ「自衛権」は、軍事力という手段によって遂行される場合、常にこのような発想と隣り合わせにあることを忘れてはならないであろう。

　むしろ今、日本が模索していくべきなのは、憲法9条を基軸とした「軍事力によらない平和」というアプローチの充実化ではないか。例えば、1994年に東南アジア諸国連合（ASEAN）は、対話と協力によるアジア太平洋地域の安全保障環境の向上を目的としたASEAN地域フォーラム（ARF）を設立した（日本、中国、韓国、北朝鮮、アメリカ、ロシアもメンバー）。そのARFは、「武力による威嚇や武力の行使を慎み、常に加入国間で友好的な交渉を通じて、その紛争を解決する」ことを内容とする「東南アジア友好協力条約」（TAC）を行動規範とし、現在もその実効性を追求して一定の成果を上げていることは注目されよう。「平和を愛する諸国民の公正と信義に信頼して、われらの安全と生存を保持しようと決意した」日本としては、「自衛」を口実とした軍事力の強化に傾斜するのではなく、粘り強い外交努力によって国家間の信頼醸成機能を果たすこのような枠組みの中で、常にイニシアティブを発揮していく「不断の努力」が求められているのではないのだろうか。

■参考文献■

麻生多聞『憲法9条学説の現代的展開——戦争放棄規定の原意と道徳的読解』（法律文化社、2019）

青井未帆『憲法と政治』（岩波書店、2016）

浦田一郎『集団的自衛権限定容認とは何か——憲法的、批判的分析』（日本評論社、2016）

水島朝穂『ライブ講義　徹底分析！集団的自衛権』（岩波書店、2015）

君島東彦編『戦争と平和を問いなおす——平和学のフロンティア』（法律文化社、2014）

山内敏弘『平和憲法の理論』（日本評論社、1992）

【資料】

内閣総理大臣・吉田茂による、憲法9条全体により自衛戦争も放棄したものとする発言（衆議院帝国憲法改正委員会1946年6月26日）

　戦争放棄に関する本条の規定は、直接には自衛権を否定しては居りませぬが、第9条第2項において一切の軍備と国の交戦権を認めない結果、自衛権の発動としての戦争も、又交戦権も放棄したものであります。従来近年の戦争は多く自衛権の名に於て戦われたのであります。満州事変しかり、大東亜戦争又しかりであります。今日我が国に対する疑惑は、日本は好戦国である、何時再軍備をなして復讐戦をして世界の平和を脅かさないとも分からないというのが、日本に対する大なる疑惑であり、又誤解であります。まずこの疑惑を正すことが今日我々としてなすべき第一のことであると思うのであります。又この疑惑は誤解であると申しながら、全然根拠のない疑惑とも言われない節が、既往の歴史を考えてみますると多々あるのであります。故に我が国に於てはいかなる名義を以ってしても交戦権はまず第一、自ら進んで放棄する、放棄することによって全世界の平和の先頭に立って、世界の平和確立に貢献する決意を、まずこの憲法において表明したいと思うのであります。（拍手）之によって我が国に対する正当なる諒解を進むべきものであると考えるのであります。平和国際団体が確立されたる場合に、もし侵略戦争を始むる者、侵略の意思を以って日本を侵す者があれば、是は平和に対する冒犯者であります。全世界の敵というべきであります。世界の平和愛好国は相より相携えてこの冒犯者、この敵を克服すべきものであるのであります。（拍手）

第5章 基本的人権の原理

① 人権宣言の歴史──日本国憲法制定まで

　日本国憲法は13条以下で多くの人権を保障している。私たちにとって、「人権」が保障されているということは、当たり前のように思えるかもしれないが、それは、それ以前の大日本帝国憲法（明治憲法）においては、決して当たり前だったわけではない。しかも、明治憲法が制定されたのは1889年である。ずいぶん前のように思われるかもしれないが、人権をめぐる議論自体はそのはるか昔から広く行われていた。現在保障されている人権は、長い歴史で様々な出来事を経てようやく保障されるに至ったものなのである。それゆえ、日本国憲法の人権について学ぶためには、外国の人権宣言の歴史を参照する必要がある。

（1）人権宣言の萌芽

　人権宣言の出発点として挙げられることが多いのは、1215年のマグナ・カルタである。マグナ・カルタは人間の権利一般を宣言したものではなく、貴族の権利を確認したものであったという点で、その意義は限られたものであるが、人権思想が発展する上で、このマグナ・カルタの影響は大きかったと言われている。特にマグナ・カルタにおける議会の位置づけは、その後の人権宣言においても参照された。

（2）人権宣言の誕生

　1776年6月、アメリカ・バージニアで権利章典が採択され、それに続き同年7月には独立宣言が出された。このアメリカ独立宣言は、ジョン・ロックの影

響を強く受けたものであると言われ、自然権思想に立つものであった。アメリカではその後、1788年に合衆国憲法が制定されたが、人権を成文法で規定してしまうと人権の保障がそこで止まってしまい、かえってその後の時代の変化に対応する上での妨げになってしまうのではないかとの懸念もあった。そこで、アメリカの権利章典は、1788年の憲法を修正するという形で、1791年になって初めて正式に憲法に加えられた。日本国憲法では、例えば表現の自由を保障している規定を「憲法21条」というが、アメリカの憲法上の権利の根拠条文は「修正○○条」と紹介される。これはこのような制定過程に由来している。

　1789年になるとフランスにおいて「人及び市民の権利宣言」、いわゆる人権宣言が登場した。フランス人権宣言がルソーに代表されるフランス的な思想の影響を受けていることは確かであるが、フランス人権宣言が登場したのはバージニア権利章典が登場した後のことである。そのため、フランス人権宣言が起草された時点でアメリカの人権宣言はよく知られていたと考えられる。そしてその内容は、身分制を解体しようとするなど、いかにも「近代らしい」人権宣言であった。そして、このフランス人権宣言は、フランス憲法の人権規定の法源として今でも活用され続けている。

（3）人権宣言の普及

　18世紀後半に登場したアメリカやフランスの人権宣言は、その他の国にも大きな影響を与えた。ドイツでは、市民的自由を抑圧してきた、いわゆる「三月前期」の時代が打ち破られ、1849年にフランクフルト憲法が誕生した。この憲法には人権の章もあり、ドイツの人権史上、画期的な憲法であった。人権の章は1848年末に国民議会によって公布された、「ドイツ国民の基本権に関する法律」を盛り込んだものであった。フランクフルト憲法には多くの人権が規定されていたが、これはそれに先行するアメリカやフランスの人権宣言の影響を受けていたため、と考えることができる。

　ところが、人権宣言が普及した後には人権保障の形式化が進んでいく。民衆の手によって制定された先述のフランクフルト憲法は、国王の支持を得られなかったことで挫折してしまった。そして1850年に制定されたプロイセン憲法や、

1871年に制定されたドイツ帝国憲法（ビスマルク憲法）は、人権の保障という点では大きく後退した憲法であった。アメリカやフランスの人権宣言が民衆が勝ち取った「下から」のものであったのに対し、ドイツの憲法はプロイセン憲法からビスマルク憲法まで、一貫して「上から」与えられたものであったことも、ドイツにおける人権保障が形式化した一因であったとされている。なお、この頃、日本では西洋列強諸国と肩を並べるための「近代化」が進められていた。その日本が西洋に追いつくために憲法を制定することになり、その模範として選択したのはイギリスやアメリカ、フランスではなく、ドイツ（プロイセン）の制度であった。

　神を持ち出して人権を基礎づけることによる説得力が低下したこともあって、ドイツ以外の国においても、人権が外見的なものになっていくという現象が見られた。しかし、第二次世界大戦中の独裁政治の反省を受けて再び自然権思想が復活する。特にドイツが連邦憲法裁判所を設置して、人権の保護を強めようとしたのは、まさにその象徴であった。

（4）人権宣言の社会化

　近代の人権は国家による干渉を防ぐという点に重点を置いていたが、産業革命以降には、国家が干渉しないことでかえって個人の生活が脅かされるという問題が発生した。そこで、国家の保護を求める権利として誕生したのが社会権である。第一次世界大戦後に制定されたヴァイマル憲法は、多くの社会権的な規定を含んでいたことで知られている。ただ、ヴァイマル憲法に含まれる社会権や、国の任務に関する規定はとても多く、章の構成にも問題があったと言われる。また、学説と判例が社会権理論を十分に発展させなかったこともあり、それが有効に活用されたとは言い難い。第二次世界大戦後に制定されたボン基本法（ドイツの連邦憲法に当たる）は、ヴァイマル憲法の反省もあり、社会権規定を大幅に削減した。しかし、社会的法治国家であると宣言することによって、ヴァイマル憲法と一定の継続性を保っている。このような、国家の配慮を求める人権宣言としての性格は、日本国憲法からも読み取ることができる。

（5）人権の国際化

　人権思想が普及し、人権が基本的な観念として広く定着した結果、人権を国内だけでなく世界的・国際的に保障しようとする動きが生まれた。特に、1966年に採択された自由権規約と社会権規約は加盟国を直接拘束するものであり、1948年の世界人権宣言が法的拘束力を持たなかったのに対して、実行性を大きく前進させるものであった。また、条約の加盟国間で人権の保護を図る欧州人権条約は、欧州人権裁判所を設置し、裁判所に対する個人からの申立てを認めたことで注目された。

② 人権の観念

（1）人権の固有性・不可侵性・普遍性

　明治憲法下の「臣民の権利」が天皇によって与えられたものであったのに対し、日本国憲法における人権は、「人間である」というだけで保障されている。「なぜ人権が保障されるのか」という問いに対して、「人間として生まれたからである」という以上の理由づけは必要なくなった。人権のこのような性格を、人権の「固有性」と呼ぶ。日本国憲法は11条と97条で人権の固有性を宣言している。

　11条と97条はほかにも、人権を侵すことのできないものとしている。このことを人権の「不可侵性」と呼び、人権を侵害する主体として、ここで想定されているのは国・公権力である。権利の制限を議会に任せきりにしてしまうという意味での「法律の留保」は、人権の不可侵性と両立させにくいものであるが、人権は不可侵であると言っても、社会全体の利益や他人の権利との関係で人権が制約されることはあり、例えば、現代憲法においては、社会的な利益を保護するために財産権を制限する必要性が指摘されることもある。そして、租税法律主義や罪刑法定主義においても明らかなように、有権者の代表としての国会の役割を重視するという意味での「法律の留保」は、今でもその意義を失っていない。

　憲法11条はさらに、人種や性別などに関係なく、人間であれば誰にでも人権

が保障されるとしている。このことを人権の「普遍性」と呼んでいる。人権の「固有性」が、「なぜ人権が保障されるのか」という理由づけに関わるものであるのに対し、「普遍性」は、「誰に人権が保障されるのか（＝享有主体性）」という問題に関わるものと言えるだろう。全ての人に人権が保障されるのである。しかし、天皇は日本国憲法上特殊な扱いを受けており、人権の主体と見ることはできないとする有力説がある。また、後で見るように、外国人にも日本国憲法上の人権が保障されるのか、未成年者と成人とで人権保障に差がないのかどうかなど、人権の「普遍性」との関係で検討すべき課題も少なくない。

（2）人間の尊厳性──人権の根拠

　近代人権宣言によって、人権は人間であるというだけで保障されると考えられるようになったが、このような考え方は法実証主義に対して劣勢に立たされることもあった。ひとつの原因としては、誰にでも妥当する統一的な宗教的な観念というものを想定しにくくなったことが挙げられる。それでも、日本国憲法を始めとする多くの憲法は人権の固有性を認めている。そこで、人々の価値観が多様化した現在において、どのようにして人権の根拠を説明すればよいのかを考える必要がある。日本の憲法学説においては、人間が合理的に人生設計をするという所に求められることが多いようである。つまり、人間は自分の意思で自分の人生目標を設定でき、そのような目標に向かって行動することができる存在であり、そのような存在である人間に対して国家は口を出すべきでないという説明である。このような人間の見方は、「強い個人像」や「合理的人間像」と呼ばれることがある。こうした人間像を前提とした場合には「弱い個人」に対する人権保障が問題になるが、「強い」人間というのは具体的な個人について述べているのではない。抽象的に人、もしくは「ヒト」一般を合理的な存在と見ようとすること自体が、人権を保障する上での障害となるわけではないだろう。

③ 人権の内容

　日本国憲法に限らず、最近の憲法は多くの権利を保障している。人権の内容を整理する際には、人権をいくつかのものに区分するのが一般的である。人権の分類に関しては、イェリネクの類型論が紹介されることが多い。イェリネクによると国民の地位は、国家に従属する受動的地位、国家権力から自由である消極的地位、国家の活動を求める積極的地位、国家活動に参加する能動的地位の4つに分けられるという。受動的地位は国家に対して義務を負う場面でのものであるため、人権の保護と関連するのはその他の3つの地位ということになる。

　しかしイェリネクの類型論については、社会権をうまく整理できないなどの欠点も指摘されている。そうしたこともあり、現在では、イェリネクの類型論を参考にしながらも、人権を自由権、参政権、社会権の3つに分類するのが一般的になっている。

（1）自由権・参政権・社会権

　自由権は個人の生活や行動に対して国家に口を出させない権利であり、国家に対して何かをしないように求める権利である。君主に対して市民が革命を起こして勝ち取ったのが君主に対する自由権であり、自由権は人権の中で最も基本的な権利であるとも言える。自由権だけを「人権」と呼ぶべきであるとする人もいるほどである。自由権の代表的なものとして、表現の自由や思想・良心の自由、信教の自由や人身の自由、そして財産権などを挙げることができる。検閲は表現の自由に対する侵害の、拷問を用いた自白の強要は人身の自由に対する侵害の典型例である。

　自由権が国家権力の行使から個人を守るためのものであるのに対して、国家権力の行使に関与してしまおう、という権利が参政権である。国家権力に対して何かをしないよう求めたり一定の活動を求めたりするにしても、国家権力の行使に国民自らが関わるのが人権保障という観点では効果的であろう。国会議

員を直接選ぶことができる選挙権や、最高裁判所の裁判官に対する国民審査権などはその例である。これらの権利は、国家があることを前提とする権利であり、自然権とは言えない権利ではあるが、重要な権利であることには変わりない。さらに地方では首長を直接選挙する権利や解職請求権、条例案提出権などが保障されており、自治体によっては特定の事柄に関する住民投票権が条例によって与えられていることもある。

　自由権によって国家権力の発動に歯止めをかけ、参政権によって国家権力の発動自体に関与できるとしても、それで問題が全て解決されるわけではない。市民の間に力関係がある場合や、多数決原理によっては権利の救済を期待できない場合がある。そこで、国家権力の発動を求めるのが社会権である。自由権が国家に対して何かをしないように要求する権利であるのに対し、社会権は国家に対して何かをするように要求する権利である。生活に困窮している人が国家に対して給付を求める生存権は、よく知られている権利であろう。社会権にはほかにも、使用者に対して労働者を保護するよう国家に求める労働基本権や、誰もが教育を受けられるように国家に対して環境整備を求める「教育を受ける権利」などがある。

（2）分類の相対性

　上で行った分類は絶対的なものではない。例えば表現の自由を、「言いたいことを言わせる自由」と理解するだけでは不十分である。例えば、政府を批判する表現行為であれば、その権利には、国の活動を監視する行為としての、参政権的な側面もあるためである。また、政府の活動を監視する上では、政府がどのようなことをしているのかを知る必要がある。そのためには、政府に対して情報を開示するように求める必要があるが、そのような要求は自由権とするだけでは不十分であろう。他方、生存権にも自由権的な側面があるとされ、一旦支給された生活保護費を返還するよう求められたり、生活保護基準が引き下げられたりした場合には、国家に対して、そのようなことを行わないように求める権利が必要であるとされる。それはまた、国家自らが、子どもから教育を受ける機会を奪う場合にも同様である。社会権の自由権的側面としては、他に

も、ストライキ権の行使に対して法的責任を課せられないことが挙げられることもある。

　これらの例でも明らかなように、先に用いた類型は完全なものではない。それでも、ある程度区分しておいた方が人権の内容を整理しやすいであろうし、ひと口に○○権といっても様々な側面があることは、先に述べたような類型を用いた方が理解しやすい。もちろん、ひとつの分類方法を絶対視してはかえって理解の妨げになってしまうが、「その程度のもの」であることを理解しておけば類型論には意味があると言える。

（3）制度的保障

　憲法で規定されている事柄の中には、「地方自治」のように内容が明確でないものや、ただ権利として保障しておいても役に立たないものがある。財産権は後者の代表例である。人の取引関係を正常な状態に保つためには取引のルールが必要であり、例えば、ひとつの物に複数人が権利をもっていては、権利として有効なものとはならない。そのため取引のルールについて、国家、特に立法府がある程度の決め事をしておくことが必要になる。それでも、せっかく憲法で保障された財産権が台無しになるようなルールの決定や変更を認めるわけにもいかないだろう。そこで、財産権の核心部分とそうでない部分を分け、核心部分でないところについてはルール作りを立法府に任せようとする理論がある。こうした、権利の核心部分を侵してはならないが、それ以外の部分の決め事については立法府に委ねるという保障の仕方を、「制度的保障」と呼んでいる。制度的に保障されていると説明されるものとしては、財産権のほかにも、政教分離原則、地方自治、大学の自治、婚姻制度などがある。

　制度的保障の理論には、権利の核心部分とそうでない部分という、不明確な区分をすることで国家が介入できる余地を不当に広げてしまうとの批判がある。制度的保障の理論には、制度の核心部分を設定することによって立法府によるルール作りに一定の枠を設けるという意味もあるが、政教分離などに関する最高裁の判例では、立法府の裁量を広く認める根拠として制度的保障という考え方が援用されることも多い。

④　人権の享有主体

　日本国憲法が保障する人権は普遍的である。それゆえ、日本国憲法で保障されている権利は、全ての人に保障されるものである。しかし、そこにはいくつか検討を要する事項がある。ここでは未成年者、天皇・皇族、法人・団体、外国人について述べる。

（1）未成年者

　基本的人権が人間であるというだけで保障されるのであれば、未成年者にも人権が保障されることは言うまでもない。しかし、未成年者の中には成熟した判断能力を持たない者がいることも確かである。憲法が選挙権を成人に限定して保障しているのは未成年者の判断能力を心配してのことでもあろう。

　しかし、憲法学においては、憲法自身が認めている場面以外にも、その判断能力の未熟さに応じて未成年者の人権を制約することが可能な場合があるとされてきた。人権を行使するために必要な能力が十分ではない人の意思を尊重するだけでは、そのような人を放置することにもなりかねないからである。通常であれば、人権を制限する必要があるのは他人の利益や社会・公共の利益とが衝突する場合であるが、未成年者についてはそれに加えて、本人の利益を保護するという理由でも権利を制限できるとされている。このような、他者が本人のために権利を制限できるという考え方は、「パターナリズム」と呼ばれている。丸刈りを全生徒に強制する「校則」を正当化する議論はパターナリズムの典型である。

　かつては、未成年者が未熟であることを理由としてパターナリズムが簡単に認められる傾向もあったが、「本人のため」の制約を無制限に広げてしまえば、政府による口出しを不必要に広く認めてしまうことにもなりうる。また、ひと口に「未成年者」といっても0歳から17歳11カ月までその範囲は広く、その成熟度には違いもある。それゆえ、未成年者であることを理由にすれば簡単に人権を制限できるわけではなく、本人の年齢や行動の種類など、個別の事情を考

慮に入れる必要がある。

（2）天皇・皇族

　天皇と皇族が生物学的な意味での人間であることは間違いないが、憲法は職業としての「天皇」を世襲制としている。そのため、同じ人間であっても一般国民とは違う扱いが、憲法それ自体によって正当化されていることになる。もちろん、天皇であっても「私人」として行動することはあるが、公人としての立場から、天皇については、一般人とは異なる取り扱いが正当化される余地がある。こうしたことがあって、天皇が一般人と同様に人権を享有できるかには争いがある。

　ひとつには、天皇も皇族も共に「国民」であり、その特別扱いは天皇の職務や世襲制を理由とする最小限度のものにとどめるべきである、とする考え方がある（A説）。この立場によれば、選挙法を改正して天皇に選挙権を与えることも憲法上不可能ではない。また、女性天皇を認めていない現行の皇室典範には違憲の疑いが濃厚であるとの意見もある。それとは逆に、天皇も皇族も共に国民に含まれないとする立場がある（B説）。そこでは、天皇も皇族も「門地」によって憲法上区別されている存在であり、近代人権思想の理念にとっても異質な存在であることが指摘される。論者の中には、身分制である天皇制が日本国憲法の基本原理と整合し難いことを明らかにするという点では、女性天皇を認めない方がむしろよいとの見解もある。これらの2つの立場とは異なり、天皇と皇族を区別すべきとする主張もある。それによれば、天皇を国民に含めることはできないが、皇族については国民に含んでもよいとされる（C説）。選挙法を改正して天皇以外の皇族には選挙権を与えることも憲法上可能であり、天皇から離れるにつれてその扱いを一般国民に近づけるべきとされる。

　A説に対しては、天皇に対する人権の制約が一般国民にも同様に及ぶおそれがあるのではないか、人権と君主の対抗関係を曖昧にするものではないか、などの批判があり、C説に対しては、天皇と皇族を区別する根拠の問題が指摘されている。B説に対しても、かえって天皇の特別扱いを認めることにならないかとの批判がある。

（3）法人・団体

　日本国憲法は結社の自由を保障しており、人が集まって権利を行使すること
を想定していると言えるだろう。それでも、「『人』権」という言葉が示してい
るように、人間に対して権利を保障するというのが近代憲法の基本的な考え方
である。そこで、人間ではない、団体にも人権が保障されるのか、どの程度保
障されるのかが問題になる。判例と通説は、性質上可能な限り、人権規定は団
体にも適用できるとしている。報道機関が表現の自由を、宗教団体が信教の自
由を援用でき、反対に、団体が生存権を援用することはできないとされる。団
体に対して人権規定の適用を認める根拠との関係では、団体と自然人の結びつ
きを重視する立場と、現代社会において団体が重要な役割を果たしていること
を重視する立場とがある。

　しかし、団体に対する人権規定の適用を認めることには批判もある。「人」
権を「人」ではない団体に対して保障するという言葉上の不自然さだけでなく、
フランス革命以降の近代人権論に忠実であろうとする立場からの批判もある。
それによれば、近代国家は身分や団体から個人を解放したのであって、必要な
のは団体の人権ではなく、「団体からの」人権であるとされる。

　「団体の『人権』」との語を用いるかは別にしても、団体に対する人権保障の
程度は個人の場合とは異なるとされる。そこで、団体に保障される人権につい
て具体的に検討する上で、団体とその外にいる人との関係と、団体とその内部
にいる人との関係とに分けることがある。まず、団体とその外にいる人との関
係では、団体が社会に対して持つ影響力が大きくなりすぎたり、個人の影響力
がなくなってしまうほどに大きくなったりしてはならないとされている。政党
に対する企業献金はこの点で問題となりうる。

　次に、団体とその内部にいる人との関係では、団体の権利と個人の人権は常
に両立するとは限らないことが重要である。私立学校と生徒との関係や、新興
宗教とその信者の関係のように、団体が個人の権利を脅かしかねない場面があ
る。ほかにも、加入が義務づけられている団体があることにも留意する必要が
ある。弁護士会や税理士会がその例であり、弁護士として活動するためには司
法試験に合格した上で、弁護士会に所属している必要がある。弁護士会からの

退会は失業を意味するため、弁護士会が「人権」を援用することによって、そこに所属する弁護士の立場を不当に弱めないようにする必要がある。また、労働組合は強制加入団体ではないが、組合への加入を強制されていることがある。労働組合に属していない人が優遇される危険があることを考えれば、これにはやむを得ないところもあるが、その運用には注意が必要である。

　国際関係に視点を移すと、民族が集団として人権を主張できるかが議論されることもある。しかし、民族としての人権を主張している国が、その国民に対して人権を保障しているとは限らないこと、民族内の少数派の立場への配慮などの観点から、そのような主張には警戒も必要だろう。

南九州税理士会事件（最判1996. 3. 19民集50. 3. 615）

　　南九州税理士会において、税理士法改正を後押しするために、各会員から5000円の特別会費を徴収する旨の決議が行われた。それに対して原告は、法改正に反対であるとして特別会費を納入しなかった。一審は特別会費の納入義務がないことを認めたが、控訴審は納入義務がないことを認めなかった。そして最高裁は控訴審判決を覆し、政治団体への寄付は税理士会の目的の範囲外の行為であるとし、税理士会という団体の「権利」を制限する判断を示した。

（4）外国人

　現在、選挙権を始めとして、外国籍をもつ人の権利は日本国籍をもつ人の権利に比べてかなり制限されている。外国人も「人間」であるという点では日本人と同じであるのに、このような制限が認められるのだろうか。日本国憲法では第3章が「国民の」権利について規定していることなどを理由として、外国人は人権の享有主体ではないとする立場もあったが、現在では、外国人にも人権の享有主体性を認める立場が多くなっている。日本国憲法が尊重するのは、「個人」である。また、どこの国籍を保有するかは、一般に考えられているよりも偶然に左右されるところもあり、外国人を人権の享有主体と見る必要があることは否定できないところであろう。

　外国人にも人権が保障されるとしても、当該の外国人や権利の性質次第では保障されないものもあるとされている。なかでも議論が多いのが参政権と社会権である。まず参政権についてであるが、現行の公職選挙法は外国人に選挙権

を認めていない。国政選挙での選挙権が外国人に保障されていない理由として
は、国政選挙が国の外交や防衛に関わるものであることが挙げられることもあ
る。また、自治体レベルにおいても外国人には選挙権が与えられていないが、
地方については、人が生活の拠点としている場所であることは、外国人でも日
本人でも違いはなく、自治体レベルであれば、法律を改正することで外国人に
も選挙権を与えることは可能ではあるとの見解もある。公務就任権についても、
判例では外国人には否定されているが、就任する役職に応じた個別の判断が必
要であるとして、判例に批判的な学説も見られる。次に社会権については、外
国人に対しては認められないとするのが判例・通説となっている。それに対し
て、外国人にも社会権の享有主体性を認める立場も少なくない。その理由とし
て、税金を払っている外国人も日本社会の一員であること、社会権は現に生活
している場所で保障されなければ意味がないことなどが挙げられている。社会
権は貧困という事実そのものに対して保障を及ぼそうとするからこそ重要な権
利なのであり、貧困にあえいでいる者の国籍は、本来関係ないはずであるとの
指摘もある。

　次に、外国人に保障されること自体には異論がない人権であっても、その保
障の程度は別の問題であるとされることも多い。まず、経済的自由については
立法府の広い裁量を認める立場が多い。精神的自由については、原則的に日本
国籍の保有者と同じ程度の保障を受けるとされる。しかしその場合でも、日本
の政治問題に対して大きく影響を与えるような形での行使は認められないとさ
れ、その保障の程度は弱められることがある。判例も、1978年のマクリーン事
件判決において、外国人には引き続き在留を求める権利はなく、権利の保障も
外国人の在留制度の枠内でのものであるとして、政治活動を行った外国人に対
して在留期間の更新を認めなかった処分を追認した。これに対しては、権利の
保障が在留制度の枠内でのものにとどまり、また、政治問題に影響を与えては
ならないとするのでは表現活動の保障の意味がなくなるとの批判がある。

　上では外国人の人権享有主体性を検討したが、それを議論する際には権利の
性質だけではなく、当該の外国人の事情も考慮する必要がある。ひと口に「外
国人」といっても、そこには旅行者から定住外国人まで様々な立場がありうる

ためである。特に、国の事情によって一方的に国籍を奪われた在日外国人の場合には、日本人と同等の権利を保障すべき場合もあるだろう。

東京都保健師管理職選考受験資格確認等請求事件（最大判2005.1.26民集59.1.128）
　　　　この事件の原告は、東京都に保健師として採用されていた。在日外国人である原告には日本国籍がなかったため、管理職選考試験の受験が認められなかった。一審と二審は、これを憲法22条1項、14条1項に違反する違法な措置であるとしたが、最高裁はこれを覆した。このような区別に合理的な理由がある限り憲法14条1項に違反しないとしたが、これには学説からの強い批判もある。

■**参考文献**■

樋口陽一『比較憲法〔全訂第3版〕』（青林書院、1992）

高木八尺・末延三次・宮沢俊義編『人権宣言集』（岩波書店、1957）

【資料】

人権宣言

人及び市民の権利宣言（フランス人権宣言）(1789年)：1条前段
　「人は、自由かつ権利において平等なものとして出生し、かつ生存する。」

アメリカ合衆国憲法　権利の章典（1791年）：修正1条後段
　「言論の自由及び出版の自由を制限し、あるいは人民の平穏に集会する権利、ないし苦痛事の匡救に関し政府に請願する権利を侵す法律を制定してはならない。」

第6章 人権の限界と妥当範囲

1 人権の限界

　大日本帝国憲法で保障された「臣民の権利」は、その多くに「法律ノ範囲内ニ於テ」や「法律ニ定メタル場合ヲ除ク外」などの限定が付され、帝国議会が法律を定めればいかようにも制約しうるものであった（法律の留保：第2章参照）。これに対し、日本国憲法は人権を「侵すことのできない永久の権利」（11条・97条）として保障しており、国会の定める法律によっても人権を侵すことは許されない（人権の不可侵性：第5章参照）。しかし、憲法が保障する人権も全く制約が認められない権利であるとは考えられていない。それでは、憲法が保障する人権に対していかなる制約を行うことが許されるのだろうか。

（1）人権の内在的制約
　私たちが生活する社会は多数の個人から成り立っており、憲法が保障する人権は社会を構成する全ての個人に等しく保障される。もし一人ひとりが互いに思いのままに人権を行使できるとなると、他人の権利や自由と矛盾・衝突する場面も出てきてしまう。他人の権利や自由を害する場合、憲法が保障する人権といえども一定の制約を受けるのはやむを得ない。1789年フランス人権宣言が「自由は、他人を害しない全てをなしうることにある」（4条）と述べたのも、このことを明らかにしたものと理解されている。
　このように、他人の権利や自由を害してはならないという限界は、人権が社会を構成する全ての個人に等しく保障される以上、人権に初めから内在していると考えられている。こうした人権の制約原理を人権の内在的制約という。

（2）公共の福祉

　日本国憲法には、憲法が保障する人権も「公共の福祉」による制約を受けると読める規定がある。まず、12条は、国民は「公共の福祉のために」憲法が保障する自由・権利を利用する責任を負うと定め、13条は、幸福追求権について「公共の福祉に反しない限り」最大の尊重を必要とすると定める。12条と13条は個別の人権規定の前に位置する規定であるため、全ての人権が「公共の福祉」による制約を受けることになりそうである。また、個別の人権規定の中にも、居住移転の自由・職業選択の自由を保障する22条1項と財産権を保障する29条2項の2カ所において、「公共の福祉」という言葉が用いられている。

　ところが、「公共の福祉」という言葉は、非常に抽象的で厄介な言葉である。そのため、憲法学においては、「公共の福祉」とは何を意味するのか、憲法が保障する人権は「公共の福祉」による制約を受けるのかをめぐって盛んに議論が行われてきた。

①　初期の「公共の福祉」論

　戦後間もなくの学説は、全ての人権が12条・13条の「公共の福祉」によって一般的に制約を受けるとしたが、「公共の福祉」の内容に特に限定を加えることなく、その意味を「公益」や「公共の安寧秩序」などと抽象的に捉えていた。しかし、抽象的な「公共の福祉」を理由に人権の制約が認められてしまうと、日本国憲法が「個人の尊重」（憲法13条）のために人権を保障した意義が失われるおそれがある。人権を制約する法律が掲げる目的がいかなるものであっても、その目的は「公共の福祉」に該当するから人権の制約は許されるという論法が成り立ちかねないからである。現に、戦後初期の最高裁は、こうした論法によって人権を制約する法令を簡単に合憲としてきた（食料緊急措置令事件・最大判1949.5.18刑集3.6.839など）。これでは憲法が保障する人権が法律に対する歯止めとして機能しなくなり、大日本帝国憲法時代の「法律の留保」の伴う権利の保障と同じことになってしまうとの批判がなされてきた。

②　内在的制約説

　そのため、「公共の福祉」の意味は、憲法が人権を保障する意義をふまえて限定的に理解されなければならない。そのような試みのひとつとして学説にお

いて通説的地位を占めてきたのが、「公共の福祉」を人権の内在的制約として捉える説である。この説によれば、憲法が定める「公共の福祉」とは、人権相互の矛盾・衝突を調整するための実質的公平の原理である。この意味での「公共の福祉」は、憲法の規定にかかわらず全ての人権に論理必然的に内在している。そして、この「公共の福祉」には、各人の人権相互の衝突を調整することを要請する「自由国家的公共の福祉」と社会権の保障のために財産権等を制約することを要請する「社会国家的公共の福祉」という2つの側面があるとされる。

　この説は、「全体」よりも「個人」を尊重する日本国憲法の理念に基づき人権の制限に強力な歯止めをかける試みとして支持を得てきた。しかし、この説に対しては、人権を制約する立法の合憲性を具体的にどのように審査するかが明らかでないといった問題点が指摘されてきた。また、近年、人権を制約する根拠となるのは他の人権のみであるという前提は理論的に維持できないとの批判も加えられている。最近の学説においては、「公共の福祉」を人権相互間の衝突の調整に限定することなく、その内容の類型化を図る試みも有力である。

（3）違憲審査の手法

　憲法が保障する人権が「公共の福祉」による制約を受けるとしても、人権を制約する個々の法令が憲法上許されるかどうかは個別具体的に検討されなければならない。そこで、学説においては、憲法81条によって違憲審査権を付与されている裁判所を念頭に、人権を制約する立法の合憲性を審査する際に裁判所はいかなる手法を用いるべきかという問題が盛んに議論されている。

①　比較衡量論

　人権を制約する立法の合憲性を審査する手法のひとつとして、比較衡量論がある。比較衡量論とは、人権を制約する立法の合憲性を審査する際に、人権の制約によって得られる利益と失われる利益を比較し、得られる利益の方が重要であれば合憲、失われる利益の方が重要であれば違憲と判断する手法である。最高裁は、1960年代中頃から比較衡量論を明示的に用いるようになり（全逓東京中郵事件・最大判1966.10.26刑集20.8.901など）、現在まで様々な事案において活

用してきた。しかし、この手法に対しては、利益を比べる際の基準が明確でなく裁判所の主観的判断に委ねられる部分が大きい、法令が達成しようとする利益と個人の利益を単純に比較してしまうと前者の方が優先されがちになるといった問題点が学説から指摘されてきた。

②　二重の基準論：違憲審査基準の基礎理論

そこで、比較衡量論の問題点を克服し、裁判所の恣意的な判断を拘束することをめざして学説において主張されるようになったのが、二重の基準論を基礎とした違憲審査基準論である。

二重の基準論は、もともとアメリカ合衆国の判例の中で展開されたものであり、憲法が保障する人権の中でも精神的自由と経済的自由に着目し、裁判所は、精神的自由を規制する立法の合憲性を審査する場合には、経済的自由を規制する立法の合憲性を審査する場合よりも、厳しい基準を用いて審査しなければならないとする理論である。裁判所が厳しい基準を用いて審査するほど人権を制約する立法は違憲と判断される公算が大きくなるため、この理論に従えば精神的自由を制約する立法の方が経済的自由を制約する立法よりも裁判所によって違憲と判断されやすくなる。つまり、この理論は精神的自由をより手厚く保護すべきことを裁判所に求めるものである。この二重の基準論の論拠としては、精神的自由が民主政過程において果たす役割や社会経済政策を審査する裁判所の能力の限界などが挙げられる（第9章・第20章参照）。

学説においては、この二重の基準論を基礎としつつ、そこに精神的自由と経済的自由以外の人権（新しい人権、法の下の平等、社会権など）を組み込み、さらに個別の人権に対する規制の目的や態様の違いなどを考慮した上で、様々な違憲審査基準が提唱されている。代表的な違憲審査基準としては、厳格度の高い順から、「厳格な基準」、「厳格な合理性の基準」、「合理性の基準」がある。これらはいずれも人権制約の目的とその達成のための手段に着目して審査を行うものであり、裁判所は、人権を制約する立法の合憲性を審査する際には、制約される人権の性質や制約の態様などに応じて違憲審査基準を使い分けるべきであるとされる（詳細については個別の人権を扱う章を参照）。もっとも、最近では、従来の違憲審査基準論にも様々な問題点が指摘されており、それに代わる

理論として、ドイツの議論を参考にした三段階審査（①保護領域、②侵害、③正当化の３段階に分けて人権制約の合憲性を審査する手法）も有力に唱えられている。

最高裁も、1970年代以降、一般論としては二重の基準論を採用するかのような判断を示してきた（薬局距離制限事件・最大判1975.4.30民集29.4.572など）。しかし、最高裁はこれまで精神的自由を規制する立法の合憲性を厳しく審査してきたとは言い難いため、最高裁が二重の基準論を真に採用していると評価できるかは疑問である。

② 特別な法律関係における人権

憲法による人権の保障は全ての国民に及ぶものであるが（憲法11条）、国民の中でも、国・地方公共団体の公務に従事する公務員や刑務所などに収容される刑事施設被収容者については、通常の国民であれば受けることのない人権の制約がなされてきた。はたして公務員や刑事施設被収容者の人権に対して特別な制約を加えることは許されるのだろうか。

（1）特別権力関係論

かつて公務員や刑事施設被収容者の人権の制約を説明するための理論として、特別権力関係論という理論があった。それによれば、公務員や刑事施設被収容者と国家の関係は一般国民と国家の関係とは異なる「特別権力関係」に当たるため、特別な人権の制約も許されることになる。この理論はもともと大日本帝国憲法時代に唱えられたものであり、法律の規定や本人の同意に基づき成立する国家と国民の特別な法律関係を「特別権力関係」と捉えた上で、この関係においては、公権力は包括的な支配権を有し、法律の根拠なく人権を制限することができ、公権力の行為は原則として司法審査に服さないと説くものであった。

しかし、法の支配を採用し基本的人権の尊重を基本原理とする日本国憲法のもとでは妥当しえない、公務員関係や刑事施設関係など全く性質の異なる関係を「特別権力関係」と一括して論じるのは無理があるなどの理由から、この理論は現在では支持されていない。現在では、公務員や刑事施設被収容者の人権

の制約については、それぞれの関係ごとにその根拠や可否を具体的に検討しなければならないとされている。

（2）公務員の人権

公務員は、現行法上、一般国民とは異なる人権の制約を受けている。特に政治活動の自由と労働基本権が大幅に制限されており、その合憲性がこれまで問題とされてきた。

初期の最高裁は「全体の奉仕者」（憲法15条2項）や「公共の福祉」という抽象的な概念に基づき公務員の人権の大幅な制約を正当化したが、学説はこうした立場には批判的である。公務員の人権制約が許されるかは、個別の人権ごとに公務員の地位や職務の性質の相違などを考慮して具体的に検討されなければならず、その制約は、公務員の地位や職務の性質などに応じた必要最小限度の範囲にとどまらなければならないものと考えられる。しかし、現行法における公務員の労働基本権や政治活動の自由の制約が必要最小限度にとどまっているといえるかについては、学説から疑問が示されている。

① 労働基本権の制限

憲法28条は「勤労者」に対して労働基本権を保障する（第12章参照）。公務員も「勤労者」である以上、労働基本権の保障を受けるはずである。ところが、公務員の労働基本権は、現行法において大幅に制限されている。制限のあり方

表6-1　現行法における公務員の労働基本権の制限（国家公務員法、地方公務員法、自衛隊法、行政執行法人の労働関係に関する法律、地方公営企業等の労働関係に関する法律）

	団結権	団体交渉権	争議権
警察職員、海上保安庁職員、刑事施設職員、消防職員、自衛隊員	× 国公108の2⑤、地公52⑤、自衛64①	× 左に同じ	×※2 国公98②、地公37①、自衛64②
非現業の国家公務員・地方公務員	○ 国公108の2③、地公52③	△※1 国公108の5②、地公55②	×※2 国公98②、地公37①
現業の行政執行法人職員・地方公営企業等職員	○ 行執労4①、地公労5①	○ 行執労8、地公労7	× 行執労17①②、地公労11①②

※1　労働条件の交渉はできるが労働協約締結権は認められない
※2　国公法110条1項17号・地公法61条4号：争議行為のあおり行為等に対する刑事罰

公務員の労働基本権の制限に関する最高裁の動向

公務員の労働基本権の制限をめぐっては、最高裁の判例は変遷を遂げてきた。その動向は、一般に、次の3つの時期に区分される。

・**第1期**　初期の最高裁は、公務員が「全体の奉仕者」（憲法15条2項）であることや「公共の福祉」を根拠として、公務員の労働基本権の制約を簡単に合憲としてきた（政令201号事件・最大判1953. 4. 8刑集7. 4. 775など）。

・**第2期**　1966年の全逓東京中郵事件（最大判1966. 10. 26刑集20. 8. 901）において、最高裁は、第1期の立場から脱却し、公務員の労働基本権を尊重する姿勢を示した。この事件において、最高裁は、公務員の労働基本権には国民生活全体の利益の保障という見地からの内在的制約があるとしつつ、公務員の労働基本権の制限が許されるためには、制限が合理的で必要最小限度であること、刑事制裁がやむを得ない場合に限られること等の基準を満たさなければならないとし、公務員の争議行為の全面一律禁止に歯止めをかけた。最高裁は、都教組事件（最大判1969. 4. 2刑集23. 5. 305）や全司法仙台事件（最大判1969. 4. 2刑集23. 5. 685）においても、この立場を維持し、争議行為のあおり行為を処罰の対象とする地方公務員法・国家公務員法の規定に対して、処罰の対象となるのは争議行為・あおり行為とも違法性の強いものに限られるとする合憲限定解釈を行った。

・**第3期**　ところが、1973年の全農林警職法事件（最大判1973. 4. 25刑集27. 4. 547）において、最高裁は、第2期の立場をくつがえし、再び公務員の争議行為の一律全面禁止を合憲とする立場に戻った。この事件において、最高裁は、「公務員の地位の特殊性」や「職務の公共性」を強調し、法律・予算によって勤務条件が決められる公務員の争議行為は議会制民主主義に反するなどの理由から、争議行為を一律全面的に禁止する国公法の規定をそのまま合憲と判断し、合憲限定解釈の手法も否定した。さらに、最高裁は、岩手教組学テ事件（最大判1976. 5. 21刑集30. 5. 1178）や全逓名古屋中郵事件（最大判1977. 5. 4刑集31. 3. 182）においても、この立場を維持し、今日に至っている。

は職種により異なるが、いずれの職種の公務員についても争議行為が禁止される（表6-1を参照）。そこで、公務員の労働基本権の制約、特に争議行為の一律全面禁止の合憲性をめぐって判例・学説において激しく議論がなされてきた。

1970年代以降の最高裁は、「公務員の地位の特殊性」や「職務の公共性」を強調して、公務員の争議行為の一律全面禁止を合憲としてきた（全農林警職法事件・最大判1973. 4. 25刑集27. 4. 547など）。しかし、公務員の争議行為が国民生活に重大な障害を及ぼすような場合には一定の制約もやむを得ないとしても、それも争議行為を行う公務員の職種や争議行為のやり方次第であると考えられる。公務員の職種や争議行為の態様を問うことなく公務員の争議行為の一律全面禁止を合憲とする判例の立場に対しては、学説からの批判が強い。

②　政治活動の自由の制限

　表現の自由の一環として憲法21条により保障される政治活動の自由は、民主主義の基盤をなすものであり、憲法が保障する人権の中でも特に重要な人権である。公務員も公務を離れればひとりの市民であるため、政治活動の自由が保障されるはずである。ところが、公務員の政治活動の自由は、現行法において大幅に規制されている。特に国家公務員の場合、国家公務員法（国公法）102条1項及び人事院規則14-7により、その地位や権限にかかわらず一律かつ広範囲にわたって「政治的行為」を行うことが禁止され、違反者には刑事罰が用意されている（国公法110条1項19号。なお、地方公務員についても地方公務員法36条により規制がなされているが、国家公務員に比べ規制の程度は弱く、罰則もない）。しかし、職務と関係なく勤務時間外に職場外で行う政治活動をも広く対象とする現行法の規制に対しては、学説から違憲の疑いが指摘されてきた。

　最高裁は、1974年の猿払事件（最大判1974.11.6刑集28.9.393）において、「行政の中立的運営」と「国民の信頼」の確保という目的に照らして国公法による政治的行為の禁止を全面的に合憲と判断し、勤務時間外に選挙用ポスターを掲示・配布した郵便局員を有罪とした。しかし、郵便局員が勤務時間外に選挙用ポスターを掲示・配布することで行政の中立的運営が具体的に損なわれるかは疑問であり、公務員の職種や政治活動の態様などに関わりなく公務員の政治活動を広く規制することを認めた最高裁の判断に対しては学説から厳しい批判が示されてきた。その後、最高裁は、2012年の堀越事件（最判2012.12.7刑集66.12.1337）において、国公法が禁止する「政治的行為」を限定的に解釈し、休日に政党機関誌を配布した社会保険庁の非管理職職員を無罪とし、注目を集めた。その際、最高裁は、猿払事件判決を判例変更しなかったものの、学説においては、猿払事件判決を実質的に修正したものであるとの評価が有力である。

猿払事件

　　北海道猿払村の郵便局員が勤務時間外に衆議院議員候補者の選挙用ポスターの掲示・配布を行ったところ、国公法102条1項に違反するとして起訴された事件。第一審（旭川地判1968.3.25下刑集10.3.293）と第二審（札幌高判1969.6.24判時560.30）は、適用違憲や合憲限定解釈の手法を用いて被告人を無罪としたが、最高裁（最大判1974.

11. 6刑集28. 9. 393）は、「行政の中立的運営とこれに対する国民の信頼」の確保という目的は正当であり、「公務員の政治的中立性」を損なうおそれのある政治的行為を禁止することは、公務員の職種や勤務時間の内外などが考慮されていなくても、この目的との間に合理的な関連性があり、政治的行為の禁止によって得られる利益は失われる利益よりも重要であるとし、国公法102条１項等を合憲とし、被告人を有罪とした。

堀越事件

社会保険庁の事務官が休日に職場外で政党機関誌を配布したところ、国公法102条１項に違反するとして起訴された事件。最高裁（最判2012. 12. 7刑集66. 12. 1337）は、国公法によって禁止される「政治的行為」について「公務員の職務の遂行の政治的中立性を損なうおそれが実質的に認められる」行為を意味すると限定的に解釈した上で、管理職的地位にない被告人の行為を「政治的行為」に該当しないと判断し、被告人を無罪とした。他方、同じ日に判決が下された世田谷事件において、最高裁（最判2012. 12. 7刑集66. 12. 1722）は、厚生労働省の課長補佐という管理職的地位にある者が行った政党機関誌の配布行為について国公法の禁止する「政治的行為」に該当すると判断し、被告人を有罪とした。

（3）刑事施設被収容者の人権

刑事施設被収容者には、有罪判決が確定して刑罰の執行のために刑務所に収容される受刑者のほか、犯罪の嫌疑を受けて判決が確定するまで拘置所に収容される未決拘禁者（被疑者・被告人）が含まれる。そもそも刑事施設被収容者は、刑事施設に強制的に収容されるため、人身の自由を制約されることになるが、この制約は憲法が18条や31条において認めているものと言える。しかし、それ以外にも様々な人権の制約がなされてきたため、その根拠や可否が問題とされてきた。

学説においては、一般に、刑事施設被収容者の人権に対しては刑事施設に拘禁する目的を達成するための制約であれば認められるとされている。拘禁目的は未決拘禁者と受刑者とで異なり、未決拘禁者の拘禁目的は逃亡・罪証隠滅の防止、受刑者の拘禁目的は逃亡の防止及び矯正教化である。さらに施設内の規律・秩序の維持のための制約も認められるが、いずれの場合であっても人権の制約は目的を達成するために必要最小限度の範囲にとどまらなければならないものと考えられる。

かつて刑事施設の運営や被収容者の処遇については監獄法という法律で定め

られ、刑事施設被収容者は在監者と呼ばれた。監獄法及び同法施行規則は在監者の人権に様々な制約を加えていたが、監獄法はもともと1908（明治41）年に成立したものであり、日本国憲法に照らして多くの問題点を抱えていたといえ、同法に基づく人権の制約はたびたび裁判でも争われてきた。例えば、監獄法31条2項は在監者に対する図書・新聞の閲読の制限を定めていたが、図書・新聞の閲読の自由は憲法21条の表現の自由の保障の対象になるものと考えられるため、その制約は必要最小限度にとどまらなければならない。最高裁は、よど号ハイジャック記事抹消事件（最大判1983.6.22民集37.5.793）において、監獄法31条2項に基づき被告人が私費で定期購読していた新聞記事の一部を抹消した拘置所長の処分を適法としたが、閲読の自由の制限は真に必要と認められる限度にとどめられるべきとしながらも、最終的に拘置所長の裁量を優先させた判断に対しては、学説からの批判も多い。

　また、監獄法は在監者の信書の発受を制限していたが、信書発受の自由も憲法21条が保障する表現の自由に含まれるため、その制限の合憲性が争われてきた。最高裁は、死刑確定囚の新聞投稿を不許可とした拘置所長の処分が争われた事件（最判1999.2.26判時1682.12）において、拘置所長の処分を適法と判断したが、受刑者の新聞社宛の信書発信を不許可とした刑務所長の処分が争われた事件（最判2006.3.23判時1929.37）においては、裁量権の逸脱・濫用があったとし、刑務所長の処分を違法と判断した。

　2001年・2002年に起きた名古屋刑務所における刑務官の暴行による受刑者の死傷事件がひとつのきっかけとなり、監獄法の全面改正に向けた作業が進められ、2007年に「刑事収容施設及び被収容者等の処遇に関する法律」が施行されたことに伴い、監獄法は廃止された。これにより刑事施設被収容者の処遇にも一定の改善がなされ、図書・新聞の閲読や信書の発受を制限する際の要件の明確化も図られたが、その要件にはなお曖昧さが残されているなどの問題点も指摘されている。

よど号ハイジャック記事抹消事件

　　被告人が私費で定期購読していた新聞記事のうち「よど号ハイジャック事件」に関する記事を抹消して配布した拘置所長の処分が争われた事件。最高裁（最大判1983.6.

22民集37. 5. 793）は、未決拘禁者の新聞・図書の閲読の制限は「真に必要と認められ
る限度」にとどめられるべきであるとし、その制限が許されるためには閲読を許すこ
とにより監獄内の規律・秩序の維持上放置することのできない程度の障害が生ずる
「相当の蓋然性」があることが必要であるとの基準を示した。しかし、その「相当の
蓋然性」があるか否かの判断は監獄長の裁量的判断に委ねられるとし、新聞記事を抹
消した拘置所長の処分を適法と判断した。

③　私人間における人権の保障

　憲法学においては、「人権の私人間適用（効力）」という問題が重要な論点と
して論じられる。例えば、企業が従業員の人権を侵害する行為は憲法の人権規
定に反すると考えることができるかという問題である。憲法が保障する人権が
「個人の尊重」（憲法13条）を究極的な価値とする以上、企業が従業員の人権を
侵害する行為も「個人の尊重」を否定するものと考えられるため、企業の行為
は憲法の人権規定に反すると考えるのが自然であるようにも思える。にもかか
わらず、なぜ「人権の私人間適用（効力）」という問題が重要な論点となるの
だろうか。

（1）問題の背景

　憲法は、国家の統治の基本ルールを定めるものである。特に近代立憲主義の
思想に基づく立憲的意味の憲法は、国家権力の濫用から国民の権利・自由を守
ることを重要な目的とする（第1章参照）。そのため、伝統的に、憲法の人権規
定は、国家を名宛人とし、国家が国民の権利・自由を侵害することを禁止する
ものであると考えられてきた（人権の対国家権力性）。

　他方、国家と国民の関係とは異なる、私人と私人の関係については、私的自
治の原則が基本原理であると考えられてきた。私的自治の原則とは、社会を構
成する個人が互いに自由かつ平等であることを前提に、私人間の関係は対等な
私人同士が自由に話し合って決めるべきであるという原則であり、国家はでき
る限り私人間の関係に介入するべきでないとされてきた。

　ところが、現代社会に入ると、資本主義の発展などに伴い、私人の中にも、

大企業やマス・メディアなど、巨大な権力を持つ団体が現れるようになり、強い立場にある「社会的権力」と呼ばれる団体によって弱い立場にある個人の人権が侵害される場面が生じるようになった。その場合の対策としては、労働基準法が使用者による労働者の国籍等に基づく差別の禁止（3条）などを定めているように、まずは国会が法律を制定することで対応することが考えられるが、法律による私人間の人権保障は必ずしも十分になされているわけではない。そこで、「社会的権力」による人権侵害から個人を救済するために、伝統的に国家が名宛人であると考えられてきた憲法の人権規定を私人間にも適用できないかが問われるようになった。この問題を「人権の私人間適用（効力）」の問題という。

（2）代表的な学説と判例

　人権の私人間適用の問題に関しては、非適用説（無効力説）、直接適用説（直接効力説）、間接適用説（間接効力説）の3つが代表的な考え方とされてきた。

　ⓐ**非適用説**　　非適用説は、憲法の人権規定は、憲法に特別の定めがない限り、私人間には適用されないとする考え方である。この説は、憲法の人権規定の対国家権力性を重視し、私的自治の原則を最大限に尊重するものであるが、憲法の人権規定の趣旨を具体化する法律がない場合には私人間における人権侵害が放置されることになるといった問題点が指摘されてきた。

　ⓑ**直接適用説**　　直接適用説は、憲法の人権規定は私人間に直接に適用されるとする考え方である。この説の基礎には、憲法が保障する人権の価値は社会生活のあらゆる側面において尊重されるべきものであるという考えがあるが、伝統的に国家に対して適用されるものと考えられてきた憲法の人権規定を私人間に直接に適用してしまうと、私的自治の原則が大幅に損なわれることになり、人権の対国家権力性も希薄になるといった問題点が指摘されてきた。

　ⓒ**間接適用説**　　間接適用説は、憲法の人権規定は、私人間の関係の規律を役割とする私法の一般条項（民法1条・90条など）を媒介として、私人間に間接的に適用されるとする考え方である。具体的には、私法の一般条項のひとつとして、「公の秩序又は善良の風俗」に反する法律行為を無効と定める民法90条

があるが、私人間で人権を侵害する法律行為が行われた場合、民法90条の「公の秩序又は善良の風俗」という文言に憲法の人権規定の趣旨を読み込むことによって問題解決を図ろうとするものである。例えば、思想・良心の自由を侵害するような法律行為に対しては、憲法19条そのものではなく、憲法19条の趣旨を読み込んだ民法90条の「公の秩序又は善良の風俗」に反すると主張することになる。私法の一般条項に憲法の人権規定の趣旨をどの程度読み込むべきかが不明確であるといった問題点も指摘されているが、人権の対国家権力性と私的自治の原則を尊重しながら、私人間における人権侵害を柔軟に解決できるとの理由から、この間接適用説が通説の地位を占めてきた。

　もっとも、こうした従来の議論のあり方に対しては、直接適用説か間接適用説かといった一般論を議論するよりも、どのような私人間の関係に対して、いかなる人権規定が、どの程度適用されるのかを具体的に議論することの方が重要であるとの指摘もなされている。さらに、最近では、ドイツの議論を参考に国家には国民の基本権を他人による侵害から保護する義務があると説く見解（基本権保護義務論）や、従来あまり支持されてこなかった非適用説を再評価・再構成する見解なども示されており、人権の私人間適用の問題をめぐる議論が再び活性化している。

　人権の私人間適用の問題に関して、最高裁は、入社試験時の学生運動歴の秘匿を理由とする企業の本採用拒否が争われた三菱樹脂事件（最大判1973. 12. 12民集27. 11. 1536）において、私人間での人権侵害が社会的に許容できる限度を超えるときは「民法1条、90条や不法行為に関する諸規定等」の運用によって適切な調整を図ることもできるとの立場を示した。この判決は一般に間接適用説に立ったものと理解されているが、結論としては、思想・信条の自由をほとんど考慮することなく、企業が思想・信条を理由に労働者の雇用を拒むことは違法でないと判断しており、実質的には非適用説ではないかともいわれる。また、私立大学における学生の退学処分が争われた昭和女子大事件（最判1974. 7. 19民集28. 5. 790）においては、私立大学の学則について直接憲法に違反するかを論ずる余地はないとされ、学生の政治活動を制限する学則は憲法21条等に違反するとした学生側の主張が斥けられている。

　これに対し、男女別定年制（男性60歳、女性55歳）を定める企業の就業規則を「性別のみによる不合理な差別を定めたものとして民法90条の規定により無効であると解するのが相当である（憲法14条１項、民法１条ノ２参照）」とした日産自動車事件（最判1981.3.24民集35.2.300）や、入会権者の資格を男子孫に限定する入会集団の会則を「男女の本質的平等を定める日本国憲法の基本的理念に照らし」不合理な差別として民法90条の規定により無効とした入会権者資格差別事件（最判2006.3.17民集60.3.773）のように、私人間における性差別の解消を図った判例もある。

三菱樹脂事件

　　入社試験の際に在学中の学生運動歴について虚偽の申告をしたという理由で３カ月の試用期間を設けて採用された者の本採用を拒否した企業の行為が争われた事件。最高裁（最大判1973.12.12民集27.11.1536）は、憲法の人権規定は「もっぱら国または公共団体と個人との関係を規律するものであり、私人相互の関係を直接規律することを予定したものではない」とした上で、私人間での人権侵害が「社会的に許容しうる限度を超えるとき」は「私的自治に対する一般的制限規定である民法１条、90条や不法行為に関する諸規定等の適切な運用」によって「適切な調整を図る方途も存する」との考えを示した。その上で、憲法は思想・信条の自由や法の下の平等とともに経済活動の自由を保障しており、企業は経済活動の自由の一環として契約締結の自由を有するとの理由から、企業が特定の思想・信条を持つ者の雇用を拒むことや労働者の採否に当たって思想・信条の調査を行うことも違法ではないとした。もっとも、本件の本採用拒否は通常の雇入れ拒否と同視できるものではなく、企業は雇入れ拒否の場合のように広い自由を有するわけではないとし、本件の本採用拒否に合理的理由があるか否かの審査のために事件を原審に差し戻した。

■参考文献■

高橋和之『立憲主義と日本国憲法〔第５版〕』（有斐閣、2020）

長谷部恭男『憲法〔第７版〕』（新世社、2018）

木下智史『人権総論の再検討』（日本評論社、2007）

法律時報編集部『新たな監視社会と市民的自由の現在』（日本評論社、2006）

芦部信喜『憲法学Ⅱ　人権総論』（有斐閣、1992）

宮沢俊義『憲法Ⅱ〔新版〕』（有斐閣、1971）

第7章 包括的基本権

① 幸福追求権の意義

　1947年に現在の憲法が施行されて以来、社会の状況は大きく変化している。日本国憲法制定時には想定されていなかった問題が少なからず起こっており、インターネット上でのプライバシー侵害の問題はその典型例である。そのため、プライバシーについて憲法の条文を調べてみても、表現の自由や財産権のことははっきりと書いてある一方で、「プライバシー」という言葉はどこにも出てこない。プライバシーのほかにも、憲法制定後時間が経過したことによって発生した新しい問題は少なくない。私人間で生じる問題も含めて挙げるならば、化学物質の流出による環境破壊や、飛行機による騒音被害なども、日本国憲法制定時には想定されていなかった問題であろう。そして、このような状況に対応するために「新しい人権」というものがしばしば主張されるが、その根拠として援用されるのが憲法13条後段の幸福追求権である。

　このような補充的な権利条項を憲法に盛り込んでいるのは、日本国憲法に限った話ではない。憲法は、長期間にわたって国の基本法として利用されることを想定して制定されるものであるため、憲法制定時には想定されていなかったことは、日本に限らずしばしば起こるものである。日本の幸福追求権と同様に、外国の憲法においても、明文で保障されていない権利を保護するための根拠となる規定があることが多い。

（1）憲法13条の法的性格

　憲法13条はその前段において、「すべて国民は、個人として尊重される」こ

と、そして後段において、「生命、自由及び幸福追求に対する権利」を、それ
ぞれ規定している。まず前段の言う、全ての国民が個人として尊重されるとは、
一人ひとりの個人が等しく尊重されるべきであるということであり、14条の平
等権ともつながる考え方である。次に後段で述べられている「幸福追求に対す
る権利」については、その法的権利性をめぐって議論があった。初期には、幸
福追求権の法的権利性を否定する立場があり、憲法13条後段の文言が抽象的で
あることに加え、憲法では14条以下で多くの人権が列挙されているため、幸福
追求権を法的権利として認める必要性は乏しいことなどがその根拠として挙げ
られた。しかし、憲法を制定した時点でその後の社会の変化を全て見通すこと
はできないのであり、時代の変化に応じて新しい権利を解釈によって追加する
必要性は否定できないだろう。そのような事情もあって、現在では、法的権利
性を肯定する立場が有力である。判例においても、憲法13条から名誉権や人格
権、肖像権的な権利などを導けるとされている。なお、ここでは、13条の前段
を個人の尊重、後段を幸福追求権に関するものとしたが、13条前段はいかなる
制約にも対抗できる「切り札としての人権」を保障したものであり、後段が保
障している権利は、公共の福祉の範囲内で保障されるにすぎないとする有力説
もある。

　ところで、日本国憲法は14条以下で様々な権利を列挙している。表現の自由
に代表されるように、それらは歴史的に見て侵害されることが多かった権利で
ある。それゆえ、まず初めに、それらの権利を適用できないかを検討する必要
があるとされている。このように、幸福追求権は、個別の規定によって問題を
解決できない場合に適用されるにすぎないとされるが、個別の権利条項と13条
を、特別法と一般法のような関係にあるものとして理解することには批判もあ
り、両者によって保護されているのは別々の人権であるとの指摘もある。

（2）幸福追求権の意味

　幸福追求権が法的な権利であるとして、何が幸福追求権として保護されるの
かという、「保護領域」の問題についても議論がある。まず、幸福追求権の保
護領域を最も狭く理解するのが人格核心説と呼ばれる立場である。個別に列挙

されている権利よりもさらに重要なもののみが幸福追求権として保障されると
理解する立場であるが、この立場に対しては、幸福追求権の保護が不十分にな
ってしまうおそれだけでなく、人格の核心に関わるほど重要な権利が公共の福
祉によって制限されることになるという問題などが指摘され、支持が広がらな
かった。次に、人格核心説よりも保護を広げようとするのが、人格的利益説と
呼ばれる立場である。この立場は幸福追求権と個人の人格の発展を結びつけ、
人格的に自律しており道徳的な存在である人間が、そのような人間として発展
していく上で不可欠な、道徳的な事柄を幸福追求権として保護しようとする。
この立場の利点として、人格核心説よりも保護を広げることができること、そ
れでもなお幸福追求権を枠づけることができること、などがある。しかし、道
徳的な生活に不可欠なものに権利の保護範囲が限定されることに対しては、価
値観の変化に応じて幸福追求権の保護を拡大することが難しくなるとの指摘が
ある。そこで、人格的利益説を支持する論者の中には、人格的自律にとって
「不可欠」とは言えない場合でも、人格的自律にとって「必要」であればよい
として、保護を広げようとする者もある。そのため、「人格的利益説」と言っ
ても、そこで考えられている保護領域の広狭には幅がある。それでも、道徳的
な人生設計と関連づけて幸福追求権の保護領域を画定させようとする点では共
通しており、この考え方が日本においては通説となっている。道徳的な人格概
念と幸福追求権の保護領域の問題とを結びつけようとする考え方に対しては、
幸福追求権の保護領域が限定されてしまうとの批判や、「人格的自律にとって
不可欠・必要」という基準の不明確さに対する批判がある。また、「道徳的な
存在である人間にとって不可欠（必要）な権利」とは結局、社会の多数派が
「不可欠（必要）である」と認める権利のことであり、社会の多数者の価値観・
人生観を少数者に対して押しつけることにもなりうるとの指摘もある。人格的
利益説にたつ論者の中には、憲法上の幸福追求権として保護されない場合であ
っても、その制限のやり方次第では憲法違反となることがあるとする者もある
が、それに対してはさらに、その場合には端的に「幸福追求権の侵害」とすべ
きとの批判がある。そこで一般的自由説は、幸福追求権を人の生活活動全般に
わたって広範囲に成立する自由として理解する。人格核心説や人格的利益説と

比べると、議論の重点を保護領域の問題よりもその制約手段の問題に置いていることも、この見解の特徴である。この立場はドイツでは判例・通説となっているが、日本では少数説にとどまっている。

　人格的利益説の場合と同様に、一般的自由説の場合にもそこで考えられている保護領域の広さには違いがある。「一般的自由説」の中には、その保護領域を無制限に保障しようとする立場と、明らかに実現される余地のないものは幸福追求権の保護領域に含まれないとする立場とがある。前者の場合には、自殺の権利や殺人の自由などについても保護領域に含まれると理解する。もちろん、これらの権利・自由は反対利益との調整を必要とするものであることは言うまでもない。一般的自由説に対しては、幸福追求権の輪郭を不明確にしてしまうおそれや、「なぜ幸福追求権として保障すべきなのか」を十分に問うことなく、なし崩し的に幸福追求権の保護範囲を広げてしまうおそれなどが指摘されている。また、幸福追求権を援用する場面が増えるために、「人権」や「権利」を持ち出した際の説得力が失われる危険性が指摘されている。「人権のインフレ化」として知られる批判であり、これは、流通するお金が増えることでお金自体の価値が下がってしまうことにたとえての指摘であろう。また、裁判所による審査が行われる場面が増えるために国民の代表機関である国会の判断が軽視され、国民の代表機関ではないはずの裁判所の権限が拡張してしまうとの指摘もある。これらの指摘を受けて、一般的自由説の中には、幸福追求権として保護される権利の中で、その重要性に応じて制約の合憲性の審査の厳格さを変えるべきとする者もある。

②　幸福追求権から導き出される人権

　幸福追求権は包括的な権利であり、幸福追求権から導かれたものとしてプライバシーの権利、名誉権、自己決定権、環境権、適正な手続的処遇を受ける権利などがある。以下では、プライバシーの権利と自己決定権を中心に述べる。

（1）プライバシーの権利、名誉権～人格権

　プライバシー権は自分の私生活をのぞかれない権利であり、私生活の秘密を保護する権利である。「ひとりでいさせてもらう権利」と呼ばれることもある。アメリカでは妊娠中絶など、後に述べる自己決定権的な権利も含めて、私的な領域での権利、つまり「プライベート」な事柄に関する権利が、広くプライバシー権の問題として扱われるが、日本では自己決定権とプライバシー権とを区別するのが一般的である。後に述べる自己決定権が、様々なことを「する」ことを保障する、積極的な権利であるのに対し、プライバシー権は、私生活を「のぞかれない」ことを保障する、消極的な権利として理解されてきた。このように、日本で「プライバシー権」と呼ばれているものは、アメリカで「プライバシー権」と呼ばれているものから「自己決定権」を除いたものとして、アメリカで「プライバシー権」と呼ばれているものよりも狭い範囲にしか及ばないとも言える。

　ところで、13条で私生活の秘密を保護する必要が生じた要因として、容量の大きい記憶媒体の登場によって、大量の個人情報を保存・加工・利用できるようになったことも挙げられる。このような技術の発展や時代の変化に応じて、権利の保護範囲も変わっており、近年では私生活をのぞかれないという消極的な側面にとどまらず、私生活をどの程度公表するかという、積極的・決定権的な側面もあるものとして理解されている。さらには、自分の私生活に関する誤った情報が保存されている場合には、それを訂正するよう求める権利もあるとされるに至っている。加えて、自己の情報を、同意なく第三者に提供されないといった内容を含む権利は、「情報自己決定権」や「自己情報コントロール権」などと呼ばれることもある。

　プライバシー権は、対立する利益や権利を主張している人の立場などとの関係で、私人間において制限されることも多い権利である。例えば公務員や有名人のプライバシーの保護よりも、それらの者に関する情報を社会で共有する必要性の方が勝るとされることも多い。それとも関連して、個人情報保護法の制定がプライバシー権の過剰な保護をもたらしていないかも、慎重に検討する必要がある。またその一方で、プライバシー権の制限が恣意的であったり、過度

なものであってもならない。そこで、プライバシー権の制約に関して、そこで問題となる情報を、誰が考えてもプライバシーであると思われるものとそうでないものに分けた上で、審査の厳しさを区別しようとするものもある。しかし、これに対しては、そのような区分が可能なのか、また、一つひとつは大した重要性をもたない情報であっても、それらが大量に集められることには危険性があるのではないか、といった指摘もある。

　プライバシー権が自分の私生活の「公表」を問題にするのに対して、自分に関する評価・評判を保護するのが名誉権である。名誉権とプライバシー権を合わせて、「人格権」とまとめられることもある。主に私人間の問題で援用されるものではあろうが、名誉権も憲法13条で保障されていると理解されており、さらに刑法230条や民法によって、その権利の具体化が図られているとされている。かつては、名誉権は民・刑法上のものであり、憲法上のものではないと思われていたところがあり、最高裁判所の判決からも、時折そのような考え方が読み取れる。しかし、刑法典や民法典は、憲法上の名誉権を具体化しているのであり、その逆ではないとされる。労働基準法が憲法上の労働基本権を具体化しているのであり、その逆ではないとされているのと同様の考え方だと言えるだろう。

　「名誉」には3つのものがあるとされることが多く、そのひとつは他者や自己の評価を超える、「真の」名誉ともいえるものである。これは内部的名誉と呼ばれるものである。次に自分についての社会的な評価があり、これは外部的名誉と呼ばれている。3つ目には自分について自分自身がもつ主観的な評価がある。これは名誉感情と呼ばれている。このうち内部的名誉は、そもそもその定義上侵害されることがないものであるため、憲法上の保護について検討する必要があるのは外部的名誉と名誉感情ということになるが、一般的には名誉権で保護されるのは外部的名誉だとされている。名誉権から導かれるものとしては民法上の損害賠償請求権や刑法上の名誉毀損罪による処罰などがあるが、さらに、名誉権を侵害する表現行為に対する差止請求権も挙げることができる。

　しかし、プライバシー権の場合と同様に、名誉権も常に保護されるわけではない。特に表現の自由との調整が必要である。名誉権と表現の自由との調整に

ついて、学説では、表現の自由の優越的地位が考慮されることが多い。また、名誉権を主張する者が公的な地位にある場合には、その名誉権は特に制約されると考えられている。例えば、国会議員の「正体」を明らかにすることで社会的な評価を下げること自体を目的とする表現も少なくないと思われるが、そのような情報が提供されることは有権者の「知る権利」にとっても不可欠である。そうしたこともあり、刑法は、名誉毀損罪を規定する一方で、公表した事実に公益性があり、名誉を毀損する表現行為が主に公益目的で行われ、表現内容が真実である場合には処罰しない規定も用意している（刑法230条の2）。さらに表現内容の真実性について判例は、表現内容が真実であると信じたことに合理的な根拠があれば免責されるとしている。もともと名誉毀損法制は権力批判を封じ込めようとするためのものであり、最近でも、名誉毀損の損害賠償が高額化していることが問題視されている。このように名誉権については、その「厚すぎる」保護が問題とされることも多い。

住基ネット訴訟（最判2008. 3. 6判時2004. 17以下）

　「住基ネット」とは、住民票コードを用いて一部の本人確認情報を自治体間で共有できるしくみを構築し、各市町村の住民基本台帳のネットワーク化を図ったものである。これに対して原告らは、個人情報が漏えいする危険性を内包する住基ネットによって本人の同意なく個人情報を流通等させることが、憲法13条によって保障されている権利を侵害するとして、国を訴えた。最高裁は、何人も「個人に関する情報をみだりに第三者に開示又は公表されない自由」を有するとしたが、本人確認情報保護委員会の設置や、本人確認情報の目的外使用に対する重い刑罰に言及した上で、プライバシー侵害の具体的な危険の発生を認めず、このシステムの使用自体は合憲であるとした。その後、住基ネットは「マイナンバー制度」へと移行しており、これについても違憲訴訟が提起されている。

（2）自己決定権

　自己決定権は、個人的な事柄について国家から干渉されない権利である。表現の自由や財産権も自己決定権の一種ではあろうが、13条で保障されるのは、それらの個別の規定で保護されていない権利である。先に述べたように、アメリカにおいては私的な事項に関する決定権は全てプライバシー権として扱われる傾向があるが、日本においては、何かを「する」側面についてはプライバシ

一権ではなく、「自己決定権」の問題とされるのが一般的である。

　自己決定権と関係する「個人的な事柄」には、理論上はいかなる行為であっても含めることができる。これまで議論されたものとしては、服装・身なりをめぐるもの、喫煙、飲酒、登山、ヨット、無免許での酒作りなどがある。先に述べた人格核心説と人格的利益説、一般的自由説の間で判断が分かれるのがこれらの行為に関してである。一般的自由説に立つ論者は、これらを行うことを憲法上の権利として認める傾向にあるが、人格的利益説に立つ論者はそれを否定することが多い。しかし、人格的利益説においても、髪型について干渉されない自由などは憲法上の権利として認める場合も少なくない。性転換の自由や同性婚の自由なども幸福追求権として議論される余地があり、例えば、憲法24条を根拠に婚姻について「両性」の合意にこだわるとすれば、同性婚の問題も13条の問題となるだろう。

　また、医療技術の発展に伴い問題とされるに至ったのが、生命を誕生させたり終わらせたりする権利である。まず、生命の「誕生」に関する問題として、代理母の問題を挙げることができる。これは、自分の子を、その子との遺伝子上のつながりが生まれることのない女性に出産させるものである。代理懐胎と呼ばれることもあるが、代理母の利用は日本においては法律上認められるまでには至っていない。これを禁止すべきとする根拠としては、それが公序良俗に反するおそれがあること、身体的な危険性、さらには母体の商品化の危険性などが挙げられている。母体の商品化という問題は、日本国外において、経済的に余裕のあるカップルが余裕のない者に出産を依頼しているという事実や、代理母をビジネスにしようとする動きも見られることをふまえての指摘であろう。他方で、代理懐胎の余地を認めようとする立場からは、子孫を残すということは人間にとって根本的な問題であり、権利でないとまでは簡単に言い切れないとの指摘がある。

　他方、生命を終わらせることに関わる事柄としては、安楽死と尊厳死の問題がある。安楽死は人為的に死期を早める行為であり、尊厳死は死期を人為的に延ばさない行為である。安楽死と尊厳死に共通する論点として、命の処分についてまで自己決定権の保護を及ぼしてよいのか、という問題がある。命の処分

を個人の人生にとって本質的な決定として捉えるならば、命の処分の自己決定
権を認める余地があろうが、それには批判もある。その理由として、自己決定
権の前提には「生きることは尊いこと」という前提があるはずであり、これら
の権利はその前提を掘り崩すものでありうること、また長期的な視野での自律
権の行使によって、その時々での自律権の行使を制約できることになること、
などが挙げられている。他方、安楽死や尊厳死を禁止しない立場であっても、
その条件は厳しく設定されることが多い。まず安楽死については、1995年に横
浜地裁が挙げた、安楽死の4要件が参照されることが多い。そこでは激しい肉
体的苦痛、死の不可避性と切迫、患者の明示的な意思表示が存在すること、医
療上の代替手段の不在が挙げられている。しかし、肉体的苦痛の大部分は現在
はコントロールできること、死が不可避であるか、切迫しているかといった判
断は困難であり、またどの程度の切迫性を要求するかについても明らかにされ
ていないこと、苦痛が激しいときの意思表示の信頼性の問題、代替手段がない
としても何故医師が患者の命を絶つことができるのかについての説明がないこ
となど、それぞれの要件については批判もある。他方で、尊厳死に関しては、
死の不可避性と患者の意思表示という要件が挙げられている。尊厳死の要件と
して提案されているものは安楽死よりも緩やかなものになっているが、これに
対しても、尊厳死を希望する意思を表示した時点と治療を中止しようとしてい
る時点とが離れている場合に、以前の段階での意思の尊重を「自己決定の尊
重」としてよいのかが問題となる。

　また、臓器移植の問題は、移植を受ける者にとっては「生命の維持」の問題
であるが、臓器を提供する者にとっては生命を終わらせる・縮めるものとなり
うる。特に、現行の臓器移植法は、脳死者からの臓器移植に関して、本人に臓
器移植の意思があれば脳死の時点で死亡として扱うことになっており、本人の
意思によって死亡とみなされる時期を早めることが認められていると言える。
脳死者からの臓器提供については、そもそもそれを認めない立場がある。そこ
では、臓器を提供するという目的に限定されるとはいえ本人の意思によって死
期を早めることの問題や、それまで日本では心臓死を人の死としてきたため、
脳死を人の死とすることには違和感があることなどが指摘される。他方、脳死

者からの臓器移植を認めるとしても、その要件が問題となる。そこには、提供者の事前の意思を尊重する立場、提供者の家族の意思を尊重する立場、脳死者からの臓器移植を無条件で認める立場がある。提供者の事前の意思を確認する方法には、移植に反対の意思表示をしている場合に限って臓器を提供できないとする方法と、移植に賛成している場合に限って臓器を提供できるとする方法とがあるが、提供者の事前の意思を厳密な意味で尊重しようと思えば、後者の方法が採用されるべきということになるであろう。しかし、いずれにしても、提供者の事前の意思を重視する立場においては、提供者が意思を表示した時点と脳死の時点とではかなりの時間が空くのが通常であり、事前の意思を本人の意思としてそのまま尊重してよいかが問題となる。その点、提供者の家族の意思を尊重しようとする立場は、提供者の事前の意思を基準とするのではなく、脳死と判定された時点での家族の意思を基準とすべきであるとする。これらとは別に、脳死の時点での臓器提供を無条件に認める立場においては、円滑な臓器移植という、社会にとっての最善の結果をもたらすことが重視されている。

　生命に関わる問題としては、妊娠中絶の問題もある。中絶の権利を認める立場は、その根拠として、男性に対して弱い立場に立たされている女性を保護する必要性や、女性の社会的な地位を向上させる必要性を挙げている。それに対して、中絶に反対する立場からは、それが道徳的な行為といえるのかという指摘があり、また胎児の法的地位を尊重すべきだとして、それに反対する者もある。

■参考文献■

戸波江二「幸福追求権の構造」（公法研究58号、1996）1頁以下
佐藤幸治『憲法〔第3版〕』（青林書院、1995）
山田卓生『私事と自己決定〔第2版〕』（日本評論社、1987）

【資料】

代理母をめぐる問題

　外国において代理懐胎によって出産した双子の子について、子の遺伝子上の両親が提出した出生届が受理されなかったという事件がある。一審の家庭裁判所は、申立てを却下したが、控訴審は出生届の受理を命じた。これに対して、2007年3月23日の最高裁判決では、控訴審判決が破棄され、両親の申立ては認められなかった。その理由として最高裁は、双子と両親の親子関係を認めた外国機関の決定が日本国内の公序良俗に反することを挙げている。さらにこの判決には、代理出産に関する立法上の整備を求める補足意見がある。代理出産については、禁止するにしても認めるにしても、明確な法整備が求められていることは間違いないだろう。

第**8**章 法の下の平等

① 憲法のいう「平等」とは

（1）基本のイメージ

　平等の話をしようとすると、「そもそも人間は不平等にできているんだから、平等なんて嘘くさいよね」とか、「人間をみんな平等にしてしまったら人生面白くないではないか」と混ぜ返されることがある。「法の下の平等」という考え方と「同化」という考え方が混同されているのかもしれない。確かに歴史上、国家の側がそういう混同をしてしまい、少数者に過酷な同化政策を強いたことがあるのは事実なので、「平等」について考えるときにはそうした歴史を十分に反省しつつ、本来の「平等」の意味を確認し続ける必要がある。

　では、憲法に定められている本来の「平等」とは何か。

　憲法13条「個人の尊重」と組み合わせて憲法が想定している「平等」を考えてみると、14条「法の下の平等」とは、人間を画一的に捉えることではなく、逆に、各人それぞれの個性や自己決定に応じた生き方をするために必要な考え方なのである。司法試験や教員採用試験に合格したら、その資格において仕事ができることが筋であって、資格があるにもかかわらず頭に白髪が３本あるからなどの無意味な理由でその人だけその仕事に就けないことがあれば、これは「不平等」である。そのような違いをカウントしないことで、法的な事柄（権利や義務）については同じ取り扱いをする、ということが「法の下の平等」の基本の考え方である。

　つまり、この「平等」は、様々な差異を持った人間たちを同じにしようとする平等ではなく、様々な差異を持った人間たちを「差別しないこと」を意味し

ている。

　基本の意味はここにあるのだが、弱者支援のための積極的政策を行う現代国家においては、それだけでは足りず、雇用関係などの場面でその人の実情を斟酌した政策をとることもある。性別や障がいの有無や収入状態などの要素について、カウントしない平等をとるか、カウントする平等をとるかは、それぞれの場面に応じて論じるべき問題となってくる。

（2）一般原則と個別の規定

　「法の下の平等」は、「平等権」として裁判で主張される権利であると共に、人権全体に通じる基本原理という側面も持っている。個人の尊重を中核的価値とする憲法は、特定身分にある者だけの権利自由を保障するのではなく、全ての人に平等に各種の権利を保障するのでなくてはならないので、「平等」は全ての権利保障に共通する一般原則なのである。

　憲法14条1項は、「すべて国民は、法の下に平等であって、人種、信条、性別、社会的身分又は門地により、政治的、経済的、又は社会的関係において、差別されない」と定めている。この条文が総則に当たり、以下、参政権における平等（普通選挙の原則（15条3項）と選挙人の資格の平等（44条））、夫婦の同等と両性の本質的平等（24条）、教育の機会均等（26条）といった規定によって、個別場面に応じた平等の徹底がめざされている。このように、平等の理念は、多くの条文の中に組み込まれて、憲法全体に通底するものとなっている。

（3）「法の下の平等」の意味

①　法適用の平等と法内容の平等

　「法の下に」平等であると言うとき、行政権・司法権が法を執行し適用する際に国民を差別してはならない、という考え方を、法適用の平等と言う。例えば暴力犯罪はどの国でも法によって禁止され取り締まりの対象になっているが、警察がある人種にだけ特殊に暴力犯罪の嫌疑と警戒を向けて、暴力的な身柄取り扱いをするといったことは、法適用ないし法運用の不平等ということになる。アメリカで2019年から議論や抗議運動が盛り上がった「Black Lives Matter運

動」もこの問題を発端としている。

一方、法の内容の方に不平等な取り扱いが定められていれば、それをいくら平等に適用したとしても、平等は実現されない。したがって「法の下の平等」には法適用の平等だけでなく、法内容の平等が含まれる。

② 法の下の「平等」の意味

本章の冒頭で見た通り、憲法で言う「平等」は、人間が様々に持っている違いを前提として、法的な扱いをするときにはその違いに関係なく平等な扱いをすること（形式的平等）から出発している。しかし、それだけでは足りず、弱い部分に支援をする発想から、社会的実情に応じた配慮をする平等（実質的平等）がめざされるようになっている。

したがって、恣意的差別は許されないが、法の上での取り扱いに差異があったとしても、それが社会通念に照らして合理的と言えるならば、平等違反とはならないと考えられている。例えば、選挙権が一定年齢（18歳）以上の者に限られていることや、未成年者に喫煙や飲酒の禁止があることや、各人の資力に応じて税額に差を設ける累進課税制度をとること、特定の職業に従事する者に対して業務上特別の注意義務を課すことなどは、平等違反とは考えられていない。

一方、社会通念の変化によって、合理的配慮か平等違反かの線引きが変わることもある。顔面に傷が残ったとき、女性だけが重い「障がい」認定の対象となっていたことが、かつては合理的な配慮と考えられていたが、今ではここに性別による差異を設けることは平等違反と考えられている。

アメリカでは、歴史的に差別を受けてきたグループ（特に黒人や女性）に対して、大学入学や雇用に特別枠を設け優先的な処遇を与える積極的差別是正措置（affirmative action）が進められてきた。こうした配慮が「逆差別」に当たるのではないかという論争や訴訟も起きている。こうした議論が起きるのは、社会の実情に応じて「機会の平等」を回復する政策がかなり活発に行われてきた結果の議論であることに注意したい。日本でも、被差別部落問題解消のための同和対策や、アイヌ民族の保護対策が行われている。

労災障害等級訴訟（京都地判2010.5.27判時2093）

　　金属を溶かす業務中に顔に大やけどを負い、労災補償の認定を受けていた男性が、「外貌醜状」について女性より男性が低い障害等級に認定される労働者災害補償保険法（当時の規定）を憲法14条に反するとして国に認定取消しを求めた。判決はこの規定について「合理的理由なく性別による差別的扱いをするものとして憲法第14条違反」とした。厚生労働省はこれについて控訴せず、問題となった障害等級設定を是正した。

（4）差別の理由にしてはいけない事項

　憲法14条１項は、「人種、信条、性別、社会的身分又は門地により、政治的、経済的、又は社会的関係において、差別されない」と、かなり具体的な内容を規定している。ここに列挙された事項による差別は原則として不合理なものと考えられ、それによる差別の合憲性が争われた場合には、これをくつがえす強い理由が必要となる。

　この規定は、平等権をここに制限する趣旨ではない。したがって、これらの列挙事項に該当しない場合でも、平等権を主張する権利は各人にある。

①　人種

　人種差別は、アメリカでもヨーロッパ各国でも、深刻な政治的・社会的な争いを生む問題として、克服の取り組みが行われてきた。国際レベルで人種差別解消の取り組みに協力し合うことを定めた条約に「人種差別撤廃条約」があり、日本も、表現の自由と抵触するおそれのある一部の条項を除き、この条約に加盟している。

　アメリカでは公立学校における人種別学制を違憲としたブラウン判決（1954年）以降、1964年の公民権法などを通じて、差別解消のための政策が進められた。そのため、人種を理由とする差別が憲法違反の疑いで争われたときには、最も厳格な基準で判断される。

　日本は他の国に比べて人種問題が表面化しにくい環境にあった。しかし「人種」という概念も完全に科学的・生物学的なものではなく、文化的・民族的なものを含んでいるということを考え合わせると、日本で見られた外国人差別や少数民族差別もこの問題枠に入れて考察する必要がある。

②　信条

　信条には、宗教上の信仰や、思想上・政治上の主義見解が含まれる。さらに、宗教とは言えないが当人にとって欠くことのできない文化的な信条もここに含めるべきだろう。例えば、教育機関や企業が、特定の政治信条を理由として従業員を解雇することは、平等の観点から見ても、原則として憲法違反と考えられる。

③　性別

　明治憲法下の日本では、家制度などの背景があったため、性別による差別が極端だった。このことへの反省と、女性を劣位に置いてきたことの世界的な反省が、この部分に合流している。この条文を足場とした日本の法制度改革の歩みとこれからの課題については、後述する。

　近年では、性的マイノリティ（LGBTQ）の人権保障における不平等が大きな社会的議論になっている。この問題の憲法上の位置づけは多岐にわたるが、プライバシー権と平等保護で考えるべき場面が多い。平等の問題としては、性的マイノリティ問題を「性別」と「社会的身分」のどちらに位置づけるかという議論があるが、筆者は「性別」に含めることに問題はないと考えている。

④　社会的身分・門地

　「社会的身分」については、出身地・出身民族などの生来の身分や、自己の意志によっては離れることのできない固定した地位に限定する解釈と、「人が社会において一時的ではなしに占める地位」と解釈する立場（判例の立場）がある。また、中間的な考え方として、出身地や出身民族のようなものに限定はしないが、人が社会において一時的ではなく占める地位で、自分の力ではそれから脱却できず、それについて事実上ある種の社会的評価が伴っているものとする立場がある。

　民法上の「嫡出子」「非嫡出子」としての地位、「尊属・卑属」としての地位などがこの「社会的身分」に当たる。したがって、これを理由とする取り扱いの差異（例えば法定相続分の違い）には厳格な基準で憲法判断をすべきだという議論が続いてきた（裁判については後述）。

　「門地」とは、家柄・血筋を意味する。最も極端なものは華族（いわゆる貴

族）だが、14条 2 項において明文で廃止された。皇位（天皇の地位）を世襲と
していることは、憲法自身が特別に認めている例外である。

（5）差別が起きる場面

　憲法14条は、ここまで見てきたような理由によって国が人を差別的に扱うこ
とを禁止している。さらに憲法14条は、差別が起きる場面を、政治的関係、経
済的関係、社会的関係に整理して示している。

　政治的関係とは、参政権など政治参加に関わる事柄である。人種や性別や収
入によって選挙権・被選挙権を限定すること（制限選挙や身分制）が典型的な
例で、こうした差別の禁止は15条・44条の個別規定でも確認されている。

　経済的関係とは、職業選択の自由、勤労の権利と雇用関係、税金の賦課、財
産権の保障や契約の自由に関する事柄である。

　社会的関係とは、居住、教育、家庭内の関係など、広く社会生活を営む上で
必要な事柄に関することを言う。

② 逆戻り禁止ルールと世界史の視野

（1）貴族制度の廃止と禁止

　憲法14条 2 項は、「華族その他の貴族の制度」を廃止し、「認めない」と述べ
ることで将来に向けても禁止している。また、3 項で「栄誉、勲章その他の栄
典の授与」そのものは認めつつ、そこに「特権」を発生させることや、その栄
誉を次の世代に世襲させることを禁止している。これを許すと、実質的に貴族
制度が復活することになるからである。こうした身分制度への決別と逆戻り禁
止ルールは、アメリカ憲法やフランス憲法など、18世紀末に確立してきた近代
憲法に共通して見られる。

　歴史的な経緯を見ると、人権の獲得は、身分制からの解放とセットになって
いた。貴族身分の特権だった各種の権利を、一般人の権利とするところに「人
権」という言葉の意義があったわけだから、それぞれの人権は当然に、全ての
人に平等に保障されるものでなくてはならない。例えば、経済活動の自由や人

身の自由を、あるグループAにだけ無限に認め、あるグループBには認めない、という社会があると、たちまちAによるBの奴隷化が起きる。したがって、自由権を中心としたあらゆる権利は、平等の原則を組み込まなくては、人権として立ち行かない。

　その意味では自由と平等はどちらを欠かすこともできない両輪の関係にあるのだが、同時に緊張関係に立ちながら発展してきた。

（2）形式的平等から実質的平等へ

　全ての個人を法的に均等に取り扱いその自由な活動を保障するという形式的平等（機会の平等）は、あらゆる人権保障の最重要の基盤となるものだが、現実の社会では、財産の格差によって生活できない人々が出てくるという新たな不平等が深刻さを増していった。20世紀の福祉国家においては、こうした歴史の反省をふまえて、社会的・経済的弱者に対して支援を与える実質的平等がめざされるようになる。日本国憲法はこの部分を重視し、生存権などの社会権として確立した。

　このように、平等の理念は、社会の実情を反映しながら発展してきた。出発点にあった「貴族制度の禁止」は、今では議論になることもほとんどない部分だが、その内実を、《政治参加や経済参加の権利を一部のグループが世襲的に独占することがあってはならないというルールだ》と考えると、実は今でもかなりリアリティを持った「Uターン禁止ルール」なのかもしれない。

③　平等違反が起きる場面と裁判例

（1）平等違反への違憲審査は

　憲法14条は、差別が起きる場面を、政治的関係、経済的関係、社会的関係に整理して示している。そこで以下では、この政治的、経済的、または社会的関係に場面を分けて、平等をめぐる社会問題と裁判例を見ていくことにする。その前に、裁判でのおおよその判断方法を見ておきたい。

　ある取り扱いが、平等原則への違反（差別）に当たるかどうかは、問題とな

った取り扱いが「合理的な」ものなのか、合理性の認められないものなのか、ということで判断される。裁判では、問題となった法令や行政上の扱いの憲法適合性を判断するに当たってはいくつかの基準があり、事例の性質に応じて使い分けられている。

まず、憲法14条1項に具体的に列挙された事項——「人種、信条、性別、社会的身分又は門地」——については、厳格な審査が求められる。

それ以外の事柄——例えば財産、学歴、年齢など——を理由にした取り扱いの差異が平等原則違反で争われる場合には、「二重の基準」の考え方に基づいて、次のように場合分けをして考える。（A）憲法適合性の判断は、立法目的とその目的を達成する手段の2つの側面から「合理性の有無」を判断するのだが、このとき、（B）そこでどのような権利・利益についての不平等が問われているのかによって、判断基準——合憲と認めるためのハードルを高く厳しいものにするか、低く緩いものにするか——が使い分けられる。

例えば、精神的自由及び参政権について平等原則違反が争われる場合には、厳格な基準で審査される。そこで、立法目的と手段とについて審査する際にも、①当該規制の立法目的が必要不可欠なものであるかどうか、②当該の目的を達成するための手段が必要最小限度のものかどうかを検討するという、高いハードル（厳格な審査）が課されることになる。

一方、経済的自由に対する規制が平等原則違反として争われた場合には、さらに次の2つの場面に分けて考える。経済的自由に対する規制の中には、国民生活の安全を守り危険を防止するといった消極的な目的による規制と、より積極的な政策目的による規制とがある（第15章　経済的自由権の章を参照）。消極目的規制の場合には、「厳格な合理性」の基準が使われ、①立法目的が不可欠とまでは言えなくても正当かつ重要なものであること、②目的と手段の間に実質的な関連性があること、が要求される。これに対して、積極政策目的による規制が平等原則違反として争われた場合には、立法府に広い裁量が認められるので、①当該規制の立法目的が正当なものであること、②当該の目的とそれを達成するための手段との間に合理的関連性があること、が要求される（合理的根拠の基準）。これはかなりハードルを低くした緩い基準ということになる。

サラリーマン税金訴訟（最大判1985.3.27民集39.2.247）

　　旧所得税法（1965年改正前）の課税のあり方が、事業所得者に比べて給与所得者に高い税負担を課すことになっている点で、憲法14条1項違反ではないか、ということが争われた。最高裁は、租税法の定立は立法府の政策的・技術的判断に委ねるべきもので、「立法目的が正当なものであり、かつ、当該立法において具体的に採用された区別の態様が右目的との関連で著しく不合理であることが明らかでない限り、その合理性を否定することはでき」ないとした（その後、1987年の法改正で、本件訴訟で問題とされた必要経費の実額控除が一部認められるようになった）。

（2）政治的関係――政治参加における平等

　ここで問題とすべきなのは選挙権についてである。「選挙権の平等」の問題は、投票所に行けない人など、投票の実情に配慮した選挙権保障が不十分であるという問題（在宅投票制度問題）と、投票した一票の価値に格差が生じているという問題の2つに分けられる。

　選挙制度がまだ投票権の平等を保障できていない、または、ある選挙が投票価値の平等に反していたという訴訟が提起されたとき、裁判所は、国政に重大な影響があるという配慮から、立法府に自己修復の機会を手厚く与える考え方をとっているように見えるが、本来は厳しい審査をとるべきではないかと考えられる。

①　選挙権と平等

　政治的関係（参政権）における平等の問題を扱う裁判として、議員定数不均衡訴訟がある。国会議員の選挙において、各選挙区の議員定数の配分に不均衡があり、そのため、人口数との対比で選挙人の投票価値（議員ひとりを選出するに当たっての1票の影響力）に不平等が生じていることを、憲法違反に問う一連の訴訟である。この問題については、次の論点を見ていく必要がある。

　ⓐ**選挙権の平等の意味**　　選挙権の平等については、まずは普通選挙の実現において、「一人一票」の数的平等が達成された。公職選挙法も36条でこれを規定している。しかしここで問われているのは、この問題を超えて、投票価値の平等がここに含まれるかどうかである。現在では、一人一票の原則が投票価値の平等までを内容とすることは、学説でも判例でも認められている（最大判1976.4.14民集30.3.223）。

　次に、ここで言う「投票価値の平等」は、形式的平等の徹底をめざすのか、地域の事情などを斟酌するような配慮を組み入れて、較差を許容する余地はあるか、という問題がある。これについては、選挙における平等は、一人一票という形式的平等を内容とするものであって、人口以外の要素は、国民の意思を効果的に代表するために考慮されるとしても、あくまでも定数配分が人口数に比例していなければならないという原則の枠内で認められるにすぎないと考えられている。衆議院についてはその原則で考えるとして、参議院については人口以外の要素を組み入れることを考えるべき、といった見解もある。

　ⓑ審査基準　　選挙権の平等に「投票価値の平等」が含まれることが認められるとして、ではどの線を越えたら平等違反となるのだろうか。

　学説では、衆議院議員選挙については、議員ひとりを選出するに当たり1票の重みが最高となる選挙区と最低となる選挙区との較差は、2対1以内でなければならない、とする説が多数である。一人一票の原則から論理的に導かれる見解といえる。さらには、1対1を基本原則とした上で、どのような理由と必要に基づいてこの原則から乖離したかを政府の側に立証させるべきとする、より厳格な基準を主張する学説もある。

　裁判所は2012年頃から、違憲と見るべき数値をそれまでより厳しく見るようになった。2012年から2013年にかけては2012年の衆議院選挙での議員定数についておおよそ1対2.3の不均衡があったことが、高裁で「違憲状態」または「違憲無効」とされている。最高裁はこれを「違憲状態」との判断にとどめた（最大判2013.11.20民集67.8.1503）。

　ⓒ合理的期間、事情判決、「違憲状態」　　議員定数不均衡に関する訴訟には、裁判所が判決を出すに当たって採用した特殊な判決手法がある。

　最高裁は、議員定数配分の不平等が認められたこと自体で違憲判断を出すことはせず、この状態を国会が合理的な期間内に是正しなかった場合に初めて違憲としている（最大判1976.4.14民集30.3.223）。

　また、これらの基準に照らして違憲と判断された場合でも、国政に重大な影響が出ることになるとの配慮から、《選挙が違法であることを宣言するが、選挙を無効とはしない》、という「事情判決」の判断方法が示された（同上判決）。

現在ではこの「事情判決」に代わる方法として、「違憲状態」判決が出されるようになっている（この問題及び判例については、第16章の選挙権の項目も参照してほしい）。

（3）経済的関係——雇用関係や経済活動における平等

　国や地方自治体の公務員について不当な雇用差別があってはならないことは当然だが、一般企業（法律上は公権力ではなく私人）の社員採用や解雇については、企業にも選択の自由があることから、憲法が許容しない（国が法律で禁止すべき）「雇用差別」とは何かについて、様々な議論がある。しかし「国との関係」ではなく「経済的関係」とわざわざ書かれているということは、市場経済の中の企業と人との関係においても「平等」実現の方向がめざされていると考えるべきだろう。

　教育機関や企業が、特定の政治信条を理由として従業員を解雇することは、平等の観点から見ても、憲法の理念に反する（ただし企業の契約の自由を優先させた判決として三菱樹脂事件最高裁判決がある）。（第9章　思想・良心の自由、及び憲法の私人間効力に関する第6章を参照）

　実際には、「男女雇用機会均等法」における男女差別禁止や「雇用対策法」における年齢制限禁止など、企業に平等な雇用を義務づける法律がいくつか定められている。また、「障害者差別解消法」や「労働施策の総合的な推進並びに労働者の雇用の安定及び職業生活の充実等に関する法律」（通称パワハラ防止法）によって職場での不平等関係による追いつめをなくし、無用な支障に苦しまずに働ける環境作りがめざされている。

（4）社会的関係——様々な現実

　この「社会的関係」という言葉の意味については、政治・経済を引き算して考えたとき、生活圏全般のことと見てよいと思う。

　日本の判例では、この文言を根拠にして平等原則が直接に一般社会（私人間）への強制力を持つとは考えられていない。しかし、この文言が示す方向として、一般社会における差別問題の克服が、法政策に反映されていくことが望ましい。

特にこの分野の課題は、日本社会が国際化・多文化化するにつれて緊要度を増
してきている。また、政治的関係・経済的関係と生活圏とは理論上の整理とし
ては切り離せても、実社会では常に関連している。「女性差別撤廃条約」や
「人種差別撤廃条約」などの条約も、この関連性を視野に入れた取り組みを、
加盟国に促している。

　日本国憲法の下では、福祉国家に基づく実質的平等は、社会権の条項を通じ
て保障されることになるが、社会権の条文では扱えない不平等問題があったと
きには、14条の問題となる。また、福祉の制度に平等違反の問題が起きてきた
ときには、「社会権」で採用されている「立法裁量」の考え方をとるべきかど
うかということも、考えておくべき論点だろう。「達成度を上げてほしい」「少
なくとも最低限度を守ってほしい」という要求と「今達成できている部分につ
いて、取りこぼしをなくして平等にしてほしい」という要求とは、要求の視点
が異なっているので、同じ立法裁量論で判断することには疑問がある。「平等」
が関わる問題については国側に厳しい基準を課すことが必要ではないだろうか。
これについては、1987年の堀木訴訟、2007年の学生無年金訴訟など、考えさせ
られる事例が多い（これについては第12章の社会権についても参照）。

（5）　家族関係と性別の平等
①　日本国憲法制定による変革

　現在の刑法や民法は、日本国憲法制定以前に作られたものをベースにして、
日本国憲法や実社会の進展に合うように、必要な部分を改正しながら現在に至
っている。改正されずに残った規定の中には、現在の憲法に適合しないものも
あり、国民からの訴えを受けて違憲判決が出され、国会が改正に動いたものも
ある。

　日本国憲法制定後の歩みを見ると、戦前の制度が大幅に改められ、1945年に
婦人参政権の実現、姦通罪（刑法183条）の廃止、妻の無能力（経済的自由が認め
られない立場）など女性を劣位に置いた民法の諸規定の改正などが行われた。
また、国家公務員法（27条）や労働基準法（4条）においても、職業生活におけ
る男女平等が法文化された。また、1981年発効の女性差別撤廃条約は、1984年

の国籍法の改正、1985年男女雇用機会均等法の制定など同権をいっそう推進した点で注目される。

　このような流れを受けて、民法が定めてきたいくつかのルールも疑問視されるようになってきた。具体的には、結婚できる年齢について男子18歳、女子16歳という差があることや、女性が再婚する場合のみに課される6カ月の待婚期間、夫婦同氏の原則（夫婦別姓を認めない制度）などについての憲法適合性が問われてきた。

　このうち結婚年齢については、2018年の民法改正で、男女ともに18歳となることが決まり、2022年から施行されることとなっている。女性の待婚期間については、2016年の民法改正で、従来の6カ月から「前婚の解消又は取消しの日から起算して100日」に短縮された（同年施行）。

②　生活圏と公共領域の循環関係

　憲法24条の家族・婚姻の問題については別の章で扱われるが、24条の家族関係と14条の平等とは、様々なところで関連している。これは人間の活動が生活圏と公共圏を常に行ったり来たりしているのだから、当然と言える。

　例えば家庭の家計と消費経済と政治は直結しているし、人々が職業の世界で十分な自己実現ができるかどうかは、家族の理解や相互尊重感覚、そして事情に応じた支援制度があるか、そうしたニーズが政治の領域で認識されているか、といったことと関係する。現実の人間は、個人の場面、家族生活の場面、経済的関係の場面、政治参加の場面などが重なる世界の中で生きているのである。

　特に日本では、文化の中に古い役割感覚が残っている場面が少なくない。女性が自己実現の意欲を持って社会的課題に関心を持つことが歓迎されない習慣が家庭内にあると、偏った負担が日常化したり、自己実現が阻まれることもある。こうした関連・循環を考えたとき、14条の「平等」の現実的足場として、24条をどう理解し生かしていくか、という視点が欠かせない。

　近年、婚姻制度を異性婚のみに限定し続けるか、同性婚にも道を開くかが議論されている。憲法24条における婚姻制度の意味については別の章で扱われるが、制度の壁がなかったならば当人同士の自己選択により実現していたかもしれない様々な生活上の利益（経済的利益だけでなく人格的利益を含む）を、ある

特徴を持つ人々に対して選択的に阻むことが、平等原則に反していないかどう
か、という視点からは、14条の平等の問題でもある。

尊属殺重罰規定違憲判決 （最大判1973. 4. 4刑集27. 3. 265）

　尊属殺人罪重罰規定（刑法200条）とは、子や孫（卑属）が親や祖父母（尊属）を殺
したときには通常の殺人罪よりも重く罰するという規定である。最高裁は1973（昭和
48）年、この規定について違憲判決を出した。この問題については、ⓐ刑法200条の
目的が日本国憲法14条「平等」に違反している、ⓑ「死刑又ハ無期懲役」という刑罰
は目的に照らして重すぎるので憲法違反である、という2つの考え方がある。最高裁
はこの判決で、親の尊重という立法目的の合理性を認めつつ、手段（刑罰）の重さが
極端すぎるという理由で刑法200条を違憲とした。後にこの刑法200条は、刑法典から
削除された。

非嫡出子相続分違憲決定 （最大決2013. 9. 4民集67. 6. 1320）

　相続財産について、法律婚によらずに生まれた非嫡出子に、法律婚によって生まれ
た嫡出子の2分の1の相続分しか認めていない民法900条4号但し書の規定を違憲無
効とした事例。最高裁判所はそれまではこの民法上の制度を合憲と判断していたが、
この決定では「婚姻、家族の著しい多様化、これに伴う婚姻、家族のあり方に対する
国民の意識の変化が大きく進んだ」ことを重視し、親が法律上の婚姻関係になかった
という、「子にとって選択の余地がない事柄」を理由に不利益を及ぼすことは許され
ないとし、この規定を憲法14条1項違反と判断した。

女子再婚禁止期間規定訴訟 （最大判2015. 12. 16民集69. 8. 2427）

　民法733条（旧規定）は、女性にだけ離婚後6カ月間、再婚を禁止していた。この
規定により婚姻が遅れ精神的損害をこうむった者が、立法不作為による国家賠償を請
求した。最高裁は、当該条項の立法趣旨は「父性の推定の重複を回避し、父子関係を
めぐる紛争の発生を未然に防ぐことにある」としたが、100日を超える部分について
は「合理性を欠いた過剰な制約」として違憲と判断した。

　その後、2016年に、女性の再婚禁止期間を離婚後100日に短縮する改正民法が成立
した。離婚後100日以内でも女性が離婚時に妊娠していないことを証明すれば再婚を
認めるルールも追加された。

夫婦同姓規定違憲訴訟 （最大判2015. 12. 16民集69. 8. 2586）

　結婚した夫婦の姓をどちらかに合わせる「夫婦同姓」を定めた民法750条を憲法違
反として、事実婚の夫婦が国に損害賠償を求めた。最高裁は「結婚の際に氏の変更を
強制されない自由」は憲法で保障された人格権に当たるとは言えないとし、夫婦が同
じ名字を名乗ることは社会に定着しており、「家族の呼称を一つに定めることは合理
性が認められる」ので、この規定は「憲法に違反しない」と判断した。

（6）外国人の人権と平等

　外国人の人権については、権利の性質に応じて、平等に扱えるものは平等に保障することが「マクリーン事件」判決で確認された。「人権」というものの本質から考えたとき、国家以前に人として保障されると考えられる権利については、外国人にも当然に平等に保障されるべきである。精神的自由、人身の自由などの自由権は当然にここに含まれる。また、24条の婚姻の自由と家族関係の平等も、外国人にも平等に及ぶ。

　一方、「権利の性質によって」平等な保障が難しいと考えられているのが参政権である。国政に関する選挙は、主権者としての国民に限るべきとする考えが通説で、現行の公職選挙法もそのようになっているが、現在では住民・生活者という観点から社会参加・政治参加の平等を考える議論も有力である。一般に憲法の条文上の「すべて国民は」という主語は、平等を表すことに力点があり、権利保障を「国民」に限定する方向で読むべきではない。したがって憲法は定住外国人の参政権保障を禁止していると見ることはできず、この問題を主権者の判断に委ねていると見るべきだろう。

　また、社会権（生存権と社会保障を受ける権利、教育を受ける権利）は、国が「国民」に対して負っている責務であることから、国が外国人にこれを保障する憲法上の責務はない、とする考え方が多数である。ただ、社会権保障のしくみが、税金を元にしてリスクを共有する弱者支援のしくみであることに着目すると、日本に住所地を定めて収入を得ている外国人は個人としても事業主としても税金を負担しているので、こうした人々をも含めて「外国人」を保障の埒外と考えることが正当かどうか、正義や「平等」の観点からは疑わしい。生活保護については、現在多くの自治体で永住者と定住者に生活保護法が準用されている。

（7）文化的少数者と平等

　日本では、少数民族としてのアイヌ民族や沖縄に対する文化的独自性の観点からの保護政策のあり方について、議論が重ねられてきた。また、先に見た外国人の人権保障の一場面として、その人々の文化的習慣の尊重が必要な場面も

出てくる。

　少数民族の平等保障を憲法14条に乗せていくとき、「人種」に当たるか「社会的身分」に当たるか、という理論上の議論はあるが、どちらで考えるにしても、気づきの遅れてきた問題として現在真剣に取り組むべき問題である。

　ここで多くの国で実現ないし論議されている「多文化主義」の考え方も参考になる。カナダやオーストラリアでは、先住民族や移民などの文化的マイノリティに対して、多数者の消費文化による淘汰からその文化的独自性を保護するための政策が、「多文化主義」政策として実施されてきた。一方で、こうした文化の領域は、従来は国が介入すべきでない一般人の「自由」の領域だと考えられてきたが、現在では国や自治体が文化支援政策をとる場面も増え、公的関心事として定着してきた。

　この議論は、「法の下の平等」に照らして当事者のマイノリティ性をどう認定しどのような是正を憲法の要請（または許容）と見るかという問題と、国が行う文化支援とはどのような理念において行うものかという問題の、両方の視野を必要とする。日本国憲法が全体として弱者支援の方向性を持った憲法であること、憲法14条も弱者への配慮を組み込んだ平等であること、そして日本が文化支援を行う国家であることを考え合わせたとき、この分野が重要な憲法的関心事となっていくことは確かである。

■参考文献■

芦部信喜（高橋和之補訂）『憲法〔第7版〕』（岩波書店、2019）

安西文雄・巻美矢紀・宍戸常寿『憲法学読本〔第三版〕』（有斐閣、2018）

辻村みよ子『憲法〔第6版〕』（日本評論社、2018）

佐々木雅寿「多文化主義と憲法」『岩波講座　憲法3　ネーションと市民』（岩波書店、2007）

樋口陽一『憲法〔第三版〕』（創文社、2007）

第**9**章 思想及び良心の自由

1 精神的自由総論

（1）「精神的自由」の基礎をなす自由

　日本国憲法19条は、「思想及び良心の自由は、これを侵してはならない」と定めている。この思想及び良心の自由は、信教の自由（20条）や表現の自由（21条）などの「精神的自由」の基礎となるものである。

　一般に自由権は、精神的自由・経済的自由・身体的自由（人身の自由）に分類されるが、「思想及び良心の自由」は、知的な存在である人間の精神活動に関する自由の中でも最も基本的な、人の心の内側での考えに由来する自由である。したがって、人間の尊厳に直結する重要な自由でもある。

　日本国憲法は、精神的自由に関わる諸規定の冒頭に19条「思想及び良心の自由」を置き、精神的自由全般についての総則的規定としたとも考えられる。人間の精神活動の内容は多岐にわたるが、思想及び良心が外部に示される場合は表現の自由（21条）の問題となり、宗教的方面で示される場合は信教の自由（20条）の問題となる。また、論理的な知識の方向に示されれば学問の自由（23条）の問題ともなる。日本国憲法は、このような精神的自由に関する諸規定の冒頭に19条を置いて、その総則的な規定として明示的に思想・良心の自由を保障していると言えよう（辻村『憲法』）。

（2）精神的自由の優越的地位

　人の精神活動に関わる、思想及び良心、表現、信教、学問の自由などの「精神的自由」は、一般に、職業選択の自由（22条1項）や財産権（29条）のような

「経済的自由（＝経済活動の自由）」に比べて優越的地位にあるとされる。これは、
①多様な思想・情報が自由に流通すること（思想の自由市場）で、多様な価値
観がはぐくまれ、価値相対主義・自由主義を基本的に是とする日本国憲法の理
念が実現されること、また、②国民主権原理等に表される、日本国憲法の柱で
ある民主主義体制の構築・維持に不可欠であるためである。この点を捉えて、
精神活動の自由の保障の程度が、いわば「『民主主義のバロメーター』ともい
うべきものである」という言明もある（浦部『憲法学教室』）。

（3）「二重の基準論」とその根拠

　精神的自由はひじょうに重要だが、外部への表現行為を内実とする表現の自
由や、信教の自由のうち礼拝のような活動を伴う宗教的行為の自由などは、公
共の福祉により一定の制約を受ける。しかし、精神的自由を制約する法律や政
府の行為等が憲法に照らして合憲か違憲かを裁判所で審査する際の基準（＝合
憲性判定基準）が曖昧であっては、精神的自由が十分保護されないおそれが出
てくる。そこで、具体的な審査の基準としてアメリカの判例の理論をモデルに
して主張されたのが「二重の基準論」である。この理論は、端的に言えば「精
神的自由は裁判所の審査の際に経済的自由に比べて手厚く保障されるべきだ」
とするものであり、「精神的自由の優越的地位」を合憲性判定基準として具体
化したものと言える。以下、「二重の基準論」について述べていく。
　「二重の基準論」とは、表現の自由や信教の自由などの「精神的自由」と、
財産権や職業選択の自由などの「経済的自由」とを区別し、裁判所は精神的自
由に対する制約を経済的自由に対する制約より厳格な基準によって審査しなけ
ればならないとする理論である。つまり、「精神的自由」に対する制約につい
て裁判所でその制約が憲法に適合する（合憲）かどうか判断するハードルは高
く設定され、このような制約は違憲となりやすくなる（「違憲性の推定」が働く）。
逆に、「経済的自由」の制約には緩やかな基準が当てはめられ、「経済的自由」
の制約が合憲とされるハードルが低くなり、その制約は合憲となりやすくなる
（「合憲性の推定」が働く）と解される。
　では、なぜ「二重の基準論」のような考え方が生まれたのだろうか？　これ

は、「精神的自由」を規制する法律などができた場合、選挙や請願など民主主義にのっとったシステム、いわゆる「民主政の過程」により議員に国民の意思を伝え、国会で問題となる法律などを廃止したり修正することが困難になるためである。例えば、「政府の政策を批判する言論は罰する」というような、「精神的自由」（ここでは表現の自由）を大きく制約する法律ができた場合、国民は自由に意見を交換することができなくなる。その結果、政府の政策やこの法律の問題点を明らかにして次の選挙で国会のメンバーを大幅に変えたくても、その情報を流通させるための表現の自由自体が制約されているので、立候補者の主張などの情報自体が流れなくなり、選挙→国会議員の選出→国会での審議と採決という民主政の過程を経て当該法律を廃止したり修正するという民主的なシステムが機能しなくなってしまう。そこで裁判所は権力分立の観点からして、より厳しい（違憲となりやすい）審査基準を使ってこの「精神的自由」を制約する法律を審査して違憲無効とし、民主政の過程が再び上手く機能するように働きかける必要がある。

　他方、財産権など「経済的自由」を制約する法律が合憲か違憲かを裁判所が審査する場合、裁判所はその前提として経済政策に関する資料を収集しかつ正しく評価して制約の必要性などを判断しなければならない。しかし、権力分立の考え方からすると、このような仕事は裁判所ではなく国会や政府に適した役割である。国会や政府には各種の専門的な委員会などがあるが、裁判官は法律のプロであっても経済政策のプロではない。「経済的自由」が国会や政府によって侵害され、ただす必要が認められる場合でも、「精神的自由」が十分保障されており、かつそれに基づいて反対運動や請願・選挙などを公正に行えるならば、民主政の過程によって法律を廃止したり修正したりすることができる。したがって「経済的自由」の制約については、裁判所は問題になった法律が「明らかに違憲」と判断される場合を除き、その法律の処理について国会や政府の判断を尊重（＝敬譲）するのが権力分立の考え方に照らしても望ましいということになる。

　泉佐野市民会館事件判決（最判1995. 3.7）が、「集会の自由の制約は、基本的人権のうち精神的自由を制約するものであるから、経済的自由の制約における

以上に厳格な基準の下にされなければならない」としているのは、「二重の基準論」を採用したものと理解できよう。

2 「思想及び良心の自由」（日本国憲法19条）

（1）諸外国における「思想及び良心の自由」の保障規定

日本国憲法19条は「思想及び良心の自由はこれを侵してはならない」と規定し、「思想」を特に取り上げた上で「良心」と関連づけつつ、表現の自由などとは独立させたひとつの条文を設けて「思想及び良心の自由」を保障している。これを諸外国の憲法と比較してみると、表現の自由や信教の自由と"別立てで"特に「思想及び良心の自由」について"条文を設け"憲法上保障している例はほとんど見当たらない。では、「思想及び良心の自由」は諸国では全く重視されていないのだろうか？……むしろ、その逆であろう。

歴史をひもとくと「思想及び良心の自由」は近代の人権発展の歴史の中でも中心となる権利のひとつであった。特にアメリカやヨーロッパ諸国で「良心の自由」が保障されるようになっていった経緯を見ると、「良心の自由」は「信教の自由」と分かつことのできないものとして主張されてきたことがわかる。

ここで、アメリカやヨーロッパにおける「良心の自由」の歴史について簡単にふれてみよう。まず、アメリカの「バージニア憲法」では、「全て人は良心の命ずるところにしたがって、自由に宗教を信仰する平等の権利を有する」と定められており、「良心の自由」が信教の自由の保障と関連づけて保障されていた。そしてその後制定されたアメリカ合衆国憲法修正1条の信教の自由保障条項には、「良心の自由」も吸収され保障されている。また、1789年のフランス人権宣言では「思想及び意見の伝達は、人の最も貴重な権利のひとつである」とされ、やはり思想及び良心の自由は、信教の自由や表現の自由と分かち難いものとして取り扱われている。ドイツでは1919年に制定されたヴァイマル憲法で信仰及び良心の自由が保障されていたし、現行のドイツ基本法も「信仰、良心の自由ならびに宗教及び世界観の告白の自由は不可侵である」と定めている。これは、第二次世界大戦前にファシズム（全体主義）が勢力を拡大してい

くのに伴い、ファシズムに反対する思想が弾圧・粛清されていった点を深く反省したためである。なお、世界人権宣言18条も、表現の自由とは別立てで、「思想、良心及び宗教の自由に対する権利」として、思想及び良心の自由を（信教の自由と関連づけつつも）保障している。このように、各国の憲法を比べてみると、日本国憲法が特別にひとつの条文を設けて思想及び良心の自由を保障しているのは、比較的めずらしく、意義深いことと言える。

（2）諸外国に「思想（及び良心）の自由」の規定がほとんど無い理由

　ここで、なぜ諸外国には「思想（及び良心）の自由」の規定があまり無いのか、その理由を挙げてみる。

　第一の理由として、思想の自由は、表現の自由や信教の自由等と密接に関わっているので、心の中（内心）ではなく外部に示されたこれら表現の自由等の諸自由を十分に保障していけばおのずと思想の自由も保障されると考えられたからである。例えば、アメリカ合衆国憲法では、「思想及び良心の自由」に明確に対応する条文はないが、合衆国憲法修正１条による表現の自由の保障には、当然、内心の自由を含むものと理解されている。

　諸外国の憲法に、「思想（及び良心）の自由」を格別に規定している例がほとんどない理由の２つ目は、人が何を考え何を信じようとも（たとえそれが無差別大量殺人の計画であろうとも）心の中にとどまる限りその人の勝手であり、心の内側での思いは他人からうかがい知ることはまず不可能であるし、表面に行為として表れない内心の動きについて他者が拘束することはできない（また、すべきでない）ためである。これらから、「内心の自由」は絶対的に保障されるものと考えられる（これに対し、「内心の自由」を絶対的なものと捉えない見解については（5）①で述べる）。

（3）日本における「思想及び良心の自由」の保障規定

　次に、日本における「思想及び良心の自由」の保障の歴史に目を向けてみよう。大日本帝国憲法（明治憲法）には、「思想及び良心の自由」を特別に取り上げて保障した条項は存在しなかった。そして戦前のわが国では、1925年に制

定された治安維持法をはじめとする様々な法律に基づいて、社会主義思想など特定の思想を、天皇主権という国のあり方や方針に反するものとみなして弾圧した。例えば警察がある人が読んでいる本などからその人の思想を推測し、国の方針に反するとして逮捕したり監視するなど、内心の自由そのものが侵害される例が少なくなかった。そうした反省から日本国憲法では特に19条を設けて「思想及び良心の自由」を保障したのである。これは日本国憲法制定に当たり思想の自由な形成自体が日本の民主化に必要とみなされたからであろう。

（4）「『思想及び良心』の自由」の意味

①　「思想及び良心」の意味

日本国憲法19条が保障する、「思想」と「良心」の意味については、学説上争いがある。簡単に述べれば「思想」とは論理に基づくある程度体系的な考え方を指すのに対し、「良心」は倫理的・道徳的な善い／悪いという判断などを指すと言える。しかし日本国憲法19条は実際に「思想」と「良心」とを別のものとしてはっきり区別しているのだろうか。「思想」と「良心」をはっきり区別して、「良心の自由」は「信仰の自由」（第10章「信教の自由」参照）と同じ内容であると「良心」の意味を狭く捉える@信仰説もある。この説は先に述べたような欧米諸国での「良心の自由」の生成・発展の歴史的な流れを重視して提唱されたものである。

しかし「思想及び良心の自由」から「良心の自由」のみを取り出して「信仰の自由」と同じものと考えるとすると、日本国憲法20条が信教の自由（「信仰の自由」も含む）を保障していることと重なってしまい適切ではない。また、「思想」と「良心」が密接なつながりを持つことから考えても、「思想」と「良心」を区別することなく一体のものとして捉える理解（「思想・良心一体説」）が、支配的な学説（通説）である。

この「思想・良心一体説」を前提として、学説はさらに⑥「内心説（＝広義説）」と⑥「信条説（＝狭義説）」に分けることができる。⑥「内心説」とは、思想と良心を一体的なものとして捉えた上で、憲法19条で保障される「思想及び良心」はある物事についての善いとか悪いとかいう判断や、ある事実を知っ

ている、あるいは知らないこと（「事物に対する是非弁別」という）なども含めて、人の内心におけるものの見方ないし考え方を広く意味すると考えるものである。この「内心説」の根拠は、憲法19条で保障されるものと保障されないものとをはっきり区別できないので、憲法19条の保障の対象をできるだけ広く捉える方が、人権（ここでは「思想及び良心の自由」）をより保障できると考えるためである。他方、ⓒの「信条説」は、思想と良心を一体のものとして捉える面ではⓑの「内心説」と同じだが、その人のものの見方のうち、世界観や人生観、イデオロギー、主義・主張のように、ある程度体系的であり、しかも個人の人格を形作る上で役立つもののみが憲法19条の保障する「思想及び良心」の内容になると狭く考える。「信条説」は、「内心説」のように個人の人格を形作るのに関連のない心の内側の思いまでも広く19条で保障してしまうと、「思想及び良心の自由」範囲が広がるとともにその有難みが薄れて、「思想及び良心の自由」の大切さが漠然となり、かえって「思想及び良心の自由」の保障が手薄になってしまうことなどから提唱された。このように、「思想及び良心の自由」の内容については、様々な説があるが、ⓑ「内心説」とⓒ「信条」を形式的に対立させて区別できるか、また、区別すべきかについては、疑問を呈す論者もいる。解釈のいかんによっては、ⓑⓒの両説の間に質的差異がほとんどなくなる場合も見受けられるからである。しかし、ここでは、いちおう、「思想及び良心」とは、世界観・人生観などの個人の人格形成に関わる心の中の様々な動きを広く含むもの（芦部説）としておく。

②　「思想及び良心」の意味に関わる判例

　「思想及び良心の自由」が侵害されたと主張し裁判で争われた事件として、「謝罪広告（強制）事件」がある。民法の定めでは、ある人の名誉が損なわれた場合、それを救済するためまず相手方に損害賠償を求めることができる。加えて、損害賠償とは別に「名誉を回復するのに適当な処分」として謝罪広告を新聞などに掲載させることもできる（民法723条）。「謝罪広告（強制）事件」では、自分の主張は間違っていないと考え謝罪する気が毛頭ない人に対して、謝罪広告を出すよう強制的に命じる裁判所の処分が憲法19条に反しないかが問題とされた。これについては、学説上もⓐ違憲説と、ⓑ合憲説が対立している。

　ⓐの違憲説は、謝罪するという行為がある程度倫理的な意味を持つことに
注目する。そして、謝罪広告を新聞などに載せるよう裁判所が命じることは、
名誉を毀損したとされる人の、善い／悪い、正しい／間違っているといった心
のうちの考えを外部に示すよう強制することになるから、憲法19条の保障する
「沈黙の自由」を侵害し違憲であると考える。

　他方、ⓑの合憲説は、まず、憲法19条にいう「思想及び良心」は世界観・人
生観といった、個人の人格を形作るのに必要な心のうちの作用だと狭く考える
（①参照）。そして、謝罪広告の内容が、単に事実関係において間違っていたこ
とを述べ、謝る程度のものならば、憲法19条に反しないとする。

　この点について、最高裁判例は、謝罪広告は思想及び良心の自由を侵さず、
合憲だという立場を採っている。日本では、従前から民法723条の規定に基づ
き、裁判所が謝罪広告を判決で命令してきた。しかし、謝罪広告の掲載が、人
格形成に直接関わりがないと考えられてきたとしても、「陳謝します」と表明
する前提には、善悪の判断が伴うと考えるのが自然であることなどから、謝罪
の強制は違憲になるとする見解をとる学説が多い（辻村『憲法』ほか）。

謝罪広告（強制）事件（最大判1956.7.4民集10.7.785）
　　1952年の衆議院議員選挙の候補者Ａは、別の候補者Ｂが県の副知事の地位について
　いたときに汚職をしていたと新聞やラジオで発表した。候補者Ｂは、Ａの行為は名誉
　毀損であるとして「右放送及び記事は真相に相違しており、貴下の名誉を傷つけ御迷
　惑をおかけいたしました。ここに陳謝の意を表します」という内容の謝罪広告を新聞
　に載せるように裁判所に求めた。最高裁は、民法723条の規定に基づき、謝罪広告を
　新聞に載せるようＡに命ずる判決を下した。候補者Ａは、謝罪の強制は、自身の思想
　及び良心の自由の保障に違反すると主張して争ったが、最高裁は「単に事態の真相を
　告白し陳謝の意を表明するに止まる程度」のものであるので、謝罪を強制しても合憲
　だとした。

（5）思想及び良心の自由の「保障」の意味

①　「内心の自由」と「たたかう民主主義」

　憲法で保障された人権であっても「公共の福祉」によって制約される場合が
ある（第6章参照）。では、「思想及び良心の自由」は、外部に示されずに完全
に心のうち（＝内心）で思っている限りは絶対に保障されるのか？　この問い

については②「絶対説」と⑤「限定説」がある。

　②の「絶対説」は「憲法19条の保障は絶対であり一切の制約を許さない」とする見解である。「絶対説」に基づき説明すると、ある人が心のうちで思っていることを理由に国家が不利益な扱いをすることや特定の思想を持つのを禁止することは一切許されないこととなる。近代の民主主義国家においては、およそ人の心のうちには国家が立ち入るべきではないことは基本的な理念である。また、人の考えが心のうちにとどまる限り、他人の人権を侵害したり他人の不利益となることはない。その意味で、憲法19条の「思想及び良心の自由」は絶対的な自由と考えるべきである。したがって②の「絶対説」を採用すれば、人を殺そうと心のうちで思ったり、民主主義を破壊するような思想を持っていたとしても、それが心のうちの思いにとどまって実際の行動に出ない限りは「思想及び良心の自由」として憲法で保障されることになる（罰せられない）。

　一方、⑤の「限界説」は、基本的人権の尊重など憲法の柱となる理念を否定したり、憲法に基づく「民主主義」という体制自体の破壊を主張する思想に対しては、憲法19条の保障は及ばないとする見解である。⑤の「限界説」に立てば、例えば国民主権を否定するような思想は許されないことになる。この「限界説」は(1)憲法自体がひとつの政治の理念を表したものであって政治的・思想的に全く中立な考えを表したものではないということや、(2)憲法に敵対する思想を憲法が保障するというのは矛盾していておかしいということから主張される。ドイツ基本法は「世界観の告白の自由は不可侵である」と定めているが、そのような規定があっても、民主主義体制自体を覆そうとする思想、例えばナチズムを信奉することは現代のドイツでは憲法上認められない。つまり、ドイツは⑤の「限界説」的理解を採用していると言える。これは、第二次世界大戦前のドイツ（ヴァイマル共和国）において、当時としてはひじょうに自由主義的・民主主義的であったヴァイマル憲法のもと、まさにそのヴァイマル憲法に定められた手続にのっとってナチス・ドイツが政治を掌握することを許してしまい、結果、民主主義が破壊され第二次世界大戦に突入してしまったという苦い経験をふまえて、「内心の自由」につきこのように理解するのである（これを「たたかう民主主義」と言う）。歴史に鑑みればナチスによるファシズムの苦

い経験を経たドイツが民主主義及び民主主義を基幹とする憲法体制・憲法秩序を守るという強い意思表明として「たたかう民主主義」をドイツ基本法で採用していることは、理解できる（浦部『憲法学教室』参照）。

　しかし、ⓑの「限界説」をわが国でも採用するとしたら、国家に都合の悪い思想を排除するちょうどいい口実になってしまうという批判もあり、日本国憲法の19条は、ⓐの「絶対説」を採用していると理解すべきである。日本国憲法があえて条文を設け「思想及び良心の自由」を保障したのは、あらゆる思想及び良心について（それがたとえ、民主主義を破壊する思想であっても、心のうちにとどまる限り）国家は中立的であるべきことを命じたものと言える。思想及び良心の自由は、文字通り絶対無制約であり、ドイツ的な「たたかう民主制」という考え方は、日本国憲法の解釈としてはとり難い（浦部『憲法学教室』）。わが国においては、思想はどのようなものであっても、あくまでも自由であるということに留意すべきである。

②　沈黙の自由

　次に、自分の心のうちの思いなどを外部に示すよう強制されない自由である「沈黙の自由」が、憲法19条で保障されるか否かという問題について述べる。国民がどのような思想をいだいているかを国家が強制的に告白させることや、直接的・間接的を問わず何らかの手段を用いて国民の思想及び良心を推し量ることが憲法19条に違反するかという点が問題となる。この点については、憲法19条は心のうちの「思想及び良心の自由」を保障しているだけであり、一方「沈黙の自由」は、消極的な意味での表現の自由、つまり表現しない自由として捉えるべきなので、表現の自由を規定した憲法21条によって保障されるという考えもある。しかし、国家がある人の思想や良心をひとたび知ると、その人の思想及び良心に干渉してくる危険がある。この点を重視して、「思想及び良心の自由」を十分に保障するためには、「思想及び良心」についての「沈黙の自由」を憲法19条に基づいて保障する必要があると言える。したがって、国が「思想及び良心」そのものを強制的に告白させることはもちろん、「思想及び良心」を推し量るために何らかの手段を用いることは、憲法19条に反する違憲な行為と位置づけるべきである。例えば、江戸時代にキリスト教徒を見つけ出し

弾圧するために用いられた「踏絵（絵踏み）」や、特定の思想を持った人々の団体に所属していることや学生運動の経験を強制的に言わせることなどは憲法19条に違反する（三菱樹脂事件判決・最大判1973. 12. 12民集27. 11. 1536参照）。

③　国家権力による特定の「思想」の強制の禁止

　国家が、特定の物の見方・考え方やイデオロギーなど（＝思想）を、国民に強制したり、推奨することは、憲法19条により禁止される。

　また、法律などにより国民に義務づけられている行為は、一般的には正当と認められ、国民はそれに従わなければならない。が、しかし、そのような行為が、特定の思想・良心を持つ人には、受け入れ難い場合もある。その典型例が主に西欧やアメリカで議論の対象となった「良心的兵役拒否」の問題である。これは、争いを禁止する教義を持つ特定宗派のメンバーに対して兵役義務を免除すべきかどうかの問題として、宗教的文脈でも論じられるテーマだが、「思想及び良心の自由」とも関係する。ドイツ基本法には「何人も、その良心に反して、武器を持ってする兵役を強制してはならない」という規定があるし、アメリカ合衆国でも、連邦最高裁判所の判例において、（強い宗教的信仰からでなくとも）真摯な世俗的良心が証明できれば兵役義務の免除が認められるとしている（長谷部『憲法』）。

　なお、日本国憲法のもとでは、徴兵制自体が違憲であるから（憲法18条）、「良心的兵役拒否」の例は生じえない。

④　特定の思想・良心をもつことを理由に不利益を与えることの禁止

　特定の思想を有していること、あるいは有していないことを理由に、刑罰その他の不利益を加えることも、憲法19条により、絶対に禁止されている。

　思想に基づく差別的取り扱いは、最も顕著な思想の自由の侵害に当たる。わが国でも大日本帝国憲法（明治憲法）のもと、治安維持法などにより、特定の思想への弾圧的侵害が横行した。その反省に基づき、日本国憲法は19条「思想及び良心の自由」に加え、憲法14条1項後段でも「信条による差別」を明文で禁止している。

⑤　思想及び良心の自由な形成を妨げること

　学校や刑事収容施設（刑務所等）・精神病院など、自由意志で容易に離脱で

きない施設で、個人を特定の思想に接することしかできない環境や状況に置き、その思想によって、いわゆる「洗脳」をすることも「思想及び良心の自由」の侵害と言わざるを得ない、という指摘がある（高橋『立憲主義と日本国憲法』）。こうした施設等で、「思想及び良心の自由」の侵害の危険を避けるためには、施設内で「対抗言論（counter speech）」に接することができるよう配慮する必要がある。また、太平洋戦争（第二次世界大戦）中の、いわゆる「大本営発表」のように、政府が一方的にかつ圧倒的な量の情報発信をして、「対抗言論」を埋没させてしまう場合も、同様の問題が起こる懸念がある。様々な思想・良心に自由に接することができることが「思想及び良心の自由」の前提条件であると言えよう（高橋、同上）。

麹町中内申書事件 （最判1988. 7.15判時1287. 65）

　　東京都麹町中学校の生徒が高校進学を希望したところ、「校内において麹町中全共闘を名乗り、機関紙『砦』を発行した。学校文化祭の際、粉砕を叫んで他校の生徒とともに校内に乱入し、ビラまきを行った。大学生ＭＬ派の集会に参加している」などと書かれた内申書の記載が理由で、受験した全日制高校の全ての入試で不合格になったとして、国家賠償を請求した事件である。最高裁は「いずれの記載も……思想、信条そのものを記載したものではないことは明らかであり、右の記載に係る外部的行為によっては上告人の思想・信条を了知しうるものではない」として、憲法19条違反の主張を退け、上告を棄却した。

　　最高裁のこの判決に対しては、内申書の記載内容が生徒の政治的行動を具体的に指摘している点で、生徒の政治的思想・信条そのものを記載したものではないとしても、思想信条を推し量らせるに十分なものだったと解されることから、疑問が呈されている（辻村『憲法』参照）。

君が代ピアノ伴奏拒否事件 （最判2007. 2. 27民集61. 1. 291）

　　卒業式や入学式に「日の丸」（＝日章旗）を掲げたり「君が代」を歌うことについて、1989年に出された学習指導要領では「その意義を踏まえ、国旗を掲揚し、国歌斉唱するよう指導するものとする」と定められていた。その後、1999年8月には国旗・国歌法も施行され、「日の丸」や「君が代」が法律上も国旗・国歌となった。

　　1999年4月、東京の公立小学校の音楽教諭が、入学式で君が代を歌うときにピアノ伴奏をするよう校長から命令されたが、教諭はこれを拒否した。そのため、東京都教育委員会から「職務命令違反」に当たるとして懲戒処分を受けた。教諭は、校長の命令は教諭の思想及び良心の自由を侵害するとして処分の取消しを求めて裁判に訴えた。

　　最高裁は以下のように述べ、職務命令を合憲とした。まず、教諭は、「君が代」が過去の日本のアジア侵略と結びついているという思想及び良心を持っていると主張し

たが、これは教諭の歴史観や世界観と言える。しかし、国歌を歌うときに伴奏を求める職務命令が、直ちに教諭の歴史観や世界観を否定するものとは認めることはできない。また、教諭に対して特定の思想を強制したり禁止したりするものでもない。さらに、児童に対して一方的にある思想を教え込むことを強制するものと見ることもできない。これらを考慮すると、ピアノ伴奏は音楽教諭にとって普通に考えられる行為にすぎず、校長の職務命令が、目的や内容に照らして不合理ということはできない、とした。

起立斉唱命令事件（最判2011. 5.30民集65. 1780）

　　東京都立X高校では、2003年の卒業式挙行の際、教職員は国旗に向かって起立し国歌を斉唱する旨の職務命令が校長より出されていた。

　　当時X高校の教員であったYは「日の丸」「君が代」は日本の侵略戦争の象徴であり、在日韓国・朝鮮人・中国人の生徒に対しても国旗国歌起立斉唱を卒業式に組み入れて強制することは教師としての良心に反するとして、国歌斉唱の際に起立しなかった。教員Yは、職務命令違反に該当するとして東京都教育委員会から戒告処分を受けた。その後Yは定年退職し、東京都教育委員会に退職後再雇用の採用選考を申し込んだが、戒告処分を受けていることを理由に不合格になった。Yは、国旗国歌起立斉唱の職務命令はそもそも憲法19条に違反する違憲無効なものであり、再雇用選考の不合格処分は違法と主張として提訴した。

　　最高裁は、以下のように判示し、再雇用選考の不合格処分は合法としている。Yの「日の丸」「君が代」に対する見方は、Y自身の歴史観・世界観から生じる、Yの教育上の信念と言える。しかし起立斉唱を求める本件職務命令は、Yの歴史観・世界観それ自体を否定するものではない。上記の起立斉唱行為は、外部の認識という点から見ても、特定の思想の表明として外部から認識されるものと評価することは困難である。……とはいえ、個人の歴史観・世界観に由来する行動（敬意の表明の拒否）と異なる外部的行為（敬意の表明の要素を含む行為）を求められることとなり、その限りにおいて、その者の思想及び良心の自由についての間接的な強制となる面がある。このような間接的な制約が許されるか否かは、職務命令の目的及び内容……等を総合的に較量して、……判断するのが相当である 。……本権職務命令については、……上記の制約を許容しうる必要性・合理性が認められる。

■参考文献■

高橋和之『立憲主義と日本国憲法〔第5版〕』（有斐閣、2020）

芦部信喜（高橋和之補訂）『憲法〔第7版〕』（岩波書店、2019）

芦部信喜『憲法学Ⅲ　人権各論（1）〔増補版〕』（有斐閣、2000）

辻村みよ子『憲法〔第6版〕』（日本評論社、2018）

長谷部恭男『憲法〔第7版〕』（新世社、2018）

木下智史・伊藤健『基本憲法Ⅰ──基本的人権』（日本評論社、2017）

浦部法穂『憲法学教室〔第3版〕』（日本評論社、2016）

第10章 信教の自由

① 信教の自由の歴史

　日本国憲法が保障する様々な権利は近代ヨーロッパに由来するが、そのヨーロッパにおいて自由や人権という概念が発展する重要な契機となったのは、宗教的迫害とそれに対する抵抗であり、また、対立する宗教・宗派間に繰り返された戦争の歴史であった。このため、信教の自由は、近代立憲主義によって保障される権利の中でも、特に重要なものと位置づけられている。

　大日本帝国憲法でも「信教の自由」は保障されていたが、その保障は「安寧秩序ヲ妨ケス及臣民タルノ義務ニ背カサル限」という条件つきのものであった（28条）。さらに、政府は、天皇の祖先を祀る神社神道に別格の地位を与え、天皇を神とする教義によって天皇主権を正当化し、国民を統合しようと考えた。このため、神道の祭祀は天皇を祭主として国政の一部として行われ、神社や神官・神職にそれぞれ公法人、官吏の地位が与えられた。さらに、「神社は宗教にあらず」との説明のもと、天皇の祖先を祀る神社への参拝は国民道徳であるとして強制されたのである。こうした中で、信教の自由は国家神道と両立する限度で認められたにすぎず、キリスト教や大本教などのように弾圧を受けた宗教も少なくなかった。このように、神社神道は事実上国教として扱われたため、これを国家神道とも言う。そして、それは最終的には、国民に天皇への服従を絶対的なものと捉えさせ、国粋主義や軍国主義を支える精神的な支柱となっていく。その中心となったのが、明治初期に設置され、陸・海軍省が所管していた靖国神社であった。

　しかしながら、このような神道の特殊性は、日本の敗戦により否定されるこ

とになる。すなわち、日本に対し「宗教の自由」の確立を求めたポツダム宣言をふまえて、連合国総司令部は、1945年12月、「神道の国家からの分離、神道の教義からの軍国主義的、超国家主義的思想の抹殺、学校からの神道教育の排除」などを命じるいわゆる「神道指令」を発した。加えて、天皇の「人間宣言」によって、天皇とその祖先の神格が否定されたことにより、神道の特権的地位を支えていた基盤が消滅したのである。

　このような歴史を経て制定された日本国憲法では、宗教に関する規定は他の権利にくらべてかなり詳細になっている。これらの規定を解釈するに当たっては、このような沿革を常に念頭に置く必要がある。

② 信教の自由の内容と限界

（1）内　容

　日本国憲法20条にいう「宗教」とは具体的には何を意味するのだろうか。学説では、日本国憲法が信教の自由を手厚く保障していることから、「宗教」の概念を広く理解するものが通説となっており、「超自然的、超人間的本質（すなわち絶対者、造物主、至高の存在等、なかんずく神、仏、霊等）の存在を確信し、畏敬崇拝する心情と行為」（名古屋高判1971. 5. 14民集31. 4. 616）という定義が引用されることが多い。もっとも、憲法上の「宗教」の意味については争いもあり、とりわけ、20条１項前段の「信教の自由」における「宗教」と、同条１項後段及び３項などの「政教分離」における「宗教」を区別し、後者の場合にはそれを、「何らかの固有の教義体系を備えた組織的背景をもつもの」と、より狭い意味に解する見解も有力である。いずれも個人の宗教的自由を保障することを目的としつつも、「信教の自由」と「政教分離」とでは、その性質・効果が異なるからである。

　まず、信教の自由から見ていこう。20条１項前段は「信教の自由は、何人に対してもこれを保障する」と規定する。この「信教の自由」には、一般に、信仰の自由、宗教的行為の自由、宗教的結社の自由が含まれるとされている。

①　信仰の自由

　信仰の自由とは、宗教を信仰する・しないことや、信仰する宗教を選択・変更することについて、個人が自由に決められるということである。つまり、個人の内心に関わる自由であり、その性質は思想・良心の自由（憲法19条）と同様である。憲法は、思想・良心の自由のうち、特に宗教的なものについて、20条1項でかさねて保障しているのである。このため、信仰の自由の内容は、思想・良心の自由のそれに照らして考えるとわかりやすい。すなわち、①国から特定の宗教を強制・禁止されない自由が保障され、②江戸時代の「踏絵」のように、国が個人に対し信仰の告白を強制したり、信仰に反する行為を強制したりすることが禁じられ（信仰告白の自由）、③信仰の有無や内容によって、国から特別の利益や不利益を受けない自由が保障される。

　なお、以上のような直接的な侵害に加えて、間接的な侵害をも受けない自由、あるいは、「他人から干渉を受けない静謐の中で信仰生活を送る」という利益（＝宗教的人格権）が、信仰の自由に含まれるかという論点がある。この点について、最高裁は、自衛隊及びその外郭団体によって殉職自衛官の夫を自己の信仰に反して県護国神社に合祀されたキリスト教信者の妻が「自己の意に反して亡夫を祭神として祀られない自由」の侵害を主張した事件において、「自己の信仰する宗教により何人かを追慕し、その魂の安らぎを求める」行為は誰にでも保障されているため、自己の信教の自由を妨害されない限り、このような利益は認められないとした（自衛官合祀訴訟・最大判1988. 6. 1民集42. 5. 277）。つまり、たとえ意に反して合祀されたとしても、妻は妻でキリスト教式に夫を追慕することを妨げられているわけではないとして、妻の側に「寛容」を求めたのである。後述する首相の靖国参拝をめぐる諸事例においても同様の権利が主張されているが、認められていない。

✝ **自衛官合祀訴訟**（最大判1988. 6. 1民集42. 5. 277）

　　殉職した自衛官の妻が、夫を自衛隊地方連絡部（地連）及び自衛隊の外郭団体である隊友会の申請によって自己の信仰に反して護国神社に合祀されたとして、地連及び隊友会の行為を政教分離原則違反、宗教的人格権侵害として提訴した事件。一審、控訴審は妻の主張を一部認めたが、最高裁は、地連は隊友会の申請に協力したにすぎず、

宗教との関わりは間接的であるなど、目的・効果基準に照らして、その行為は「宗教的活動」ではないとした。さらに、宗教的人格権に関しても、「信教の自由の保障は、何人も自己の信仰と相いれない信仰をもつ者の信仰に基づく行為に対して、それが強制や不利益の付与を伴うことにより自己の信教の自由を妨害するものでない限り寛容であることを要請している」として法的利益性を認めなかった。

②　宗教的行為の自由

　宗教的行為の自由とは、礼拝、祈禱、布教など、宗教上の活動を行う自由、及びそれらの活動を公権力によって強制されない自由である。大日本帝国憲法のもとでは、国家によって神社への参拝などが国民に対して強制された。このため、「強制されない」という側面については20条2項に特に明記されている。

③　宗教的結社の自由

　宗教的結社の自由とは、礼拝や布教などの宗教的行為を複数人が共同で行うための宗教団体を設立して活動を行う自由、そして、そのような団体への加入を強制されない自由である。これは、結社の自由（憲法21条）の宗教的側面に当たる。

　なお、宗教法人法によると、宗教法人の設立には、所轄庁の認証を受けなければならず（12条）、この認証を受けられない場合には宗教法人は設立できない。このため、この規定が宗教的結社の自由の侵害に当たるのではないかとの見解もある。しかし、ここで問題となるのは法人格の付与であり、宗教団体の設立や活動そのものが否定されるわけではない。したがって、宗教法人法それ自体は、宗教的結社の自由に直接関係するものではないと解されている。また、同法に基づく裁判所による宗教法人の解散命令（81条）についても同様である。

宗教法人オウム真理教解散事件（最決1996.1.30民集50.1.199）
　　大量殺人を目的として毒ガスであるサリンを組織的・大量に生成したことが宗教法人法81条1項に該当するとして、同条に基づいて宗教法人の解散命令が請求された事件。最高裁は、宗教法人の解散命令の制度は、「専ら宗教法人の世俗的側面を対象とし、かつ専ら世俗的目的によるものであって、宗教団体や信者の精神的・宗教的側面に容かいする意図によるものではなく」合理性があり、それによってオウム真理教やその信者の宗教上の行為に何らかの支障を生じても、その支障は間接的で事実上のものにとどまり、必要でやむを得ない法的規制であるとし、憲法20条1項に反しないと判示した。

（2）限　界

　信仰の自由については、仮にその教義の内容が有害であっても、それが内心にとどまる限りにおいては絶対的に保障され、いかなる制約も認められない。これは、思想・良心の自由の場合と同じである。これに対して、礼拝、布教や宗教団体の設立など、外部に表れる行為は他者の権利や自由などとの関係で制約されることがある。しかし、宗教上の行為は内心の信仰そのものと強く結びついていることが多い。このため、行動の自由の制約であっても慎重な配慮が求められ、必要最小限にとどめられるべきであるとされている。

　例えば、祈禱による精神病治療の一環で背中を強く殴るなどした結果、患者を死亡させた場合など、他人の生命・身体に危害を及ぼすような宗教的行為は、制約の対象となる（加持祈禱事件・最大判1963. 5. 15刑集17. 4. 302）。これに対して、建造物侵入等の事件の犯人として警察に行方を追及されていた少年を教会にかくまい、説得の上自首させた牧師が犯人蔵匿罪に問われたが、無罪になった事例（牧会活動事件・神戸簡判1975. 2. 20判時768. 3）などのように、法律によって禁止されている行為であっても、それが宗教的行為として行われる場合、その目的と、手段としての妥当性によっては信教の自由が優先され、当該行為の違法性が阻却される場合もある。

　さらに、宗教とは無関係に設定された一般的な義務が、ある人にとっては自己の信仰に反する行為を強制されることになる場合、信教の自由に基づいてその義務の免除が認められるか、という問題がある。例えば、必修科目である剣道の授業への出席を、争いを禁ずるという自己の信仰する宗教の教義に反するとして拒否することができるか、ということである。これについても、思想・良心の自由における場合と同様に考えればよい。すなわち、信仰を理由に義務の免除が常に認められるわけではないが、その義務がその人の信仰の核心を否定するような強制に当たる場合などには、義務の性質や代替義務の可能性を考慮した上で、当該義務の免除が認められるべき場合もある（剣道実技拒否事件・最判1996. 3. 8民集50. 3. 469）。しかしながら、例えば、女性は男性に肌を見せてはならないという戒律を持つ宗教上の信念に基づいて、女子生徒が学校の水泳の授業の免除を求める場合や、親が自己の信仰する宗教の教義に反する「進化

論」を公立学校の生物学の授業で自分の子どもに教えないよう要求する場合はどうであろうか。このように個人の信仰と憲法上の価値が相反する場合にいずれを優先させるべきかについての判断は、きわめて困難なものとなるだろう。日本では現在のところ具体的に問題となってはいないようであるが、類似の事例は、実際に、それぞれフランス、アメリカなどで生じており、相反する価値の調整について、多文化主義とも関連させて、様々な論争が行われている。

なお、信教の自由の限界を、「政教分離原則」を理由に認めることは妥当だろうか。これは、一般に、信教の自由と政教分離の衝突の問題として議論されている。すなわち、例えば必修である格闘技の授業を自己の信仰に基づいて拒否する生徒に公立学校が配慮をすることは、見方によっては特定の宗教に「特権」が付与されることになり、憲法20条1項後段に違反するのではないか、という問題である。判例は、「目的・効果基準」と呼ばれる基準を用いて調整を図っている（剣道実技拒否事件）が、これについては次の「政教分離原則」のところで改めて見ていこう。

剣道実技拒否事件 （最判1996.3.8民集50.3.469）

　　あらゆる格闘技を禁止する教義を持つ宗教を信仰する公立高専の生徒が、必修科目である剣道実技への参加を自らの信仰に基づいて拒否したために進級できず、結果として退学処分を受けたことについて、信教の自由を侵害するものだとして争った事件。最高裁は、①剣道実技は「必須のものとまではいい難く」、代替的方法がありうること、②生徒の剣道実技拒否の理由はその「信仰の核心部分と密接に関連する真しなもの」で、退学という重大な不利益を避けるために「自己の信仰上の教義に反する行動を採る」ことを余儀なくされること、③代替措置をとることは目的・効果基準に照らして20条3項に違反するとは言えないことなどを理由に、学校側の措置を「社会観念上著しく妥当を欠く処分」であり、「裁量権の範囲を超える違法なもの」と判示した。

③　国家と宗教の分離の原則

（1）政教分離原則とは

　ここまで、個人の権利としての信教の自由について見てきたが、この自由を補強するため、憲法20条1項後段、3項、及び89条は、宗教との関わりを排し、宗教的中立を維持するよう国家に求める「政教分離の原則」を規定している。

国家が特定の宗教と結びつく場合、それとは異なる信仰を持つ者に対して多かれ少なかれ圧迫が生じることは避け難い。このため、憲法は、国家と宗教とのつながりを断つことによって、その危険を減じ、個人の信仰の自由をより確実に保障しようとしているのである。日本における政教分離規定は、その沿革から、国家と神道との分離に主眼を置くものであると言える。

　政教分離原則の内容としては、次の3点が挙げられる。①憲法20条1項後段によって、宗教団体が国から特権を受けたり政治上の権力を行使したりすることが禁止されている。ここで言う「特権」とは、一切の優遇的地位・利益を指す。すなわち、他の宗教団体や一般の国民・団体に比べて特別な利益を特定の宗教団体に付与することが禁じられるのである。このため、宗教法人に対する税法上の非課税措置などの場合、それ自体は確かに優遇的地位・利益に当たるが、他の公益法人や社会福祉法人と共に免税されるために、特権には含まれないと一般に解されている。また、「政治上の権力」とは、政治活動そのものではなく、立法権や徴税権などの統治権を指す。②20条3項によって、国及びその機関が宗教教育などの宗教的活動をすることが禁止される。「宗教教育」とは、特定の宗教の宗教教育を意味し、宗教一般の歴史や社会的意義などの教育は含まない。では、国に禁止されるその他の「宗教的活動」とは何を指すのだろうか。この範囲を広く解するか狭く解するかによって政教分離原則の厳格さに相違が出てくるため、政教分離の限界の問題として様々な議論がある。この点については、次節で改めて検討する。③憲法89条により、宗教上の組織・団体の使用・便益・維持のために公金その他の公の財産を支出し、またはその利用に供することが禁止される。すなわち、20条1項後段及び3項が定める国家の活動規制は、財政支出の制限という方法によって、重ねて担保されているのである。

　この政教分離原則の性質については争いがある。この原則は「第三章　国民の権利及び義務」の中に規定されているが、判例は、これを「制度的保障」──信教の自由そのものを直接保障するものではなく、国家と宗教との分離を制度として保障するものであり、信教の自由を強化するための手段であるため、その目的に反しない限りにおいて一定の限界が認められうる──と解している

（津地鎮祭事件・最大判1977. 7. 13民集31. 4. 533）。しかし、このような理解に対しては、学説上、政教分離の例外を広く認め、この原則を緩めることにつながるとの批判がある。そして、政教分離は信教の自由の単なる手段ではなく、信教の自由の一内容をなす不可分一体のものであるとして、政教分離規定を人権保障条項と解する見解（人権説）も主張されている。しかし、後述するように、人権説に立っても国家と宗教のつながりを限定された範囲であれ認めざるを得ない場合がある。したがって、結局、政教分離の限界の判断方法いかんが重要な問題となるのである。

　なお、諸外国における国家と宗教の関係は、徹底した分離を定めるものから国教制度をとるものまで、それぞれの国の歴史的・社会的条件によって様々である。これらは容易に類型化できるものではないが、その国の歴史的・社会的背景を常に意識しながら現在の制度の意味・あり方を考えていくことが重要である。

津地鎮祭事件（最大判1977. 7. 13民集31. 4. 533）
　　三重県津市が、市体育館の建設に当たって、神式の地鎮祭を挙行し、それに公金を支出したことが憲法20条、89条に反するとして争われた事件。最高裁は、憲法20条3項によって禁止される「宗教的活動」とは、宗教との関わりが相当とされる限度を超えるものに限られ、「当該行為の目的が宗教的意義をもち、その効果が宗教に対する援助、助長、促進又は圧迫、干渉等になるような行為をいうものと解すべきである」とし、その判断に当たっては、当該行為の外形的側面のみにとらわれることなく、当該行為が行われる場所、一般人の宗教的評価、当該行為者の意図、目的、宗教的意識の有無、一般人に与える効果、影響等の事情を考慮し、社会通念に従って客観的になされなければならないとした。そして、地鎮祭は宗教と関わり合いを持つものであるが、その目的は「工事の無事安全を願い、社会の一般的慣習に従った儀礼を行うという専ら世俗的なもの」であり、「その効果は神道を援助、助長、促進し又は他の宗教に圧迫、干渉を加えるものとは認められない」ので、憲法20条3項にいう「宗教的活動」には当たらない、とした。

（2）政教分離原則の限界

　日本国憲法における政教分離原則は、大日本帝国憲法における国家と神道の結びつきの反省の上に規定されたものであることから、厳格な分離を定めるものであるとされる。それでも政教分離原則の解釈が問題になるのは、国家と宗

教との関わりを完全に排除することができない場合があるからである。例えば、私立学校が公教育において重要な位置を占めている日本の現状において、宗教団体が設置するからといって当該私立学校への補助金の交付を全く行わないことは妥当だろうか。寺院や仏像などの文化財の保護についても同様である。福祉国家としての国家の役割の重要性を考慮するならば、国家の活動の対象から宗教に関係するものを全て排除することには問題があると言えるだろう。

　では、国家と宗教との関わりが、いかなる場合に、どの程度まで認められるのかを、どのように判断すればよいのだろうか。この点について、判例が依拠するのは、いわゆる「目的・効果基準」である。判例の言う目的・効果基準とは、憲法20条3項により禁止される公権力の宗教的活動とは、あらゆる宗教的活動ではなく、「当該行為の目的が宗教的意義をもち、その効果が宗教に対する援助、助長、促進又は圧迫、干渉等になるような行為」を言うとするものである（津地鎮祭事件）。この基準に照らせば、クリスマスツリーのような宗教的起源を持つが完全に習俗化したものを公的機関が飾ることは、憲法が禁ずる「宗教的活動」には該当しないと言うことになる。しかしながら、最高裁は、この基準を用いつつ、それらに加えて、市が主催した神道式地鎮祭が問題となった津地鎮祭事件、自衛官合祀訴訟、あるいは、忠魂碑について自治体が私有地の無償使用や移動のための費用を支出したことや教育長が慰霊祭へ参列したことなどが争われた訴訟（箕面忠魂碑訴訟・最判1993. 2. 16民集47. 3. 1687）などにおいて、公権力と宗教、とりわけ神道との関わりを合憲とする判断を次々と示した。このため、このような最高裁の判断基準は政教分離原則を緩めるものであるとして、学説上批判が強い。この批判には、大別して2種類のものがある。

　第一は、目的・効果基準自体は有効な基準であるとしつつ、最高裁がこの基準を緩やかに適用しすぎているとするものである。目的・効果基準は、アメリカ合衆国の判例で確立したレモン・テストと呼ばれる考え方をベースにしたものとされているが、これはもともと、①国の行為の目的が世俗的であること、②その行為の主要な効果が宗教を信仰しまたは抑圧するものでないこと、③その行為が宗教との過度の関わり合いを持たないこと、という3つの条件を独立に審査し、ひとつでも該当しない場合には政教分離原則違反とする、きわめて

厳しい基準であった。日本の最高裁は、このうち③を除外し、①、②の要素を一体的に、かつ、行為者の宗教的意識など主観的要素まで考慮して判断することで、政教分離原則を緩めてしまっている、と批判するのである。

第二は、目的・効果基準を用いること自体に対する批判である。そもそも目的・効果基準は、それを適用する人によって考慮要素や結論が異なる、基準というにはきわめて曖昧な「目盛りのない物差し」のようなものである。日本国憲法がきわめて厳格な政教分離を定めていることを前提とするならば、このような基準は、文化財保護のような福祉国家的観点からの財政援助の場合についてはともかく、国が主体となって宗教的行為を行うような場合については妥当なものではない、とするのである。

もっとも、その後、最高裁は、目的・効果基準を用いつつ、その適用を厳格にするという方向で判例を展開させている（愛媛玉串訴訟・最大判1997. 4. 2民集51. 4. 1673）。しかし、他方において、神道式で実施された天皇の即位式に関連する儀式に対する公費支出や知事等の大嘗祭への参列行為などについては、目的・効果基準に照らして合憲とされている（鹿児島大嘗祭違憲訴訟・最判2002. 7. 11民集56. 6. 1204等）。宗教でなく儀礼・道徳であるとして神道が国民に強制されてきた歴史に対する反省の上に日本国憲法の政教分離原則規定が存在するということを重視するならば、習俗だから、社会的儀礼だからとして安易に例外が認められることのないような基準の設定が求められるだろう。近年では、市が公有地を無償で神社の敷地として提供していたことの89条、20条適合性が争われた事件において、最高裁が目的効果基準に言及することなく政教分離原則違反の判断を示した（空知太神社事件・最大判2010. 1. 20民集64. 1. 1）ことを契機に、目的効果基準が機能すべき範囲を含め、違憲審査の方法自体が再検討されている。

以上のように、政教分離原則に関する訴訟の多くが、国や地方公共団体と、靖国神社を始めとする神社神道との関係をめぐるものであるが、この点に関して他に重要な論点となっているのが、首相など政府要人の靖国神社参拝である。首相の靖国参拝については、国際関係を始めとする様々な観点から議論されているが、憲法の観点からは、それが政教分離原則に反しないかという点が問わ

れることになる。1985年、首相の私的諮問機関として設置された「閣僚の靖国
神社参拝問題に関する懇談会（靖国懇）」が、公式参拝の違憲性の疑いを否定
できないとしていた従来の政府見解を覆し、公式参拝へのゴーサインを出すと、
当時の中曽根首相は簡略化した形式による公式参拝を行った。この参拝に対し
て各地で訴えが提起されたが、地方自治体に対する住民訴訟のような制度が国
については存在しないことから、宗教的人格権侵害に基づく国家賠償請求等の
形態がとられたため、ほとんどの裁判所は憲法判断を行うことなく請求を退け
た。しかしながら、主文では請求棄却としつつ、判決理由の中で目的・効果基
準に照らして違憲の疑いを述べた判決もある（内閣総理大臣公式参拝違憲訴訟・
大阪高判1992. 7. 30判時1434. 38）。また、2001年から2006年までの在任中に小泉首
相が毎年行った靖国参拝について、これを政教分離原則違反として争う国家賠
償請求訴訟が各地で提起された。中曽根首相の場合と異なり、公式参拝を明言
せずに各参拝が行われたため、被侵害利益の有無の問題に加えて、その参拝が
国家賠償法上の「公的行為（職務行為）」にそもそも該当するかどうかという
点でも下級審の見解が分かれたが、判決理由中で当該参拝の違憲性を指摘した
ものも見られる（福岡地判2004. 4. 7判時1859. 125、大阪高判2005. 9. 30訟月52. 9. 2979。
いずれも請求は棄却、確定）。もっとも、最高裁は、法的利益の侵害はなく、参
拝自体の違憲性の確認の利益はないとして、靖国参拝についての憲法判断を行
っていない（最判2006. 6. 23判時1940. 1. 22）。

　学説上は、かつて国家神道のひとつの象徴的存在であった靖国神社に首相が
国民を代表する形で行う公式参拝は、目的は戦没者の追悼という世俗的なもの
であっても、その効果において国家と特定の宗教団体との深い関わりをもたら
す象徴的な意味を持ち、政教分離原則の根幹を揺るがすことになることなどか
ら、違憲とする見解が多数説である。

内閣総理大臣公式参拝違憲訴訟（大阪高判1992. 7. 30判時1434. 38）

　　靖国神社に合祀された者の遺族が、中曽根首相が行った靖国神社公式参拝は政教分
　離原則に違反するものであり、信教の自由、宗教的人格権等が侵害されたとして提訴
　した事件。大阪高裁は、具体的な権利侵害は認めなかったが、靖国神社は宗教団体で
　あること、そこへの参拝は外形的・客観的には宗教的活動であること、国民的合意が

得られていないこと、内外から反発と懸念が表明されたこと、儀礼的・習俗的なものとは言えないこと、などを総合的に考慮すると、公式参拝は違憲の疑いがあると指摘した。なお、福岡高判1992. 2. 28（判時1426. 85）も、継続的な参拝の違憲性を傍論で示唆している。

箕面忠魂碑訴訟（最判1993. 2. 16民集47. 3. 1687）

　小学校の増改築工事に際し移転の必要が生じた市遺族会所有の忠魂碑を、市が別の市有地に移転・再建したところ、その費用支出及び土地の無償貸与が憲法20条・89条違反であるとして争われた事件と、遺族会が同碑前で神式または仏式で行った慰霊祭に、公務員である教育長が参列して玉串奉納したことなどが同じく憲法20条・89条に反するとして争われた事件を併合審理（控訴審以降）した事案。最高裁は、目的・効果基準に依拠し、忠魂碑移転への公金支出の「目的は、小学校の校舎の建替え等のため、公有地上に存する戦没者記念碑的な性格を有する施設を他の場所に移転」するという「専ら世俗的なもの」であり、特定宗教を援助や圧迫する効果を持たないから憲法20条3項により禁止される「宗教的活動」には当たらないとした。同様に、市教育長の慰霊祭への参列についても、その目的を「戦没者遺族に対する社会的儀礼を尽くすという、専ら世俗的なものである」として、政教分離原則違反ではないと判示した。

愛媛玉串料訴訟（最大判1997. 4. 2民集51. 4. 1673）

　愛媛県知事による靖国神社・県護国神社への玉串料等の支出を政教分離原則違反であるとして争った住民訴訟。最高裁は、玉串料等の奉納は慣習化した社会的儀礼になっているとは言えず、宗教的意義を持ち、県が特定の宗教団体に対してのみこのような形で特別の関わりを持つことは、一般人に対して、県が特定の宗教団体を特別に支援しているとの印象を与え、特定の宗教への関心を呼び起こすこと、国家と神道が密接に結びつき種々の弊害を生じたことにかんがみ政教分離規定を設けるに至った憲法制定の経緯に照らせば、相当数の者がそれを望んでいるとしても、そのことゆえに、特定の宗教との関わりが憲法上許されることにはならず、戦没者の慰霊自体は特定の宗教と特別の関わりを持つ形でなくても行うことができることなどから、本件奉納を目的・効果基準に照らして「宗教的活動」に当たると判示した。

鹿児島大嘗祭違憲訴訟（最判2002. 7. 11民集56. 6. 1204）

　天皇の代替わりの一連の行事に際して皇室行事として行われた「大嘗祭」に、鹿児島県知事が公金で参列したことが政教分離に反するとして争われた住民訴訟。最高裁は、儀式の宗教的色彩を認めつつも、それが皇室の重要な伝統儀式であること、知事の参列は公職にある者の社会的儀礼として天皇の即位に祝意を表する目的で行われたものであることなどから、目的・効果基準に照らして政教分離原則違反を認めなかった。天皇の代替わりに関しては、国事行為として行われた「即位の礼」への公金支出を争うものも含め、同種の訴訟が各地で提起されたが、下級審では判断が分かれていた。

空知太神社事件（最大判2010.1.20民集64.1.1）

　　神社の敷地として土地を町内会に無償で提供していた市の行為が政教分離原則違反であるとして争われた事件。当該神社は、付近の住民らで構成される氏子集団によって管理・運営されており、年数回の祭事が行われていた。最高裁は、公有地が無償で宗教的施設の敷地としての用に供されている状態が、「わが国の社会的、文化的諸条件に照らし、信教の自由の保障の確保という制度の根本目的との関係で相当とされる限度を超え」て憲法89条に違反するか否かを判断するに当たっては、「当該宗教的施設の性格、当該土地が無償で当該施設の敷地としての用に供されるに至った経緯、当該無償提供の様態、これらに対する一般人の評価等、諸般の事情を考慮し、社会通念に照らして総合的に判断すべきもの」とし、本件市の行為は「一般人の目から見て、市が特定の宗教に対して特別の便益を提供し、これを援助していると評価されてもやむを得ない」ことから、89条、20条1項後段違反を認めた。

■参考文献■

芦部信喜（高橋和之補訂）『憲法〔第7版〕』（岩波書店、2019）

新井誠・曽我部真裕・佐々木くみ・横大道聡『憲法Ⅱ人権』（日本評論社、2016）

浦部法穂『憲法学教室〔第3版〕』（日本評論社、2016）

野中俊彦・中村睦男・高橋和之・高見勝利『憲法Ⅰ〔第5版〕』（有斐閣、2012）

内藤正典・阪口正二郎『神の法vs.人の法——スカーフ論争からみる西欧とイスラームの断層』（日本評論社、2007）

三土修平『靖国問題の原点』（日本評論社、2005）

第11章 表現の自由

① 表現の自由の意義と保障の内容

（1）表現の自由の「優越的地位」と保障の根拠

① 表現の自由の「優越的地位」

「表現の自由」とは思考や知見などを外部に公表する自由を言い、憲法21条で保障されている。人が心のうちで思ったこと・感じたことは、何らかの形で外部に示されて初めて他人に伝わり刺激を与え、時にはその他人からさらに別の人へと伝達され、社会的な意味を持つことになる。表現の自由は様々な権利の中でも特に重要な権利であり、「表現の自由は『優越的地位』を占める」とされる。このような、表現の自由の「優越的地位」を論じる意味は、表現の自由により保護される表現行為の範囲を確定するとともに、その表現がどの程度の保護を受けるべきか明確化するためである（阪口他編『なぜ表現の自由か』）。そして、「優越的地位」とは、表現の自由が他の人権より価値が高いと断じる意味ではなく、表現の自由はとりわけ不当な制限を受けやすくもろいものだから、その制限の合憲性は他の人権の場合よりもいっそう厳格に判断しなければならない、ということを意味するものである（浦部『憲法学教室』）。

　もちろん表現の自由といえども、他人の権利を侵害したり社会に害悪を及ぼす場合は公共の福祉により一定の制約を受ける。しかし、そのような制約を審査する「合憲性判定基準」が曖昧だと、自由が十分保護されないおそれが出てくるため、審査に関して「二重の基準論」が主張されていることは既に述べた（→第9章①（3）参照）。二重の基準論は、表現の自由を中心とする「精神的自由」を規制する立法等と、財産権のような「経済的自由」を規制する立法等

の司法審査においては、裁判所は前者について、後者よりも厳しい基準によって審査しなければならないとする理論であった。

②　表現の自由の保障の根拠

　なぜ表現の自由を特に手厚く保障すべきかという理由はいくつかある。第一に、詩を書いたり歌を歌って楽しむというような諸々の表現活動を通じて、個人が自分の人格を発展させることができるからである。これは表現する人自身のためになるという個人的な価値であり、「自己実現」の価値とも呼ばれる。第二に、例えば国民が政策について議論したり、選挙の際に立候補者が議員として適格かどうか意見を交換するなど、国民が主権者として政治的な意思を決定する前提として表現の自由が必要なためである。これは、国民が主権者として民主的に政治を運営するために表現の自由が必要だということから、社会的な価値と位置づけることができ、「自己統治」の価値とも呼ばれる。つまり、民主制の基礎として、表現の自由が重要なのである。第三に、いわゆる「思想の自由市場」論がある。各人が自由に自分の考えを表現・発表できる場を保障し、他人の意見や表現に接することにより、各人は「真理」を発見でき、また、社会全体としても正しい結論を導くことができるという考えである。これは、様々な意見を自由に競い合わせれば、結果として「真理」が生き残るという、功利主義的な考えを土台にしている。第四に、ある程度の範囲内で表現の自由を認めることで、社会の不満を吸収し、社会秩序や体制の安定と変化のバランスを図るという、いわゆる「社会の安全弁」として機能する面もある。この他、自由な表現が社会全体にもたらす便益を一種の「公共財（public goods）」と捉え、自由な社会を支えかつそれを再生産する構成要素である点を強調する議論もある（長谷部『憲法』）。

（2）表現の自由に対する規制の合憲性を判断する枠組み概説

　表現の自由に対する制約の合憲性を判断する枠組みは、表現内容の種類や制約の種類によって異なっている。表現の自由に対する規制の態様は、①事前抑制・検閲、②漠然不明確または過度に広汎な制約、③表現内容規制、④表現内容中立規制、に大別される。①の表現の自由に対する事前抑制・検閲や、②の

ように表現の自由の制約立法の文面が不明確だったり過度に広汎な場合には、国家から実際に制限される必要最小限の範囲を超えて表現者自らが表現を自主規制し表現を抑制してしまうという、いわゆる「萎縮効果（chilling effect）」を招き、結果、表現の自由が必要以上に大きく制約されてしまいかねない。そのため①及び②では、表現の自由を制約する立法の規定が文面上無効とされる。③表現内容規制（content-based regulation）とは、表現の伝達するメッセージ内容を理由として当該表現を規制するものであり、④表現内容中立規制（content-neutral regulation）とは、表現が伝達するメッセージ内容や伝達効果に直接関係なく規制するものである。例えば、深夜の住宅街で大音量で演説することは、その演説の内容にかかわらず、時・場所・方法が不適切なため規制される。このような規制は、表現の伝達内容や伝達効果に直接関係ないので、「表現内容中立規制」に位置づけられる。一般に③表現内容規制は、政府批判のような権力者にとって都合の悪い表現内容を規制するなど、規制の権限が濫用される懸念が強かったり、特定の主題（subject-matter）の表現が、本来自由であるべき言論の市場から締め出されてしまうため、④の表現内容中立規制に比べて表現の自由に対する影響が強く、厳格な違憲審査に服するとされる。一方、表現内容中立規制は、他の時・場所・方法でなら表現できる場も存在すると想定されるため、表現への影響も比較的小さいと思われ、表現内容規制ほど厳しくない中間的な審査で良いと考えられる。以下、①～④を、順次、説明していく。

①　検閲・事前抑制の禁止

（A）「事前抑制」の原則禁止

　表現行為の行われる前にそれを制限・禁止することを「事前抑制」という。事前抑制の典型は「許可制」である。事前抑制は、およそ思想は公にされ自由に伝達・流通されるべきという「思想の自由市場」論に反するだけでなく、ⓐ事後（表現行為が行われた後）の抑制と比べると規制の範囲が広くなりがちであり、かつⓑ事前抑制の可否の判断が抽象的になるため、許可権者の主観的・恣意的判断の余地が広くなりがちで、濫用の危険が高い。また、ⓒたとえその後の裁判で不許可処分が取り消されたとしても、タイムリーな提供を要する表現にとっては、致命傷になりうるし、ⓓ表現主体への萎縮効果が懸念される

（高橋『立憲主義と日本国憲法』参照）。このような危険性にかんがみ、事前抑制
は、原則禁止であり、事前抑制という手段をとる制約の法文は文面上違憲無効
とされるべきである。そして、事前抑制が例外的に許される場合であっても、
「厳格な審査」が必要である。

（B）「検閲」の絶対禁止

憲法21条２項は「検閲は、これをしてはならない」と、特に「検閲」の禁止
を定めている。憲法21条１項が、事前抑制の原則禁止を定めているとしたら、
21条２項で別途「検閲」の禁止を定めた意味は何であろうか？　事前抑制と検
閲を区別せず、検閲＝事前抑制と捉え、２項は事前抑制の禁止を再び述べて強
調しているもので検閲は原則禁止だが例外も認められる、とする説がある。一
方、検閲と事前抑制を区別を強調し、事前抑制が原則禁止である（したがって、
例外もありうる）のに対し、憲法21条２項の定める「検閲」は絶対禁止である
と理解する説もある。最高裁判例は、後者の立場に立つと言われる（高橋『立
憲主義と日本国憲法』）。

後者の説に立つとすると、「検閲」の概念をはっきり定義する必要が出てく
る。「税関検査事件」（最大判1984. 12. 12民集38. 12. 1380。みだらな文書等は輸入でき
ず税関検査で没収するという規定のため海外からの郵送物を受け取れなかった者が、
税関検査は「検閲」に当たると主張して裁判になった事件）で、最高裁は、ⓐ検閲
の主体を行政権とし、ⓑ対象を「思想内容などの表現物」とし、ⓒ規制の効果
を発表禁止に限定し、ⓓ時期を「発表前」に、ⓔ方法を「網羅的一般的に」禁
止すること、としている

しかし、この検閲の定義は狭すぎるため、表現の自由の保障範囲も狭くなり、
憲法が検閲を絶対に禁止した意味を無にしてしまうという批判が強い。そのた
め、「検閲」の定義については様々な学説が主張されている。例えば、ⓐの主
体については裁判所も含めた「公権力」としたり、ⓑ対象を「表現内容」と広
くとるといったように、各要件について種々の主張がなされている。

②　漠然不明確または過度に広汎な制約

表現の自由を制約する法律などの条文を読んだとき、漠然としていたり曖昧
であって制約される内容や範囲が明確でないとしたら、萎縮効果などの悪影響

があるため、原則として文面上違憲無効とされる。これを、「明確性の原則」
と呼ぶ。この「明確性の原則」は表現の自由のみならず、精神的自由一般に当
てはまる。また、法文が明確でも、その規制範囲があまりにも広汎である場合、
やはり表現の自由を脅かすため、「過度の広汎性のゆえに無効」とされる。

③　表現内容規制

（A）「見解規制」と「主題規制」

　表現内容規制には、「見解（viewpoint）規制」と、「主題（subject matter）規
制」がある。前者は特定の見解・立場のみを取り上げて規制対象とするもので
あり、絶対に禁止される。後者は、特定のテーマ・主題に関する表現活動を他
の表現と区別して規制するものであり、後者には、「厳格な審査」が妥当する。
すなわち、ⓐ真にやむを得ない規制目的が存在し、ⓑ当該規制が、その規制目
的を達成するのに必要最小限度の手段として厳密に設定されていることを、政
府の側が立証しなければならない。

（B）主題規制の類型

　ⓐ**猥褻**（わいせつ）　　刑法175条には猥褻文書の頒布・販売・陳列罪が規定さ
れている。猥褻な表現は、かつては、表現の自由の保障の対象外と考えられて
きた。しかし今日では表現の自由の保護範囲に入ると解した上で、「猥褻」の
概念を明確に定義して表現内容の規制を必要最小限にとどめることが求められ
ている。なぜなら、「猥褻」とは具体的にどのようなものなのか範囲が曖昧だ
と、萎縮効果や規制権限の濫用を生じるおそれが強いからである。D.H.ロレン
スの小説『チャタレー夫人の恋人』が猥褻文書か争われた事件（最大判1957.3.
13刑集11.3.997）では、「猥褻」を、ⅰ）いたずらに性欲を興奮または刺激せしめ、
ⅱ）普通人の正常な性的羞恥心を害し、ⅲ）善良な性的道義観念に反するもの、
と定義づけた。そしてこの要件に当てはまるか否かの判断は「社会通念」によ
るとした。このように、特定の主題（この場合は「猥褻」）をカテゴライズし、
定義づけする際には、既に規制を正当化する事由と憲法上の権利・利益との衡
量が行われていると言える。このような手法を「定義づけ衡量（definitional
balancing）」と呼ぶ。

　ⓑ**煽動**（せんどう）　　政治目的のために放火や騒乱をあおりたてる行為や刑

法の内乱罪などを実行させる目的をもってこれをあおる行為を「煽動」という。このような犯罪をあおる表現を制約する立法が違憲かどうか判断する際に用いる審査基準に、「明白かつ現在の危険（clear and present danger)」の基準がある。これは、ⅰ）表現が害悪を引き起こす可能性がひじょうに高いこと、ⅱ）その害悪がひじょうに重大であり、かつその重大な害悪の発生がさしせまっていること、ⅲ）表現を規制する手段が害悪を避けるのに不可欠であること、の3要件を全て充足した場合のみ煽動表現を規制できるとする基準である。アメリカの憲法判例（1969年のBrandenburg vs. Ohio判決）で用いられた基準に由来する。煽動は政治的言論と関連する場合も多くあり、大衆が今にも暴動を起こすような状態にある時にこれをあおる行為を罰する法律の合憲性を判定する際に適用される。上記の「明白かつ現在の危険」の基準を満たすことはきわめて難しいとされている。

　ⓒ**名誉毀損表現・プライバシー侵害**　名誉毀損は刑法上の犯罪であり、民法上も損害賠償などの制裁の対象になる。名誉毀損表現については、まずその対象が国会議員のような公人なのか一般国民である私人なのかによって、さらにはその表現の内容が、官製談合を指弾するような公の事柄か、もっぱら個人のプライバシーに関わる私的事柄かにより総合的に判断していくことになる（プライバシーについては第7章参照）。

　ⓓ**「営利的言論」**　スーパーのチラシやTVコマーシャルのような商売に関する表現を「営利的言論」と呼ぶ。営利的言論に対する憲法上の保護の程度は一般の表現より低いとされる。それは、広告のような表現の場合、内容が真実かどうか客観的に判断できることが多いし、また誇大広告のような場合、国民の権利を侵害することが明らかだからである。LRA基準（次頁参照）のような中間審査基準を適用して合憲性を検討すべきとする学説もある。なお、アメリカでは判例で、ⅰ）合法的活動に関する、誤認させない表現で、ⅱ）規制の目的が実質的であり、ⅲ）規制がその目的を直接促進し、ⅳ）その利益を達成するのに必要以上に広汎でないという、4段階の審査基準（セントラル・ハドソン・テスト）を採用している。

　ⓔ**差別的表現・「ヘイト・スピーチ (hate speech)」**　人種・民族・性別・障が

い・性的指向などに基づいて、個人やマイノリティ集団に対する敵意・憎悪・侮蔑・嫌悪を表す表現を「ヘイト・スピーチ」と呼ぶ。人種差別撤廃条約は人種差別の煽動や宣伝等の禁止を条約締結国に義務づけている。日本でも2016年にいわゆる「ヘイト・スピーチ解消法」が国内法として制定された。

④ 表現内容中立規制

ⓐ時・場所・方法の規制　　表現の内容ではなく、表現の態様がもたらす弊害の防止を理由に行われる表現内容中立規制は、表現の時・場所・方法の規制という態様をとる。表現内容中立規制の合憲性判定基準としては、「より制限的でない他の選びうる手段（less restrictive alternative、LRA）の基準」も有用であると主張されている（芦部説）。LRAの基準は、法律の目的自体は正しいとしても、その法律の目的を達成するに当たって、自由を制限する程度がより小さい他の手段がある場合には違憲になるとするものである。ただし、日本の下級審ではLRAの基準を適用した例もあるが、最高裁レベルではまだLRAの基準を適用したことはない。

ⓑパブリック・フォーラム論　　パブリック・フォーラム論とは、道路、公園、広場など、一般公衆が自由に出入りできる場所や、伝統的に表現活動の場となってきた施設、市民会館のように集会のために設置された施設については、施設管理権の行使に当たって、表現の自由の行使が当該施設の本来の利用目的であることを認め、できるだけ表現の場を確保するように配慮を求めるべきという議論である。

ⓒ象徴的表現　　象徴的表現とは、例えば、抗議の意図をもって国旗（日本では日章旗＝日の丸）を公衆の面前で焼却するなど、通常は表現として意味を持たない行為によって、自己の意思・感情などを表出することをいう。アメリカでは、徴兵制に反対する意思表明としての徴兵カードを焼却する行為の処罰が表現の自由の保障に反するかどうかが争われたUnited States vs. O'Brien判決において示された「オブライエン・テスト」により判断される。同テストは、ⅰ）立法目的が重要な公共的利益を促進するものであり、ⅱ）表現の自由の抑圧と直接関係がないこと、ⅲ）規制手段が自由に及ぼす付随的効果が立法目的を促進するのに必要な限度を超えるものでないこと、を求めるものである。

②　表現の自由と「知る権利」

（1）送り手の自由から受け手の自由も

　国民が自分の必要とする情報を得るため、国や地方公共団体が有する情報の公開を国や地方公共団体に対し請求できる権利を「情報開示請求権」と呼ぶ。また、新聞に意見広告を載せるなど、個人や団体が何らかの形で新聞・テレビ等のマス・メディアを利用して自分の意見を表明できる権利を「アクセス権」と呼ぶ。この「情報開示請求権」と「アクセス権」の２つを合わせて「知る権利」と総称する。「知る権利」そのものは日本国憲法に明記されておらず、日本国憲法が制定された後にその保障が必要になった、いわゆる「新しい人権」のひとつである。

　近代憲法では、情報の発信者と受領者が常に入れ替わり、かつ対等であるということを前提とし、例えば複数の人が会話する場合、ある時は情報の送り手である人が別の時は情報の受け手にもなりうること、すなわち、国民が情報の受け手であると共に送り手でもあるとのコミュニケーション観に基づいている。

　しかし、20世紀になると新聞やテレビなどマス・メディアが発達し、国民は巨大なマス・メディアから発信される情報を一方的に受けとるだけの存在になってしまい、情報の送り手であるマス・メディアと情報の受け手である国民、というように情報の送り手と受け手が分かれてしまった。また、行政機能が多様化する中で、行政機関の持つ情報が飛躍的に増え、しかも特定の情報を知らないことにより、社会生活をおくる上で大きな格差がもたらされるおそれも強まった。そのため、表現の自由を国民の側から再構築し、もっぱら表現の受け手になってしまった国民を再び表現の送り手とするためにも、「知る権利」の保障が必要となったのである。

（2）「情報開示請求権」の法的性格

　「知る権利」の法的性格を分析すると、特に「情報開示請求権」（狭義の「知る権利」）は複合的な性格を有する権利である。第一に、情報を収集すること

を国家から妨害されないという自由権としての側面がある。また、公開された情報をもとにして政治のあり方を議論する材料とし選挙の際の判断に役立てる、という参政権的な側面もある。さらに、「情報開示請求権」は行政機関等の持つ情報を積極的に国民に公開するよう請求できる権利でもあり、国家側の行為を求める点で社会権的性格をも有する。もっとも、「情報開示請求権」は憲法の条文に明文で規定されていないため、根拠条文が問題となる。この点、「知る権利」は表現の自由を情報の受け手の側から再構築したものである（先述）ので憲法21条に基づき保障されると考えるのが妥当である。

　なお、「情報開示請求権」は、情報開示の手続などその内容を具体的に定めた法律や条例があって初めて請求できるといういわゆる「抽象的権利」である。ただし地方レベルでは以前から「情報開示請求権」を具体化する情報公開条例が多数存在し、国レベルでも1999年に「情報公開法」が制定されたため、現在では「情報開示請求権」はこれらの法律・条例とあいまって事実上具体的な権利となっている。

（3）アクセス権

　「アクセス権」の意味は（1）で述べたが、「アクセス権」は、憲法上保障されているだろうか？「アクセス権」が憲法上保障されているとする学説は、「アクセス権」を憲法上の権利として認めて、マス・メディアから一方的に流される情報の受け手になってしまった国民がマス・メディアを通じて積極的に発信するチャンスを確保することで、一般国民の表現の自由を実質的に保障することが可能になると主張する。また、事件に関連したなどとしてマス・メディアから非難の対象になった国民が、マス・メディアを通して反論できるとするのは公平かつ公正であると言う。他方、「アクセス権」の憲法上の保障を否定する学説は、マス・メディアが国民による「アクセス権」の行使を恐れて批判的記事を控えるようになるという萎縮効果がもたらされ、国民の「知る権利」がかえって阻害されてしまうと主張する。この点、最高裁の判例（サンケイ新聞広告事件・最判1987.4.2民集41.3.490）は「アクセス権」を否定する説に立っている。

③　取材・報道の自由

（1）報道の自由

　報道の自由とは、新聞やテレビなどのメディアを通じて「事実」を人々に知らせる自由である。表現の自由は本来、個人の「思想・意見」といった価値判断を表明する自由であると捉えるのが通説であった。しかし、現代社会では、マス・メディアによる報道活動が無ければ社会の中でどのようなことが起きているのか、何か問題点は無いのかなどを知ることが難しい。そこで、個人の価値判断の発表だけではなく、社会における「事実」の発表の自由にすぎない報道の自由も、憲法21条の表現の自由により保障されるかが問題となる。この点については、「事実」の正確な報道は国民が自己の考えを作り上げていく上で有用であり、またどのニュースをどう報道するかといった編集者の主観的な判断に基づいた「事実」と、「思想・意見」を区別するのは難しいことなどから、報道の自由も憲法21条で保障されると解釈するのが妥当である。判例も、取材フィルムを「報道」という本来の目的以外の犯罪捜査や裁判の証拠に使おうと裁判所が提出命令を発出した「博多駅TVフィルム事件」で、「報道機関の報道は、民主主義社会において、国民が国政に関与するにつき重要な判断の資料を提供し、国民の『知る権利』に奉仕する」と述べ、事実の報道の自由は、表現の自由の保障に含まれると判断している（最大決1969. 11. 26刑集23. 11. 1490）。

（2）取材の自由

　報道は取材→編集→報道という一連のプロセスを通して行われるものだから、報道の自由を保障するためには報道の前提となる取材・編集の自由についてもできる限り保障していくことが必要である。この、「取材」を十分に行うためには、取材の相手方である情報提供者に不利益とならないように情報提供者の「匿名性」を保つことが不可欠な場合もある。先述の「博多駅TVフィルム事件」のように、取材フィルムを犯罪捜査や裁判の証拠として提出しなければならないとすると、情報提供者の匿名性が保てなくなり、それ以降、他の事件の取材

であっても情報提供者が取材に協力してくれなくなることが懸念される。この点、最高裁は、取材の自由は憲法21条の精神に照らして「十分尊重に値する」としている（博多駅TVフィルム事件）。しかし、同判決を詳しく見ると、取材の自由の保障のレベルは報道の自由のように21条から直接保障されるものより一段低いものと捉えられていると読むこともできる。もっとも学説では、取材の自由も報道の自由と同じく21条の保障の下にあるとする見解が有力である。

（3）国家機密による限界

　取材・報道の自由が憲法上保障されるとしても、公共の福祉による必要最小限の制約は存在する。例えば、プライバシー保護や外交のような重要な政策を達成するための一定の国家機密の存在も認められる。（2）で述べたように取材の自由は重要なものだが、最高裁の判例は、いくら取材のためとはいえ取材の方法が憲法を含めた法秩序全体の精神に照らし合わせた上で社会常識として認められるものを超える場合、国家機密を漏洩するようにそそのかすことは違法であり、取材の自由も制限されるとしている（外務省秘密漏洩事件・最大決1978.5.31刑集32.3.457。取材で公務員に秘密漏洩をそそのかした場合、目的と手段が社会通念上不当なものであれば許されないと判示した）。

４　放送の自由

　テレビやラジオのような電波メディアについては、放送を開始・継続するためには国から免許をもらわねばならない。また番組を編集する際に、「政治的に公平であること」「事実を曲げないこと」「意見が対立している問題についてはできるだけ多くの角度から論点を明らかにすること」などが求められる。一方、新聞・雑誌のような印刷メディアには、原則としてそのような制約は無い。そこで、電波メディアについて印刷メディアとは違った、より厳しい制約を課すことが憲法上許されるかどうかが問題となる。

　この点、電波メディアは利用できる周波数が有限であるし、テレビやラジオは家庭に入り込んでおり、放送を見ない・聴かないという国民の選択の余地が

小さいことが特徴である。他方、印刷メディアの媒体は紙であって電波のように有限ではないし、新聞・雑誌等を読みたくない人は読まなければ良いのだから、国民の選択の余地も電波メディアに比べて大きい。以上を考慮すると電波メディアへの特別の制約は電波メディアの性格によるものであり、表現の自由（報道の自由）を侵害するものではなく合憲であると解釈するのが支配的な学説である。もっとも、昨今では、テクノロジーの進歩により衛星放送やCATVなどの多チャンネル化も進んでおり、周波数が限られているという理由づけは現在では成り立ちにくい。また、見るべき内容を選択する余地に違いがあるといっても、その差は相対的であってそれだけでは電波メディアと印刷メディアを区別する理由にならないという指摘もあり、電波メディアに対する特別の制約が合憲であるとする説の根拠は徐々に揺らぎつつある。

5　集会・結社の自由、通信の秘密

（1）集会・結社の自由

　「集会」とは、多くの人がある共通の目的のために一時的に一定の場所に集合して会合することを言う。ここで言う「共通の目的」は、政治的な目的・経済的な目的・宗教的目的など何でも良い。政治的な目的でパネルディスカッションをするために公共のホールに集うことなどが典型例である。他方、「結社」とは、「共通の目的を持った特定の人々がメンバーとして継続的に結合した団体」を指す。集会・結社の自由は、他人と意見交換などをして自分の考え方を形作ったり、共同で外部の人にアピールする働きもあるので重要な権利であり、憲法21条により保障される。なお、「デモ行進」は多くの人が共通の目的を持って同時に移動することであるが、これも「動く集会」として集会の一種とみなすことができる。

　しかし、集会・結社の自由が憲法21条で保障されているとはいえ、集会やデモ行進で公園や道路公共施設などを利用する場合、同じ場所を使いたい他の集会などと競合して争いごとになったり、交通渋滞をひき起こすといった混乱を発生させる可能性もある。そのような性質上、集会の自由にはおのずと限界が

あり、道路交通法や各地方自治体が制定する公安条例では、交通の安全を守るという目的で、集会やデモ行進を行うには許可や届出を必要としている。

　東京都公安条例はデモ行進を行う場合には公安委員会の許可を得なければならないと定めており（許可制）、この規定は最高裁では合憲とされた。しかし、規制の手段としては「届出制」で足りるのではないかなどの批判もある。「許可制」は、公の場での集会やデモは原則禁止で集会やデモで害悪が生じない場合にのみ許可がおりるというスタンスである。一方、「届出制」の場合は、集会やデモの届出をして、それが他の集会・デモなどと重ならない限り原則として集会やデモを認めなければならない。「届出制」と「許可制」とは原則と例外が逆であり、「届出制」の方がより集会の自由を保障するものと言える。

（2）通信の秘密

　通信の秘密とは手紙・葉書・電報・電話・メールなどあらゆる手段による通信について秘密が守られることを意味し、憲法21条2項後段により保障される。通信の秘密の保障は、通信の内容はもちろん差出人や受取人の氏名、住所など通信に関する全ての項目に及ぶ。ただし、犯罪を犯したと目される人の郵便物の押収・電話の傍受（麻薬の売買のケースetc.）などは裁判所での手続をふめば許される。もっともその制約も、目的達成のための必要最小限度のものでなければならない。

6　表現の自由の現代的問題

（1）インターネット規制

　近年パソコンやスマートフォン等の通信機器が普及し、インターネットで個人が広範囲かつ容易に情報を検索・収集したり、ホームページ・各種SNS等で情報を発信するなど、双方向的な情報交換や個人から多数に対するコミュニケーションも可能になった。その利便性の反面、インターネットの匿名性・自由参加性や国境を超える性格により、犯罪を容易にしたり、名誉毀損表現、猥褻表現などが拡散するようになった。インターネット上の書き込みによる名誉毀

損・プライバシー侵害に対しては、書き込みをした者の氏名・住所などを被害者に開示するようプロバイダーに請求することを可能にする、いわゆる「プロバイダ責任制限法」が2001年に制定されている。

（2）「忘れられる権利」

　いわゆる「デジタルタトゥー」、たとえば犯罪などの過ちを犯し、インターネットで氏名等を含む記事をアップされた人は罪を償った後、過去の犯罪歴をインターネットの検索結果から削除してもらえないのか。こうした権利は一般に「忘れられる権利」と呼ばれる。EU（欧州連合）司法裁判所では、検索事業者（グーグル社）に削除を命じる判決を下している。日本でも、同様の訴えが提起されたが、最高裁はプライバシーの保護が、事業者の表現の自由より重要な場合は削除はありうるとしつつも、検索で多くの人が情報を知る利益を重視し、当該ケースでは前歴は削除できないとした。

（3）「フェイク・ニュース」と規制の動き

　フェイク（虚偽）とされる情報やニュースについては、とりわけ選挙の際に候補者に関するフェイク情報がSNSなどを通じて急速に拡散したことなどを背景に、ドイツやフランス（2018年）、ロシアやシンガポール（2019年）などで規制法が成立しているが、規制方法によっては表現の自由との摩擦が懸念される。

■参考文献■
高橋和之『立憲主義と日本国憲法〔第5版〕』（有斐閣、2020）
芦部信喜（高橋和之補訂）『憲法〔第7版〕』（岩波書店、2019）
渋谷秀樹・赤坂正浩『憲法1人権〔第7版〕』（有斐閣、2019）
田島泰彦『表現の自由とメディアの現在史』（日本評論社、2019）
志田陽子『「表現の自由」の明日へ』（大月書店、2018）
辻村みよ子『憲法〔第6版〕』（日本評論社、2018）
長谷部恭男『憲法〔第7版〕』（新世社、2018）
木下智史・伊藤健『基本憲法Ⅰ-基本的人権』（日本評論社、2017）
坂口正二郎・毛利透・愛敬浩二編『なぜ表現の自由か』（法律文化社、2017）
浦部法穂『憲法学教室〔第3版〕』（日本評論社、2016）
松井茂記『インターネットの憲法学〔新版〕』（岩波書店、2014）

第12章 社会権

　19世紀には、国は個人の権利を侵害する存在と考えられていた。それゆえ国はできるだけ活動せず、警察や外交だけが仕事とされた（「夜警国家」または「消極的国家」）。合理的かつ勤勉な個人は失業状態や貧困状態に陥らずに自分の力で生活できると考えられていた。しかし資本主義が進展するにつれ、こうした考え方が現実的でないことが明らかになった。どんなに勤勉で能力がある者でも、疾病や不景気による失業などのため働けず、貧困に陥る者が出てきた。労働者は職がなければ生活できないので、どんなに不利・過酷な契約でも資本家の提示する条件で労働契約を結ばざるを得なかった。その結果、長時間にわたり過酷な条件で働いても、家族を養うこともできない状況が生じた。そこで個人の生存を守るため、一定の行為を行うことが国家の役割とされた（「夜警国家」「消極的国家」から「福祉国家」「積極的国家」へ）。国のそうした役割が初めて明記されたのがドイツの「ヴァイマル憲法」（1919年）だった。ヴァイマル憲法151条1項では「人間に値する生存（menschenwürdiges　Dasein）」の保障のため、一定の行為を行うことが国の役割とされた。その後、国に一定の行為を求める権利である「社会権」が多くの国の憲法で規定されるようになった。日本国憲法でも、自力で生存を確保できない者が国に「健康で文化的な最低限度の生活」を求める権利である「生存権」（憲法25条）、能力に応じた教育を受けられるよう、経済的支援などを国に求める「教育を受ける権利」（憲法26条）、「人間らしい生活」を送ることのできる労働を国が労働者に保障する「勤労の権利」（憲法27条）や「労働基本権」（憲法28条）が保障されている。

1　生存権

（1）生存権の内容

　まず生存権は、公権力の介入の排除する「自由権」の性格を持つ。生活困窮者に高額の税金を課すなど、個人の生存を脅かす国の行為は憲法25条に反して許されない。

　次に生存権は「社会権」としての性格を持つ。「健康で文化的な最低限度の生活」を送れるよう、国に一定の行為を要求できる（もっとも、この点については後述する）。

（2）生存権の法的性格

　生存権の社会権的側面の性格については学説、裁判でも議論がある。憲法25条は政治上の努力目標にすぎず、憲法25条を根拠に裁判所で救済を求めることはできないという見解は「プログラム規定説」と呼ばれる。最高裁判所の採用する「立法裁量論」（後述）はこの立場に近い。次に、「健康で文化的な最低限度の生活」とは抽象的であり、憲法25条だけでは裁判所で救済を求められないが、憲法25条を具体化する生活保護法のような法律がある場合、生活保護法と合わせて憲法25条も根拠に裁判所で救済を求められるという見解は「抽象的権利説」と呼ばれる。さらに、生存権は具体的権利であり、生存権を具体化する法律が制定されていない場合、法律が制定されていない状態は憲法違反であり、生存権を具体化する法律を制定すべきという訴訟（＝立法不作為の違憲確認訴訟）ができるという見解は「具体的権利説」と呼ばれる。なお、抽象的に生存権の法的性格を論ずるのは適切ではなく、例えば憲法25条を直接の根拠に生活扶助費を請求できるかといった具体的な議論をすべきなどとして、「プログラム規定説」「抽象的権利説」「具体的権利説」という議論の仕方に問題があるとする見解もある。

（3）憲法25条１項・２項区分論

　25条１項が要求するのは困窮状態にある者への「救貧施策」であり、国の施策で本当に「最低限度の生活」を維持できるかどうかを裁判所は厳格に審査すべきだが、２項が要求するのは国民が貧困状態にならないための「防貧施策」であり、どのような施策をとるかは立法府の裁量に任されているとする「憲法25条１項・２項区分論」が堀木訴訟控訴審判決（大阪高判1975.11.10行集26.10=11.1268）でとられた。最高裁判所は「憲法25条１項・２項区分論」を採用しなかった。学説も１項は生存権を権利の側から、２項は国の責務の側から宣言したものであり、１項と２項を一体的に捉える見解が通説である。しかし１項と２項を分け、「最低限度の生活」に関しては裁判所が厳格に審査すべきという見解も有力である。この見解からすれば、生活保護法は「救貧施策」で、ほかの施策（例えば「年金制度」）は「防貧施策」であり、国に裁量があるとされる。

（4）生存権をめぐる裁判とその影響

　「朝日訴訟」「堀木訴訟」などで最高裁判所は、法律や厚生労働大臣の保護基準が著しく合理性を欠き明らかに憲法違反でなければ、当該保護基準や法律は違憲とならないという「立法裁量論」を採用してきた。しかし「立法裁量論」で「健康で文化的な最低限度の生活」を国民に保障できるのかは検討を要する。「中嶋学費訴訟」、「高訴訟」では、生活保護の削減あるいは廃止などの処分が最高裁判所で違法とされた。中嶋訴訟最高裁判決以降、2005年から「高校学校等修学費」の支給が行われることになった。高訴訟最高裁判決以降、厚生労働省社会・援護局保護課は心身障害者扶養共済制度に基づく年金に関して収入認定しないように全国に通知した。このように、生存権の保障にとっても裁判所の役割は大きい。最近でも、2013年から最大10％の生活扶助基準引き下げに対して、29都道府県約1000人の原告が提訴している「生活保護引き下げ違憲訴訟」（いのちのとりで裁判）が起こされている。2020年6月25日、名古屋地方裁判所は厚生労働大臣の裁量を広く認め、原告の請求を棄却した。「裁量論」等で政府の立場を違法としない司法のあり方については、「何が最低限度の生活水準であるかは、特定の自体の特定の社会においては、ある程度客観的に決定

できるので、それを下回る厚生〔労働〕大臣の基準設定は、違憲・違法となる場合があると解すべきであろう」（芦部信喜（高橋和之補訂）『憲法〔第 7 版〕』（岩波書店、2020年）270頁）との指摘もある。2021年 2 月22日、大阪地方裁判所は生活保護費の減額には厚生労働大臣の裁量権逸脱または濫用があり、生活保護法違反として取り消した。今後も裁判の動向には注意が必要である。

朝日訴訟

1956～ 7 年当時の月額600円という保護基準が「健康で文化的な最低限度の生活」（憲法25条）かどうかが問題となった。当時、月額600円では 2 年間で肌着は 1 枚、パンツは 1 年間で 1 枚、タオルは 1 年間で 2 枚、ちり紙は 1 日 1 枚、鉛筆が 1 年に 6 本しか使えない状況だった。東京地方裁判所は朝日氏の請求を認め、600円という保護基準を違憲・違法とした（東京地判1960. 10. 19行集11. 10. 2921）。東京高等裁判所は「すこぶる低額」だが違法でないとした（東京高判1963. 11. 4判時351. 11）。最高裁判所は「憲法25条 1 項は、すべての国民が健康で文化的な最低限度の生活を営み得るように国政を運営すべきことを国の責務として宣言したにとどまり、直接個々の国民に対して具体的権利を賦与したものではない」、「何が健康で文化的な最低限度の生活であるのかの認定判断は、一応、厚生大臣の合目的的な裁量に任されており、その判断は、当不当の問題として政府の政治責任が問われることはあっても、ただちに違法の問題を生ずることはない」とした（最大判1967. 5. 24民集21. 5. 1043）。

堀木訴訟

障害福祉年金と児童扶養手当の併給を認めていなかった旧児童手当扶養法 4 条 3 項 3 号の規定が法の下の平等（憲法14条）や生存権（憲法25条）に反するかが問題となった。第一審の神戸地方裁判所は併給禁止規定を憲法14条違反とした（神戸地判1972. 9. 20行集23. 8. 9. 711）。しかし最高裁判所は「憲法25条の規定の趣旨にこたえて具体的にどのような立法措置を講ずるかの選択決定は、立法府の広い裁量にゆだねられており、それが著しく合理性を欠き明らかに裁量の逸脱・濫用と見ざるをえないような場合を除き、裁判所が審査判断するのに適しない事項」とし、併給禁止規定を合憲とした（最大判1982. 7. 7民集36. 7. 1235）。

塩見訴訟

1934年に日本で生まれて日本で育ち、「日本国籍」を持っていたが1952年のサンフランシスコ講和条約の際に日本政府から一方的に国籍を奪われたために「韓国籍」となり、1970年に日本国籍を取得した塩見氏は、国籍要件を定めた国民年金法のために障害福祉年金を受給できなかった。この「国籍要件」は憲法14条、25条、98条違反として提訴されたのが第 1 次塩見訴訟である。最高裁判所は「立法裁量論」を採用し、「国籍要件」を合憲とした（最判1989. 3. 2訟月35. 9. 1754）。

さらに第 1 次訴訟の途中で日本政府は「難民条約」を批准したため、1982年 1 月 1

日以降、国民年金法の国籍要件は削除された。そこで外国人でも年金が受給できるようになったが、改正された国民年金法の附則5項で「施行日前に生じた」ものに関しては「従前の例による」とされた。そのため、国籍要件が廃止された1982年1月1日以降の障害福祉年金も塩見氏は受給できなかった。そこで第2次塩見訴訟が起こされた。最高裁判所はここでも立法府の裁量を認めた（2001.3.13判例地方自治215.94）。

柳園生活保護国賠訴訟

　　住居のない日雇い労働者である柳園氏が重病のために入院して生活保護が開始されたが、退院した際に生活保護が廃止された。退院すると生活保護が打ち切られるという運用が全国的になされていたが、こうした保護行政の違法性が争われたのが本件である。柳園氏は肝硬変が悪化するなど、裁判中に亡くなることが予想された。その場合、朝日訴訟最高裁判決のように、生活保護を受ける権利は相続できないとして裁判が終了されてしまう可能性があった。そこで柳園氏が亡くなっても訴訟継続が可能な「国家賠償請求訴訟」で保護廃止の違法性が争われた。柳園氏は1992年1月7日に腎不全のために亡くなったが、1993年10月25日、京都地方裁判所は保護廃止処分を違法として取り消した（京都地判1993.10.25判時1497.112）。

高（たか）訴訟

　　心身障害者扶養共済制度条例に基づく年金（月額）2万円を収入と認定し、保護費の減額をした処分が問題となったのが本件である。最高裁判所は、年金を収入と認定して保護費を減額した処分を違法とした第一審、控訴審の判決を支持した（最判2003.7.17賃金と社会保障1352.124）。

中嶋訴訟

　　子どもを高校に進学させるために保護費を切り詰めて学資保険を積み立てていたが、その払戻金を収入と認定し、保護給付を減額した処分の違法性が争われたのが本件である。最高裁判所は「子の高等学校就学の費用に充てることを目的として満期保険金50万円の学資保険に加入し、給付金等を原資として保険料月額3000円を支払っていたことは、生活保護法の趣旨目的にかなったもの」で、本件払戻金は生活保護法4条1項の「資産等」又は同法8条1項の「金銭等」に当たらず、「収入認定すべき資産に当たらない」のに「本件払戻金の一部について収入認定をし、保護の額を減じた本件処分は、同法の解釈適用を誤った」とした（最判2004.3.16民集58.3.647）。

（5）外国人と生存権

　通説及び判例（マクリーン事件最高裁判決）では、外国人には「生存権」などは保障されないという「権利性質説」がとられている。実際には「生活保護法に関する昭和29年5月8日通知」（社発382号厚生省社会局長通知）以降、非正規

滞在者であっても緊急の場合には生活保護法が準用されてきた。しかし1990年、厚生省（当時）は「出入国管理及び難民認定法別表第2に掲げる在留資格を有する外国人」にだけ生活保護を準用し、短期滞在者や非正規滞在者に生活保護を準用しないとした。それ以降、非正規滞在者などに生活保護が準用されなくなった。その結果、病院が盲腸で入院・手術した非正規滞在外国人を抜糸もせずに3日間で退院させたり、非正規滞在者が交通事故にあった際に警察が「物損扱い」した事実がある（吉成勝男「非正規滞在外国人の生存権保障の実態」『法学セミナー』2002年2月号〔No.566〕）。最高裁判所も生活保護法が非正規滞在者を対象としていないことを合憲とする（最判2001.9.25判時1768.47）。ただ、日本国憲法を貫く人権尊重の理念、あるいは国際協調主義の観点から、生命が危険な状態にある場合でさえも非正規滞在者に生存権を保障しなくても本当に良いのか、検討が必要であろう。

　なお、最高裁判所は永住外国人に関しても生活保護は適用されないと判示している（永住外国人生活保護訴訟・最判2014.7.8判例地方自治386.78）。

（6）コロナ感染と生存権をめぐる日本の政治的状況

　財政難から病院の統廃合、病床を削減してきたイタリアは、2020年のコロナ感染拡大に対応できる医療体制が整っておらず、医療崩壊状態に陥った。日本も「他人ごと」ではない。日本でも新自由主義政策に基づいて医療費や社会保障費が抑制・削減されてきた。その結果、1998年に9060床あった感染病床は2020年度は1869床にまで減少した。1994年には847カ所存在した保健所は2020年には469カ所に削減、人員も削除せざるを得ない状況に置かれた。2019年9月、厚生労働省は全国424の病院の再編統合を求めた。こうした医療費削減を続ける自公政権下でコロナ危機が襲いかかった。コロナ患者の増加で医療崩壊が危惧され、PCR検査数を増加できない一因は、新自由主義に基づく医療費削減の結果、医療機関の統廃合や病床数の削減にある。日本の厳しい財政事情を考えれば、医療費や社会保障費を削減するのはやむを得ないと考えるかもしれない。しかし一方、殺人・強姦・強盗などの凶悪犯罪や墜落事故等を頻繁に起こす米軍に対して日本政府は毎年2000億円を超える「思いやり予算」を払い、

ナイトクラブやバーなどの娯楽施設、タキシードや蝶ネクタイなどを提供している。通常の米兵には145㎡もある家族住宅、司令官用には浴室3つ、寝室4つなど、234㎡もある住宅が「思いやり予算」で建てられてきた。2012年の安倍自公政権までは、防衛費は11年連続で減少してきたが、第二次安倍自公政権以降、防衛費は2021年度までは連続で増加している。2021年度防衛費の概算要求は5兆4898億円、過去最大である。憲法を学ぶ目的のひとつは、主権者として政治に関わる指針を得ることにある。「私たちのための政治」を実現するには、主権者として選挙で適切に意思表示する必要がある。

② 環境権

1960年代の高度経済成長期以降、日本では大気汚染、水質汚濁、騒音などの公害が発生した。こうした状況の中、「良好な環境を享受し、支配する権利」である「環境権」が唱えられた。環境権の法的根拠については、人間の幸福は良好な環境が必要として憲法13条を根拠とする説、良好な環境がなければ「健康で文化的」な生活を送れないとして「生存権」(憲法25条)を根拠とする説、13条と25条の双方に根拠を求める説がある。

「環境権」にいう「環境」には自然環境だけでなく、社会的環境や歴史的・文化的環境も含まれるとする見解もあるが、自然的環境に限定されるとする見解が通説となっている。

この「環境権」が立法や行政に対する指導理念という点では争いはないが、裁判上の救済を求めることができる権利か、差止請求の根拠とできるかは争いがある。学説の中には「環境権」が裁判によって直接救済される具体的権利であり、妨害排除だけでなく、環境破壊行為の差止請求の根拠となるという見解もあるが、裁判所は環境権に消極的である。

環境権に関する代表的裁判（大阪空港公害訴訟）

「環境権」に関する代表的な裁判は「大阪空港公害訴訟」である。大阪国際空港周辺の住民たちが、航空機の離着陸による騒音・振動・排気ガスにより、精神的・身体的のみならず生活環境も破壊されたとして空港管理者である国を被告として、午後9

時から朝7時までの飛行差止と将来の損害賠償を求めた訴訟を起こした。第二審判決では人格権を根拠とする差止を認めた（大阪高判1975. 11. 29判時797. 36）。しかし最高裁判所は過去の損害賠償を認めたが、差止請求及び将来の損害賠償を認めなかった（最大判1981. 12. 16民集35. 10. 1369）。この裁判以降、過去の騒音に対する損害賠償は認めるが、差止請求や将来の損害賠償を認めないという傾向が裁判で定着した。

3 勤労の権利（27条）

憲法27条1項では、「すべて国民は、勤労の権利を有し、義務を負ふ」と定められている。「勤労の権利」は、労働力を持つ者が就職できない場合、国に対して労働の機会を提供し、それが不可能な場合には生活費を要求できる権利とされている。職を得られない者は憲法27条1項を根拠として国に生活費などを請求できるという見解もあるが、そうした見解は少数にとどまる。一般的には「プログラム規定説」とされ、国民に労働の機会を提供する政策を進める政治的義務が国にあると解されている。

憲法27条2項では「勤労条件法定主義」が採用されている。19世紀の「消極国家」「夜警国家」の下では、合理的な判断のできる個人は自分に有利な契約をするので、契約は各個人に任せれば良いとされた（「契約の自由」）。私人間の契約に国家が介入することは、有利な契約をする機会を個人から奪い、むしろ個人の自由の侵害になるとされた。しかし労働者は職がなければ生活できないので、どんなに不利な契約であっても資本家の提示する条件で労働契約をせざるを得なかった。その結果、例えばフランスでは、両親と子ども2人の1年間の必要経費が860フランに対し、労働者の平均賃金は1日15時間働いても2フランしか稼げなかった。こうした長時間に及ぶ劣悪、低賃金労働の結果、ナポレオンが戦争をしていた1806年でもフランス人の平均寿命は28歳だったのに、産業革命が峠にさしかかる1840年には平均寿命が20歳に下がった（杉原泰雄『憲法の歴史』（岩波書店、1996年）130〜140頁）。このように、人間らしい生活を送れないのは個人が怠け者でも能力がないからでもなく、「契約の自由」の下では労働者は使用者の提示する劣悪な契約を結ばざるを得ない状況に置かれていることが原因であった。そこで労働契約に介入して労働者の生活を確保する

ことが国の役目とされた。日本国憲法27条２項でも「賃金、就業時間、休息その他の勤労条件に関する基準は、法律でこれを定める」とされ、この規定を具体化した労働基準法は「人たるに値する生活」（労働基準法１条）を労働者に保障するため、「労働条件の基本原則」（２条）、「均等待遇」（３条）、「男女同一賃金」（４条）、「強制労働の禁止」（５条）、「最低賃金」（28条）、「労働時間」（32条）等に法的規制をしている。

　また、労働現場で子どもが酷使された歴史的反省をふまえ、憲法27条３項は「児童は、これを酷使してはならない」と規定している。

労働法の規制緩和について

　労働法による規制は労働者を守るためであり、労働法の規制を緩和することは労働者に不利になる場合がある。例えば「労働者派遣制度」は派遣業者による中間搾取、労働者の低収入、雇用の不安定化、正社員と派遣労働者の差別をもたらすなどの理由で、戦後の日本でも「企業の直接雇用」が原則とされ、「派遣」という雇用形態には「中間搾取の排除」（労働基準法６条）や「労働者供給事業の禁止」（職業安定法44条）といった規制がなされてきた。しかし1985年の「労働者派遣法」の成立以降、労働者を直接雇用すべしとする「規制」が次々と緩和されてきた。そして企業は利益追求のために正社員でなく、派遣社員や非正規社員を採用するようになった。とりわけ小泉内閣での「構造改革」「規制緩和」「民営化」の結果、こうした傾向に拍車がかかった（例えば2003年の労働者派遣法の改正により、１年の派遣期間が３年に延長、製造業の派遣の解禁など）。その結果、女性労働者の半分以上、25歳以下の労働者の約半分が非正規社員となった。非正規社員については①就業期間、時間などの条件を自分の希望に合わせることができる、②多くの職場を体験することでスキルアップを期待できる、③派遣元が派遣先を探すことから、就職活動をせずに済む等が労働者のメリットとして語られる。ただ、非正規社員は正規社員と比較して給与が低く、いつ解雇されるかわからな

いなど、人生計画を立てられないなどの不安定な状況に置かれる。国税庁による「令和元年分　民間給与実態統計調査」によれば、平均給与は正規503万円、非正規175万円（男性226万円、女性152万円）となっている。非正規社員の給与では「結婚」は望めず、結婚しても子どもを産むと決断できない夫婦もいる。2018年には「不本意非正規」は約260万人にもなったが、30代から50代の男性の非正規社員の半分は「不本意非正規」である。リーマン・ショック（2008年）の際には製造業の派遣労働者が一斉に解雇され、「派遣切り」「雇止め」が社会問題となった。2020年のコロナ感染に際しても、「非正規労働者131万人減、過去最大　専門家『雇用の悪化は長期化する』」、「非正規が雇用の『調整弁』としてしわ寄せを受ける傾向が鮮明になった」（『東京新聞』2020年９月２日）と指摘される。総務省が2020年９月１日に発表した「労働力調査」によれば、男性は30万人減なのに対して女性の非正規労働者が81万人と大幅に減少するなど、とりわけ女性の非正規労働者がしわ寄せを受けている。非正規労働者の賃金は安く抑えられる一方、役員報酬や株主配当金は増加するなど、非正規社員の増加は企業には大きなメリットがある。こうした労働分野の規制緩和についてどう考えるか。自分たちの労働環境を守るため、主権者として選挙で意思表示することが必要である。

④　労働基本権（28条）

（1）労働基本権の内容

　労働者が使用者と実質的に対等な立場で交渉できるようにする権利が憲法28条でも保障されている。具体的には、労働者が団体を結成したり、そうした団体に加入する「団結権」、労働組合が代表者を通じて労働条件について使用者と交渉する「団体交渉権」、ストライキ等の争議行動をする「争議権」（「団体行動権」）が憲法上の権利として認められる。

（2）労働基本権の限界

　「団結権」に関しては、「統制権」と組合員の自由が問題となる。労働組合の維持と目的実現のため、組合員に対して労働組合が一定の規制・制裁を行う権能である「統制権」は「団結権」（憲法28条）を保障するために必要だが、組合員の正当な権利行使に対して不利益制裁を行う統制権の行使は、正当な統制権の範囲を逸脱して許されない。団体交渉権に関しては、暴行罪や脅迫罪に当たる行為は憲法28条の保障する団体交渉権の行使の限界を超える（元陸軍第一造兵廠事件・最大判1949. 5. 18刑集3. 6. 772）。「山田鋼業事件」では、労働組合が企業の経営を行う「生産管理」について最高裁判所は違法とした（最大判1945. 11. 15刑集4. 11. 2257）。さらに「政治スト」についても見解が分かれる。政治ストは使用者に解決不可能な要求をするという「側杖論」や議会制民主主義論を根拠とする「違法説」、「政治スト」を経済的政治ストと純粋政治ストに分け、経済的政治ストは労働基本権の正当な行使で合法だが、純粋政治ストは違法という「純粋政治スト・経済的政治スト二分論」（通説）、経済的政治ストと純粋政治ストを分けるのは困難で、政治ストは合法という「合法説」がある。

【参考文献】

『朝日訴訟から生存権裁判へ』（あけび書房、2014）

井上英夫・高野範城編『実務　社会保障法講義』（民事法研究会、2007）

西谷敏『規制が支える自己決定──労働法的規制システムの再構築』（法律文化社、2004）

大須賀明『生存権論』（日本評論社、1984）

中村睦男『社会権の解釈』（有斐閣、1983）

```
┌┄【資料】┄┄┄┄┄┄┄┄┄┄┄┄┄┄┄┄┄┄┄┄┄┄┄┄┄┄┄┄┄┄┄┄┄┐
```

派遣と規制緩和、格差問題について

（1）派遣労働に関する主な規制緩和・法改正の流れ

1985年　労働者派遣法の制定（86年施行）
  ・企業の直接雇用の原則の例外として、13業種＋3業種で派遣を認める

1996年　労働者派遣法・施行令改正
  ・育児・介護休業取得者の代替要員に係る派遣業務を原則自由化
  ・派遣対象業務を16業種から26業種に拡大

1999年　労働者派遣法改正
  ・製造業などを除き、派遣先の原則自由化（ネガティブリスト化）

2003年　労働者派遣法改正
  ・製造業への派遣の解禁
  ・1年の期間制限のある派遣については3年まで、高度専門的知識業務を行う者と60歳以上の高齢者は3年から5年まで、有期労働契約期間の上限の引き上げ

2007年　労働者派遣法改正
  ・士業への派遣一部解禁

2012年　法律名の改正（正式名称：労働者派遣事業の適正な運営の確保及び派遣労働者の保護に関する法律）
  ・日雇い派遣の原則禁止
  ・労働契約申込みなし制度の導入

2015年　労働者派遣法改正
  ・労働者派遣事業を「許可制」に一本化
  ・派遣期間を原則一律に上限3年間
  ・業務別派遣期間制限方式の廃止（専門26業務も廃止）

2018年　労働者派遣法改正
  ・派遣労働者への均等・均質待遇の確保を派遣元に義務化
  ・派遣元への待遇の情報提供を派遣先に義務化

（2）派遣社員増加の理由とその状況

門倉貴史『ワーキングプア』（宝島社新書、2007年）から

・「日本の労働者の4人に1人は「ワーキングプア」という悲惨さ」（18頁）。

・「なぜ近年日本の「ワーキングプア」が増えてきたのだろうか？最大の要因は、**日本の企業が正社員の数を減らして、派遣社員や契約社員、嘱託社員、パートタイマー、アルバイトといった、いわゆる非正規社員の数を増やしている**」（22頁。太字原文）。

・「非正規社員の場合、平均した生涯賃金は正社員の5分の1程度に落ち込んでしまうということだ。増加傾向をたどる非正規社員の中から、大量のワーキングプアが次々に誕生してくるのである」（23頁。太字は原文）。

（3）派遣社員の現状

中園ミホ氏（篠原涼子主演ドラマ「派遣の品格」を書いた脚本化）の証言（2007年7月14日付『朝日新聞』）から

「多くの派遣社員を取材したが、現実はあまりにも悲惨で深刻だった」。

「彼女たちは一見、明るく、たくましく、けなげに頑張っている。でも本当は叫び出したいくらい不安を感じている。だから制作発表で思わず「安倍首相にぜひ見て欲しい」と言ったんです」。

第13章 教育と憲法

① 生存権説から見た教育を受ける権利

憲法26条により保障される「教育を受ける権利」は、国民が、合理的な教育制度と施設を通じて適切な教育の場を提供することを国家に対して求める権利である。この権利は、教育の条件整備や機会の保障についての国家の政策的配慮によって初めて実現されうる、社会権としての性格を持つものとされている。

第12章では、社会権について、社会国家の理想に基づき、社会的・経済的弱者を保護して実質的平等を実現するために保障されるに至った人権であること、全ての国民が人間に値する生活を営むことを保障するため、自由権とは対照的に、国家権力による介入を求めるための権利であることを学んだ。

「社会権」という名称は、「社会的弱者の保護のために国家の介入を求め、全ての国民が社会の構成員として人間らしく生活出来ることを保障する権利」という考え方から由来する。「社会的弱者」を想定した権利としての社会権について考える場合は、まず、「どのような社会的弱者が想定されているのか」が確認されなければならない。第12章でふれたように、「生存権」であれば「生活困窮者」という社会的弱者が想定されていた。それでは、「教育を受ける権利」という社会権が想定する社会的弱者とは、いかなる存在なのだろうか。まずは憲法26条の条文を参照してみよう。

憲法26条1項「すべて国民は、法律の定めるところにより、その能力に応じて、ひとしく教育を受ける権利を有する。」
同2項「すべて国民は、法律の定めるところにより、その保護する子女に普通教育を受けさせる義務を負ふ。義務教育は、これを無償とする。」

　本書第１章「憲法とは何か」では、近代立憲主義に基づく憲法とは、国民ではなく国家権力を拘束するものであること、憲法99条の憲法尊重擁護義務規定も、国家権力のみにその義務を課していることを確認した。その上で、日本国憲法に「国民の三大義務」が規定されていることについては、「権利の裏返し」という側面から理解すべきことを指摘し、普通教育課程を修了しなければ社会生活を円滑に送ることは困難であることから、憲法26条２項で、「すべて国民」に対し、「保護する子女に普通教育を受けさせる義務」が課せられていることを確認した。

　憲法26条１項の教育を受ける権利には、「その能力において、ひとしく」という教育の機会均等を保障するという文言が付されている。これが、26条２項の義務教育規定と組み合わされることにより、「学校になど行く必要はないという思想を持つ保護者のもとに生まれ、義務教育さえ受けさせてもらえない子ども」や、「学校に行きたくても、家庭の経済的事情によりそれが困難である子ども」という社会的弱者が想定されているということになる。

　このような捉え方は、「すべて国民は健康で文化的な最低限度の生活を営む権利を有する」と定める憲法25条・生存権の理念と結びついたものであり、教育の機会均等を実現するための経済的配慮を要求する権利としての側面を、教育を受ける権利から読み取ろうとするものである（生存権説）。

　憲法26条をめぐる日本国憲法制定当時の制憲者意思は、教育機会の経済的側面を重視した生存権説の立場に立つものであり、1960年代まではこの生存権説が通説の地位を占めていた。このような生存権説の立場から教育を受ける権利を捉える場合、まず、憲法26条２項における「普通教育」及び「義務教育」の内容とその範囲が問題となる。

　普通教育とは、一般社会人として生活する上で必要とされる基礎的な知識、技能、態度を、広く一般的な範囲で習得させる教育を意味するものであり、専門教育、職業教育に対置されるものである。学校教育の目的及び普通教育の内容を明記する学校教育法によれば、小学校においては初等普通教育、中学校では中等普通教育、そして高等学校においても高等普通教育及び専門教育を施すことが目的とされていることから、普通教育は小学校、中学校における９年間

の義務教育と同義ではないことがわかる。高等学校においても、普通教育は行われている。

　学校教育法16条は、義務教育の範囲を「9年の普通教育」としており、教育基本法5条も「義務教育として行われる普通教育」という表現を用いていることから、憲法26条2項における「普通教育を受けさせる義務」については、中等普通教育課程までを受けさせることという意味となる。

　義務教育の範囲が中学校までの9年間とされていること、高等学校がその範囲外に置かれていることは、生活保護と関わる問題でもある。中嶋訴訟では、当時は高等学校への進学費が生活保護の対象外とされていたことから、生活保護受給世帯の夫妻が子どもの高等学校進学のための学資保険（満期50万円、月額保険料3000円）に加入したことについて、その満期金が行政により収入として認定され、生活保護費が減額されたことが争われた。最高裁判決（最判2004. 3. 16判タ1148. 128）は、生活保護法の趣旨にかなう貯蓄は、収入認定の対象とすべき資産には当たらないこと、今回の学資保険は趣旨に沿うものであることを明言し、「ほとんどの者が高校に進学する状況であり、進学は自立に役立つ」とした上で、「高校進学のため費用を蓄えることは、生活保護法の趣旨に反しない」と判断した。

　高等学校への進学率は、生活保護法が制定された1950年においては42.5%にすぎなかったが、2019年度では約99%を数えている。生存権説の見地から社会における経済自立性を重視するのであれば、義務教育の範囲は9年間ではなく、高等普通教育が行われる高等学校を含めた12年間とされるべきとする有力な学説も存在する。

　次に、生存権説からは、憲法26条2項における義務教育の無償性をめぐって、どこまで無償であることが憲法上要請されているのか、という問題が争点となる。

　無償の範囲について、学説では、就学に必要な一切の費用を無償とすべきとする「就学必需費無償説」、授業料を徴収しないという意味であるとする「授業料無償説」、全て法律の定めるところにより無償の範囲が具体化されるとする「無償範囲法定説」という3つの立場が存在する。憲法26条2項において

「義務教育は、これを無償とする」と明確に書かれていることから、義務教育の無償性自体は憲法上の要請として把握されるべきとしつつ、無償の範囲については、授業料を徴収しないという意味であるとし、授業料以外の費用を無償とすることは憲法上の要請とはされていないとする授業料無償説が通説とされており、判例もこのような立場に立っている（最大判1964.2.26民集18.2.343）。

　もっとも、1963年以降は、「義務教育諸学校の教科用図書の無償措置に関する法律」により、義務教育課程において教科書は無償で給与されてきたため、現在では、授業料と教科書費用の無償性が確立されている。ただし、これは立法政策上の要請にとどまるものとされており、憲法上の要請として位置づけられてはいない。また、同様に立法政策によるものとして、学校教育法19条に基づく就学援助制度があり、生活保護受給世帯に属する児童・生徒の学用品、給食費、修学旅行費等をめぐる一定の補助がある。

②　学習権説から見た教育を受ける権利

　1960年代になると、教育を受ける権利について、生存権説のように、経済的・社会政策的性質に偏重して捉えることは適切ではないとし、経済的側面があることは認めながらも、とりわけ学校における子どもの教育という文脈から、その文化的側面を重視することの必要性が教育学研究者により説かれるようになった。

　子どもの人間的成長・発達の権利及び文化的生存の権利としての学習権を中心として、憲法26条1項の教育を受ける権利を理解すべきであるという立場としての「学習権説」は、裁判所によっても共有されるところとなり、旭川学力テスト事件最高裁判決（最大判1976.5.21刑集30.5.615）において、最高裁は、国民各自が一個の人間として、また一市民として成長、発達し、自己の人格を完成、実現するために必要な権利としての学習権について、とりわけ子どもをその享有主体として位置づけ、学習要求を充足するための教育を自己に施すことを大人一般に対して要求する権利として位置づけるに至っている。

　教育を受ける権利の文化的性質を重視する学習権説によれば、教育を受ける

権利は、子どもが自ら学ぶ権利という自由権的側面を併せ持つものとした上で、自己の人格を完成、実現するために必要な権利としての学習権を充足するような教育制度を国家に対し要求することができる権利として把握されることになる。文化的生存を重視する学習権説においても、教育を受ける権利に経済的な配慮を求める側面があることは否定されないが、生存権説と比較すると、権利享有主体の「社会的弱者」性は後景に退くこととなる。このような考え方の下で中心的な争点とされたのは、教育内容決定権の所在という問題であった。

　天皇の勅令により教育を掌握するものとして、大日本帝国憲法制定の翌年（1890年）に、道徳の根本を教え諭すという建前のもと、「教育に関する勅語」（教育勅語）が発布された。教育勅語は、忠君愛国のための国民教化という目的を持ち、大日本帝国憲法下における極端な国家主義及び軍国主義の確立と深い関係を持つものであった。国家総動員体制の確立が図られた1941年、教育勅語は道徳の根本にとどまらず、教育全体にわたる基本方針として位置づけられた。皇国史観の下、天皇を中心とする国体論を機軸とする教育勅語を掲げた教育により、大日本帝国臣民の思考力、学習力が剥奪されたことに対する戦後の深い反省を基盤として、日本国憲法26条は解釈されなければならない。

　1945年9月に、GHQ総司令官マッカーサーの下で日本占領が開始され、占領初期は、ポツダム宣言に合致する形での非軍事化、民主化改革の成果が顕著に見られた。6・3制の義務教育制度導入や、衆議院決議、参議院決議による教育勅語の排除（1948年6月19日）も、この時期の改革の一環であった。しかし、占領後期には、前半期の諸改革とは矛盾していると思われるような政策が実施されることとなった。かような占領政策転換は「逆コース」と呼ばれる。

　「逆コース」下では、戦後、公選制とされていた教育委員会を任命制に転換し、文部大臣の教育行政上の権限が強化され、教科書検定強化、全国一斉学力テストと学校教員に対する勤務評定の強行、当初は試案として作られ指導・助言文書にすぎないとされていた学習指導要領における国家基準性の強化等、国家による教育統制の強化、教育行政の中央集権化を強める政策が次々と打ち出された。

　かような教育行政に対して、国民による多くの抵抗紛争が打ち出されること

になるが、その中でもとりわけ重要とされたのが、教育権の所在に関する問題
であった。「子どもの教育は、憲法26条の保障する子どもの教育を受ける権利
に対する責務として行われるもので、このような責務を担う者は、親を中心と
する国民全体であり、公教育としての子どもの教育は、いわば親の教育義務の
共同化ともいうべき性格をもつものである。教育は、国民全体の信託の下にこ
れに対して直接に責任を負うように行われなければならない。権力主体として
の国の子どもの教育に対する関わり合いは、かような国民の教育義務の遂行を
側面から助成するための諸条件の整備に限られ、子どもの教育の内容及び方法
については、国は原則として介入権限をもたず、教育は、その実施にあたる教
師が、その教育専門家としての立場から、国民全体に対して教育的・文化的責
任を負うような形で、その内容及び方法を決定、遂行すべきものである」とす
る「国民教育権説」（家永教科書第2次訴訟杉本判決・東京地判1970. 7. 17行集21. 7
別冊1）と、「子どもの教育は、親を含む国民全体の共通関心事であり、公教育
制度は、このような国民の期待と要求に応じて形成、実施されるものであって、
そこにおいて支配し、実現されるべきものは国民全体の教育意思であるが、こ
の国民全体の教育意思は、憲法の採用する議会制民主主義の下では、国民全体
の意思の決定の唯一のルートである国会の法律制定を通じて具体化されるべき
ものであるから、法律は当然に、公教育における教育の内容及び方法について
も包括的にこれを定めることができ、また、教育行政機関も、法律の授権に基
づく限り、広くこれらの事項について決定権限を有する」とする「国家教育権
説」（家永教科書第1次訴訟高津判決・東京地判1974. 7. 16判時751. 47）のいずれが正
当であるかが問われたのである。

③　教育権の所在

　「国家教育権説」と「国民教育権説」という対抗図式については、「国（実体
的には文部科学省）vs国民＝教師（実体的には日教組）」という対抗図式が成立し
た「時代の産物」であり、憲法学的に見れば既にその歴史的使命を終えている
という有力な指摘もある。このような観点においては、戦前の歴史的経緯から

「国家教育権説」が批判されることは当然のことであるが、「国民の教育権説」についても、「教師に対する牧歌的信頼の上に立つ」こと、「教師の持つ権力的性格が曖昧にされており、学校という場において教師と緊張関係に立つ可能性のある子どものことが軽視されている」ことの問題性が確認されるべきこととされた。

旭川学テ事件最高裁判決は、「国家教育権説」と「国民教育権説」という対極的な２つの立場について、「いずれも極端かつ一方的であり、そのいずれをも全面的に採用することはできない」とした。憲法26条の背後に、「国民各自が、一個の人間として、また一市民として、成長、発達し、自己の人格を完成、実現するために必要な学習をする固有の権利」（＝学習権）が存在することをふまえ、その充足のために、保護者や教師といった教育関係当事者の教育の自由、私学教育の自由が一定範囲において肯定されるという立場が、最高裁によって示された。

すなわち、保護者については、主として家庭教育等学校外における教育や学校選択の自由という領域において、教育の自由を有すること、教師についても、教育の具体的内容及び方法について、ある程度自由な裁量が認められなければならないという意味において、憲法23条の学問の自由を根拠に、一定の範囲における教授の自由が保障されるべきことが、最高裁によって初めて示されたのである。

その上で、最高裁は、「それ以外の領域においては、一般に社会公共的な問題について国民全体の意思を組織的に決定、実現すべき立場にある国は、国政の一部として広く適切な教育政策を樹立、実施すべく、また、しうる者として、憲法上は、あるいは子ども自身の利益の擁護のため、あるいは、子どもの成長に対する社会公共の利益と関心にこたえるため、必要かつ相当と認められる範囲において、教育内容についてもこれを決定する権限を有する」とし、結論として、「国家教育権説」と「国民教育権説」の折衷的な「中間説」の立場を選択したのであった。

旭川学テ事件最高裁判決は、本来、人間の内面的価値に属する文化的営みである教育に政治的影響が深く入り込む危険があることをふまえ、教育内容に対

するかような国家的介入については、できるだけ抑制的であることが要請されること、子どもが自由かつ独立の人格として成長することを妨げるような国家的介入、例えば、誤った知識や一方的な観念を子どもに植えつけるような内容の教育を施すことを強制するようなことは許されないことを内容とする歯止めを設けてはいる（国の介入を限界づける判旨）。しかし、終局的に、国の広汎な教育内容決定権限を是認したものとして、この判決は把握されており、政府が党派的な立場から、教育内容を偏向的なものとしてしまう危険性を過度に軽視しているのではないかという批判が向けられている。実際のところ、家永教科書1次・3次訴訟最高裁判決、横浜教科書訴訟最高裁判決、君が代職務命令訴訟最高裁判決等、本判決以後の判決の多くが、国の介入を正当化するという文脈で本判決を引用・参照の対象としており、旭川学テ事件最高裁判決における、国の介入を限界づける判旨が、実質的にほとんど機能していないことが指摘されている。

④ 教師の教育の自由と「政治的中立性」

憲法23条の学問の自由については、個人の人権としての学問の自由にとどまらず、とりわけ大学における学問の自由を保障することを趣旨としたものとされてきた。従来の通説・判例は、23条により保障される教授の自由について、伝統的に、ヨーロッパ大陸諸国において、大学の自由を中心として学問の自由が発展してきたことから、大学その他の高等学術研究教育機関に限られるものとし、小学校、中学校、高等学校という普通教育課程における教師には認められないとしてきた。

普通教育課程では、教師は文部科学省による検定を経た教科書の使用義務が課せられるほか、学習指導要領による拘束を受ける。このような制度は、普通教育課程で学ぶ児童生徒に「ひとしく教育を受ける権利」を保障するため、すなわち、教育内容について地域格差や学校間格差が生じないようにするための配慮である。児童生徒に教授内容に対する批判能力がなく、教師が児童生徒への強い影響力、支配力を有すること、子どもの側に学校や教師を選択する余地

が乏しく、教育の機会均等を図る上からも全国的に一定の水準を確保すべき強い要請があることから、普通教育における教師に完全な教授の自由を認めることは許されないとしながら、「教師が公権力によって特定の意見のみを教授することが強制されないという意味において、また、子どもの教育が教師と子どもとの間の直接の人格的接触を通じ、その個性に応じて行われなければならないという本質的要請」に照らし、一定範囲における教師の教育の自由が保障されるべきことが明言されたのであった。

　しかしながら、かように教師の教育の自由が保障されるべきことを説く、旭川学テ事件最高裁判決の判旨もまた、十分に機能しているとは言い難い現状がある。その一例として、教育基本法14条 2 項の、「法律に定める学校は、特定の政党を支持し、又はこれに反対するための政治教育その他政治的活動をしてはならない」という規定について考えてみよう。

　高等学校までの社会科における主権者教育では、「公共的な事柄に自ら参画していく資質・能力の育成を重視する方向性」が打ち出される中で、現代社会における多様な課題を自分自身の課題として受け止め、主体的に考察することができる力を涵養することの必要性が唱えられて久しい。公民科教育では、①「政治について教える」（Teaching about Politics）、②「政治を通して教える」（Teaching through Politics）という 2 つの方法論がある。①では「知識理解型」社会認識の修得が、②では「意思決定型」社会認識の活用が図られる。公民科教育では①の方法がとられることが多く、重要語句の暗記や構造の理解を促すこと、つまり理論の教授に終始し、政治や選挙のしくみは教えても、現実の政治に対する判断力を涵養するものとはなっていないことが、若い世代の政治的無関心の一因であるとする指摘がある。

　未来の有権者を育て、公民的資質を高めるためには、「政治を通して」教える必要もあるという見地から、学校現場では「未成年模擬投票」が実施されるようになった。これは、海外では古くから行われてきたものであり、アメリカ、イギリス、ドイツ、スウェーデン等では、実際の選挙に連動した未成年模擬投票が学校現場で実施され、当たり前のカリキュラムとして定着している。

　例えば、スウェーデンでは、1980年代からSkolvalと呼ばれる未成年模擬投

票が、全国規模の事業として、国政選挙、地方選挙、EU選挙に連動する形で、学校現場で広く実施されてきた。Skolとは英語のSchool、valは英語のelectionに相当する言葉である。学校での模擬投票に合わせて、政党の討論会が学校で行われ、子どもたちが民主主義を学ぶ上で有効な手法とされている。学校教育庁（日本の文部科学省に相当する省庁）が、政党を学校に招聘し討論会を実施するためのガイドラインを策定し、選挙管理委員会は、投票用紙や投票箱を学校に提供する。現在では、1000を超える学校で数十万人の子どもたちが参加をしている。

　未成年模擬投票には2つのメリットがある。①実際の体験を通じて政治との距離を縮め、選挙の重要性を認識させて政治への関心を高めることにより、政治参加の心理的障壁を低くする効果、②教科書上で習得された政治・選挙に関する知識を、机上にとどまらず現実に確認し、活用する機会が提供されるという効果である。投票は自己完結型の自己決定ではなく、他者のあり方にも大きな影響を及ぼす決定に参画するための自己決定であり、そのためには政治的リテラシーが必要とされる。

　未成年模擬投票には2つの方法がある。まずは、①実際の選挙における政党のマニフェストを用いた模擬投票である。教師はマニフェストの内容について当否を決めつけることなく、争点の明確化や、各政策による効果の客観的整理に努めることにより、教育基本法14条2項違反を回避することができる。そして、②架空の政党や候補者を設定し、マニフェストを作成して行われる模擬投票である。教員が、児童生徒の発達段階にふさわしい政治的課題を設定し、争点が明確となるようマニフェスト作成を行うことにより、政策の当否をめぐる深い議論を実現しようとするものである。

　先述のように、海外諸国では、実際の選挙と連動した模擬投票の豊かな蓄積があり、アメリカの約2万の高等学校では、共和党のドナルド・トランプと民主党のヒラリー・クリントンが争った2016年の大統領選に際して、いずれの候補者が大統領にふさわしいか議論の末、模擬投票を行っている。模擬投票の結果と実際の選挙の結果を比較すると、実際の選挙結果に近い傾向が示されることが常であるが、2016年の全米模擬投票では、民主党のクリントン候補が選挙

人数において90人以上の差をつけてトランプ候補を破っている。

　対照的に、日本では、投票率の低下や政治的無関心を改善するための策として主権者教育が重視されているにもかかわらず、「学校教育における政治的中立性」という見地から、実際の選挙に連動した模擬投票の取り組みは遠ざけられてきた。

　国政選挙初の18歳選挙権が実現した第24回参議院議員通常選挙では、模擬選挙推進ネットワークの呼びかけに応じ、全国で50を超える中学校、高等学校、大学等で、実際の選挙と連動した「模擬選挙2016」が行われている。模擬投票に当たっては、教育基本法14条2項を念頭に置き、特定の政党・候補者への賛成・反対意見を一方的に述べ、生徒・学生を一定の方向に誘導していると受け取られかねないような言動を控えること、公職選挙法などの法令を遵守すること等が徹底されたにもかかわらず、参議院議員通常選挙の選挙期間中である2016年6月25日に、自由民主党公式ウェブサイト上において、「学校教育における政治的中立性についての実態調査」が開設され、「高校等で行われる模擬投票等で意図的に政治色の強い偏向教育を行うことで、特定のイデオロギーに染まった結論が導き出されることをわが党は危惧しております」という危惧が示されるとともに、実態調査が行われている。

　さらに、2016年7月7日には、自民党が、教育現場で政治的中立性を逸脱する教諭の事例がなかったかを把握する「学校教育における政治的中立性についての実態調査」への協力をホームページ上で募っていたことが報道された。「調査」の概要は、広く市民に対して、学校教育における「政治的中立を逸脱するような不適切な事例」を「具体的に（いつ、どこで、誰が、何を、どのように）」、自民党ホームページの記入欄に記入するように呼びかけるものであり、下記の文書が添えられていた。

　　「党文部科学部会では学校教育における政治的中立性の徹底的な確保等を求める提言を取りまとめ、不偏不党の教育を求めているところですが、教育現場の中には『教育の政治的中立はありえない』、あるいは『子供たちを戦場に送るな』と主張し中立性を逸脱した教育を行う先生方がいることも事実です。学校現場における主権者教育が重要な意味を持つ中、偏向した教育が行われることで、生徒の多

面的多角的な視点を失わせてしまう恐れがあり、高校等で行われる模擬投票等で意図的に政治色の強い偏向教育を行うことで、特定のイデオロギーに染まった結論が導き出されることをわが党は危惧しております。そこで、この度、学校教育における政治的中立性についての実態調査を実施することといたしました。皆さまのご協力をお願いいたします」

　以上のような呼びかけ文は、この後、二度にわたって修正されることになる。最初の修正後には「教育現場の中には『教育の政治的中立はありえない』、あるいは『安保関連法は廃止にすべき』と主張し中立性を逸脱した教育を行う先生方がいることも事実です」となり、「子供たちを戦場に送るな」の部分が「安保関連法は廃止にすべき」に差し替えられ、二度目の修正後には、「安保関連法は廃止にすべき」との言葉が削除されたが、調査は7月18日まで続けられた。「密告の呼びかけ」と批判されたこの調査は、上述の「政治的中立性」なる概念を政府与党がどのように考えているのかについて如実に示すものと言えよう。

　学校現場における個々の教師は党派的な教育をしてはならないという意味で、「教育の政治的中立性」は確かに重要である。しかし、安保関連法、集団的自衛権行使容認という政策をめぐっては、その端緒となった閣議決定のみによる憲法解釈変更という営為の違憲性が圧倒的多数の憲法研究者により指摘されており、これは「政治的中立性」という次元の問題ではない。教育基本法14条2項は「特定の政党を支持し、またはこれに反対するための政治教育」を禁ずるが、憲法遵守を義務づけられる教育公務員としての学校教員が、立憲主義に違反する形で強行された憲法解釈変更をめぐる学界の批判を取り上げることは、「政治的中立性」を侵すものではないどころか、責務といっても過言ではない。

　そもそも、教育現場で要請される「政治的中立性」とはいかなる意味の概念なのであろうか。教育基本法14条は、1項「良識ある公民として必要な政治的教養は、教育上尊重されなければならない」、2項「法律に定める学校は、特定の政党を支持し、又はこれに反対するための政治教育その他政治的活動をしてはならない」と規定する。1項により尊重が求められる「政治的教養」の内容については、一般的に、①民主政治、政党、憲法、地方自治等、現代民主政

治上の各種の制度についての知識、②現実の政治の理解力及びこれに対する公正な批判力、③民主国家の公民として必要な政治道徳及び政治的信念、とされる。

　1976年の旭川学テ事件最高裁判決で確認されたように、全ての国民は、自ら一個の人格として成長発達する権利を有しており（成長発達権）、さらに子どもはこの成長発達に必要な学習を施すよう大人に対し要求する権利を持つ（学習権）。教育の本質は、まずもってこの子どもの学習権を充足するための責務として行われる営みであるという点に求められ、かような本質に照らせば、政治教育を尊重し、積極的にこれを実践することを規定する１項が、教育基本法14条の原則として位置づけられるべきことになる。

　その上で、14条２項は生徒の学習権侵害となるような一方的観念の教え込みを禁ずる規定であり、その趣旨を踏まえると、「政治的中立性」とは、政治的なテーマや社会的論争の俎上にある事柄を授業実践において取り上げる際に、それを、「論争があるものとして扱っているかどうか」が問題ということになる。論争ある事柄について、論争あるものとして授業が行われ、生徒自身が多様な立場で検討することが保障されていれば、生徒に一方的な観念を教え込むことにはならず、「政治的中立性」には反しないと考えるべきである。

　一定の範囲において、教師の教育の自由が保障されるべきことを説いた旭川学テ事件最高裁判決の判旨について、改めて再考することが求められている。

■参考文献■

芦部信喜（高橋和之補訂）『憲法〔第７版〕』（岩波書店、2019）

植野妙実子『基本に学ぶ憲法』（日本評論社、2019）

今野健一「教育を受ける権利と教育権──旭川学テ事件」長谷部恭男・石川健治・宍戸常寿
　　編『憲法判例百選Ⅱ〔第７版〕』（有斐閣、2019）

渋谷秀樹『憲法〔第３版〕』（有斐閣、2017）

片桐直人・井上武史・大林啓吾『一歩先への憲法入門』（有斐閣、2016）

元山健・建石真公子編『現代日本の憲法〔第２版〕』（法律文化社、2016）

米沢広一「教育を受ける権利と教育権──旭川学テ事件」長谷部恭男・石川健治・宍戸常寿
　　編『憲法判例百選Ⅱ〔第６版〕』（有斐閣、2013）

第14章 人身の自由

　自分の意思とは反対に他人に奴隷のように扱われたら……今後の生活は悲惨なものになるだろう。「顔つきが怪しい」というだけで理由も明示されず、警察官に逮捕・処罰されたら……いつどのような理由で難癖をつけられて逮捕されるかわからないから、ビクビク怯えながら人生を送ることになるだろう。

　このような状況を生み出さないために、日本国憲法は、18条において、奴隷的拘束・苦役からの自由、そして31条から40条にわたって、適正手続や被疑者・被告人の権利といった刑事手続に関わる詳細な規定を設けている。これらを人身の自由という。これらの規定は、おおよそ人権部分の3分の1の量を占めることから、日本国憲法がどれほど重点を置いているのか理解できるだろう。これは諸外国の憲法と比しても、例を見ないほどの分量である。

　人身の自由は、イギリスのマグナ・カルタや合衆国憲法修正条項に由来を辿ることができるが、日本国憲法の規定が詳細な理由は、事実上、被疑者・被告人の権利が十分に保障されていなかった、大日本帝国憲法下での反省に基づいていると言える（特に、特別高等警察の存在が反省の対象とされた）。

　以下、それぞれの内容について見ていくことにしよう。

1　奴隷的拘束からの自由

　人身の自由を考えるための総論部分に当たるのは、憲法18条である。18条は、奴隷的拘束からの自由と意に反する苦役からの自由を規定する。この規定は、身体に対する一切の不当な拘束を受けない自由を指している。思想・良心の自由や表現の自由などと同様に、人身の自由は自由権と位置づけられるが、これが認められないと、他の自由権どころか、その他の人権も絵に書いた餅になる

から、人権の中でも最も土台になるものとされている。また、本条は、他の人権規定とは異なり、国家と個人との関係を示すだけにとどまらず、広く私人間においても直接効力を有するものであるという点は注目に値する。

　自由を奪われ、昼間は農業など一定の作業を行うことしか認められず、夜は逃げないように鎖でつながれる奴隷は、本人の意志を無視されているどころか、人間らしく生きることを否定されている。奴隷制度は、特にアメリカ大陸のものが有名だ。しかし、わが国は歴史上、このような奴隷制度が存在していない。だから18条の存在意義がない、と判断するのは早合点である。「奴隷的拘束」の意を正確に捉えるならばこれは、「自由な人格者であることと両立しない程度の身体の自由の拘束状態」である。このような意味に照らし、例を考えてみると、監獄部屋、娼妓契約、人身売買などが当てはまることになる。

　次に、「意に反する苦役」とは、強制的に土木工事を行わせるような「広く本人の意思に反して強制される労役」を指す。したがって、戦前存在したような徴兵制度や国民徴用などはこれらに該当し、認められない。ただし、憲法違反とならないとされる例外もある。本条に示されるように、「犯罪に因る処罰」の場合である。例えば、罰金や科料を完納することができない者を労役場に留置できる（刑法18条）。そのほか、災害による緊急事態の場合、関係者が、現場や近隣の者を協力要請し従事させることができるとされている（災害対策基本法65条・71条、消防法29条5項など）。

② 刑事手続

　ここからは、刑事手続における人身の自由の内容を検討したいと思う。だが、まずここでは、刑事手続に登場する人物とその流れ（主に、①捜査→②起訴→③公判→④刑の執行の4段階）について把握することから始めたい。それに加えて、ここからは、「自分は無実なのに何らかの間違いで逮捕され、現在法廷にいる」というイメージを浮かべながら、読んでほしいと思う。

（1）登場人物

　刑事手続に登場する人物は、捜査から公判までの段階に限定すると、主に、①被疑者、②被告人、③弁護人、④警察官、⑤検察官、⑥裁判官と6者存在する。①②はわれわれ国民誰もがなる可能性がある。③は①②を弁護する者だ。④⑤⑥は国家権力を担う者である。

　被疑者は、捜査機関から犯罪を犯したと疑われ捜査を受けている人を指す。これが、公判の段階になると、被告人という名称になり、犯罪を犯したと疑われ裁判所に起訴された者を指す（民事裁判の「被告」と名称の違いに注意してほしい）。したがって、両者とも、疑われている段階であって、犯罪が確定しているわけではない。警察に逮捕された人が、まるで犯罪者と確定したかのような報道をされるときがあるが、これは間違いである。それと同時に、逮捕時の犯罪実名報道のあり方に関して検討する必要がある。

　弁護人は、被疑者や被告人の弁護を行う者を指す。一般的に法的知識のない被疑者・被告人が警察や検察とある程度対等にわたり合うためには、法律の専門的知識が必要になるから、原則として弁護士がなる（刑事訴訟法（以下、刑訴）31条1項。一定の要件下において、弁護士でない者を選任できる規定として、刑訴31条2項）。弁護人は、私選弁護人と国選弁護人に分かれる。私選弁護人は、被疑者・被告人自身や一定の親族（配偶者や兄弟姉妹など）が私費を使って選ぶ者である。国選弁護人は、貧困やその他の理由により、被疑者・被告人の請求によってなされるものと、裁判官が職権により選任するもの（刑訴36条・37条・37条の2・37条の4・289条など）がある（憲法34条では、被疑者の国選弁護人選任請求権は規定されておらず、刑訴法改正でそれが可能になった）。

　検察官は、公益の代表者として刑事手続全般に関わる。したがって、「①犯罪の捜査を行い、②公訴を提起し、③公判を維持する（公判に立ち会い、証拠調べを請求し、証人に尋問するなどの訴訟行為をする）。また、裁判所に正当な法の適用を要求し、あるいは意見を述べるなどし、④裁判の執行を指揮する」。

　警察官は、司法警察職員として犯人や証拠の捜査をすることができる（刑訴189条）。また、特殊な場所、事件、分野に限り、警察官でない行政職員に捜査権限が与えられており（例えば、麻薬取締官や刑務所長など）、彼らを特別司法

警察職員という（刑訴190条）。

　裁判官とは、検察官が起訴した事件を審理し裁判する者を指す。

　以上のほかに、国民の中から選ばれた裁判員が2009年から、地方裁判所レベル（主に本庁）で、重大な刑事裁判（殺人や現住建造物等放火などの裁判）に参加することになった。彼らは、抽選でランダムに選ばれ、裁判官と一緒に、事実認定と量刑の判断を行う。

（2）刑事手続の流れ

　次に、丸数字に従って順に、刑事手続の主な流れを見ていこう。

①　捜査段階になるためには、犯罪が発生しなければならない。

②　捜査機関（警察、検察）が、犯罪発生と判断するきっかけは、被害者・第三者による通報や自首、職務質問、自動車検問などである（捜査の端緒）。

③　彼らは、証拠集め、証人捜し、被疑者の身柄拘束（逮捕）、取調べといった捜査を行う。

④　その後、検察官は必要があれば、勾留し引き続き取調べをする。

⑤　検察官は捜査の結果、犯罪の疑いがあれば起訴、なければ不起訴になる。また、犯罪の疑いはあるが処罰の必要性がない場合、起訴猶予になる。

⑥　裁判では、証拠調べを通じ、検察官と被告人・弁護人との立証・反証活動が行われる（一般的には、一審は、地方裁判所で行われる。罰金以下の刑罰を規定する犯罪などの場合、簡易裁判所で行われる場合もある）。

⑦　裁判官は、公平中立的な立場から、事実認定をもとにし、判決を下す。

⑧-1　判決に不服があれば、被告人か検察官は、上訴（控訴・上告）する。

⑧-2　（A）判決が確定した場合、有罪であれば、刑が執行される。ただし、無罪を言い渡すに値する新証拠が発見されたときなど、理由があれば、再審を請求できる（刑訴435条以下）。（B）無罪の判決を受けた場合、その者は、抑留や拘禁により、経済的にも身体的にも精神的にも多大な被害を受けたであろうから、国に対してその補償を請求する権利が認められている（憲法40条。詳細は、刑事補償法で、補償内容は4条）。

③　適正手続

　国家が国民に刑罰（国家に与えられた最小限度の暴力）を科すことは、人身の自由に対する最も直接的な侵害である。そうである以上、刑罰権が無闇やたらに発動されるのを防がなければならないし、刑罰を執行するまでの手続（②（２）で見た手続の流れ）は、ずさんなものであってよいはずがない。そこで憲法31条では、われわれは、法律の定める手続によらなければ、生命・自由を奪われることもなく、その他の刑罰を科せられることはないと定められている。この条文から、まず、犯罪や刑罰の内容について示す法律（例えば、刑法典）が存在することが必要である（罪刑法定主義）。刑法典によって、われわれは何をしてはいけないのか知ることができ、安心して生活できる。また、警察官らによる、犯罪のでっちあげを防ぐことができる。しかし、ただ法律が存在するだけでは不十分であり、その内容が適正なものでなければならない。そのためには、第一に、犯罪・刑罰の内容が明確である必要がある。例えば、「道路で迷惑をかける者は、罰金に処する」という規定があった場合、「道路で迷惑をかける行為」が、痰を吐く行為なのか、道路に穴を開けて進路妨害する行為なのか不明確であろう。第二に、規制内容が合理的なものである必要がある。殺人や傷害は犯罪として処罰されるべきものと一般的に考えられるが、例えば電車内で高齢者に席を譲らない若者を刑法で規制するとすれば、これは合理的な規制ではなく、一般的に行きすぎととられるだろう。第三に、罪刑のバランスがとれていなくても困る。例えば、「万引きをした者は、死刑に処する」と規定される場合、どう見ても両者のバランスが崩れていると言えよう。第四に、不当な差別が禁止される必要がある。

　また、刑罰を科すための手続が明確に規定される必要がある。手続の内容についても適正なものでなければならない。警察官や検察官らが主観的な判断で行動しないように、刑事手続全体にわたって、法律のコントロールが客観的に及ぶ必要がある（憲法33条～39条により詳細に規定されており、さらに刑事訴訟法により具体化）。そして、刑罰という不利益を受ける者が、なぜそれを受けるの

か事前に知らされず、これに対して弁明する機会が与えられていなければ、言い分も一切聞いてもらえず取調べや裁判を受けることになる。憲法は、手続が適正であるためには、告知と聴聞を受ける権利が重要だと考えている。

第三者所有物没収事件（最大判1962. 11. 28刑集16. 11. 1593）

　　被告人らが犯罪行為に係る貨物を没収されたが、その中には被告人以外の者の所有物も混ざっていた。この点につき、被告人は、所有者に財産権擁護の機会を全く与えず没収するのは、憲法29条1項違反と主張した。最高裁は、「……第三者の所有物の没収は、被告人に対する附加刑として言い渡され、その刑事処分の効果が第三者に及ぶものであるから、所有物を没収せられる第三者についても、告知、弁解、防禦の機会を与えることが必要であって、これなくして第三者の所有物を没収することは、適正な法律手続によらないで、財産権を侵害する制裁を科するに外ならない」とした。

　　憲法31条が刑事手続に関係することはもちろん、税務調査、土地の強制収用、伝染病患者の強制収容などの行政手続にも準用されると一般的に解されている。判例は、限定つきで31条の行政手続への適用・準用を認めている。

成田新法事件（最大判1992. 7. 1民集46. 5. 437）

　　新東京国際空港の安全確保に関する緊急措置法3条1項に基づき、運輸大臣は、規制区域内に空港反対派が建築した建築物について、所有者らに対し、使用禁止命令を発し続けたため、所有者がこれらの命令の取消しを求めて提訴した事件。この点、行政手続が憲法31条の保障の枠外にあると判断するのは相当でないとしながら、最高裁は、「しかしながら、同条による保障が及ぶと解すべき場合であっても、一般に、行政手続は、刑事手続とその性質においておのずから差異があり、また、行政目的に応じて多種多様であるから、行政処分の相手方に事前の告知、弁解、防御の機会を与えるかどうかは、行政処分により制限を受ける権利利益の内容、性質、制限の程度、行政処分により達成しようとする公益の内容、程度、緊急性等を総合較料して決定されるべきものであって、常に必ずそのような機会を与えることを必要とするものではないと解するのが相当である」とした。この点、行政手続法（1997年）が制定され、不利益処分についての聴聞及び弁明の機会の付与が保障された（行政手続法13条）。

　また、憲法35条・38条に、行政手続が及ぶことを原則的に認めたケースとして、川崎民商事件（最大判1972. 11. 22刑集26. 9. 554）がある。

4　被疑者の権利

　憲法はまず、捜査過程において不当に侵害されない権利として、被疑者の権

利について定める（主に、33条〜36条）。具体的には、①不当な逮捕（身体の自由の拘束）・抑留（一時的な身体拘束）・拘禁（継続的な身体拘束）からの自由、②住居等の不可侵、③弁護人選任権、④黙秘権（⑤（２）後掲）、⑤公務員による拷問の禁止（⑤（４）後掲）である。

（1）不当な逮捕からの自由

　憲法33条は、誤認逮捕の可能性が低い現行犯逮捕（罪を行っている最中、あるいは今まさに罪を終えた者を逮捕すること（刑訴212条１項）。一般人も逮捕できる（刑訴213条））を除き、司法官憲（裁判官のこと）が発する令状（逮捕状、勾引状、勾留状）が必要であり、またこの令状にはなぜ逮捕されるのか理由が明示されていなければならないとする。逮捕に令状が必要であり、そして令状発行を、捜査機関と異なる機関に行わせることは、警察権力の濫用による恣意的な理由なき逮捕を防ぐためである（令状主義。刑訴199条・200条）。

　ただし、準現行犯逮捕（刑訴212条２項）と緊急逮捕（刑訴210条）の場合は、現行犯逮捕と同様に、逮捕時に令状が必要とはされない。「準現行犯逮捕」とは、たった今犯罪を行い終えたとは言えないが、行い終わってからほとんど時間が経っていないことが明確に認められ、しかも、①犯人呼ばわりされている者、②凶器などを保持している者、③体や服に明らかな犯罪の証拠となるような跡が見られる者、④警察官の職務質問などに応ぜず逃げようとする者、に適用される。「緊急逮捕」とは、重大な犯罪（死刑、無期懲役・禁錮、３年以上の懲役・禁錮に当たる罪）を犯したと疑えるだけの十分な理由があるものの、急を要しており裁判官の逮捕状を求めることができない場合、その理由を告げて逮捕することである。ただし、この場合、逮捕直後に令状の発行を求めることが義務づけられている。令状が発行されない場合は、直ちに被疑者を釈放しなければならない。緊急逮捕については異論もあるが、最高裁は、先のような厳格な制約の下であれば、憲法33条の規定の趣旨に反するものではないと判示している（最大判1955. 12. 14刑集13. 2760）。余罪捜査や別件逮捕が令状主義に反しないかという問題もあるが、ここでは詳述しない。

（2）不法な抑留・拘禁からの自由

　憲法34条は、逮捕後に抑留・拘禁される場合、誰でも直ちにその理由を告げられなければならないと規定する。これは33条と同様の趣旨に基づくもので、被疑者には弁護人を依頼する権利がある。これは、単に「依頼する」にとどまらず、弁護人の接見交通権（被疑者や被告人が弁護人と会って打ち合わせをし、書類などを受け渡す権利）も含むものである。さらに、拘禁の場合は、抑留に比べて人身の自由を侵害される程度が大きいので、本人や弁護人が出席している公開法廷でその理由を示すことで、不当な拘禁の防止を図っている。その趣旨を具現化したものとして、勾留理由開示制度がある（刑訴82条以下）。

（3）住居の不可侵

　住居は、人にとって私生活の中心である。憲法35条1項は、個人の私生活が不当に侵害されないようにするために、何人も令状によらなければ、住居、書類や所持品について、侵入、捜索、押収されない、と規定している（この点、令状なしのGPS捜査を違法とした最大判2017. 3. 15刑集71. 3. 13がある）。

　ただし、①正当な理由に基づいて発せられ、捜索する場所や押収する物が明示された令状がある場合、②33条に当てはまる場合は、この限りではない。①の令状は、逮捕のときと同じく、司法官憲が発する。さらに、個々の捜索や押収ごとにそれぞれ別の令状がなければならない。②の場合は、現行犯逮捕と令状による逮捕の場合であり、その場合は令状は不要とされる。しかし、最高裁は、②の意味は「33条による不逮捕の保障の存しない場合においては捜索押収等を受けることのない権利もまた保障されない」として、逮捕に伴う合理的な範囲内であれば、現行犯逮捕でなくても許されるとした（最大判1955. 4. 27刑集9. 5. 924。この点、刑訴220条）。だが、これらの手続において、35条の令状主義の精神を没却するような重大な違法が証拠収集手続にある場合、その証拠物の証拠能力は否定される（違法収集証拠排除法則。最判1978. 9. 7刑集32. 6. 1672）。

⑤　被告人の権利

　被告人の権利とは、公判段階で不当に侵害されない権利である（主に、36条〜40条）。具体的には、①公平かつ迅速な公開の裁判を受ける権利、②証人審問権や証人喚問権、③弁護人選任権・国選弁護人選任請求権、④黙秘権、⑤事後法と「二重の危険」の禁止、⑥残虐刑の禁止、⑦刑事補償請求権（先述）が規定されている。

（1）37条の「刑事被告人の諸権利」

　37条は、①から③の権利を規定する（③は、先述）。①の公平かつ迅速な公開の裁判を受ける権利は、刑事被告人の権利を明確にするため、裁判を受ける権利と裁判の一般公開（憲法32条・82条）とは別に規定されており、3点のポイントがある。第一に、構成などの点で当事者の一方に偏り公平でない裁判所でないことである。被告人や被害者と利害関係にある者、その事件について検察官として関わった裁判官は、除斥、忌避、回避される（刑訴20条以下・377条、刑訴規則9条以下）。第二に、迅速な裁判の保障である。裁判が長引けば、その分被告人の生活は精神的にも身体的にも不安定化し、時間の経過により証拠資料が散逸したり、証人の記憶も曖昧になり、真実発見が困難になる可能性が高い。最高裁は、15年にわたって審理が中断していた高田事件において、「審理の著しい遅延の結果、迅速な裁判をうける被告人の権利が害せられたと認められる異常な事態が生じた場合には、これに対処すべき具体的規定がなくても、もはや当該被告人に対する手続の続行を許さず、その審理を打ち切るという非常救済手段が許される」とし、免訴を言い渡した（最大判1972.12.20刑集26.10.631）。第三に、その対審及び判決が公開の法廷で行われる裁判を保障することである。さらに付け加えたいのが、対審時のみならず刑事手続全般が言語を通じて行われることをふまえるならば、被疑者・被告人の権利がしっかり機能するための前提として、被告人の母語などの言語使用権や通訳人をつける権利も保障される必要がある。

　②の権利は、事実認定が適切に行われるための権利であるが、被告人が自分に不利な証言をする証人に対し反論することができる権利（証人審問権）、被告人が自分に有利な証言をする証人を呼び寄せることを認める権利（証人喚問権）がある。ただし、証人審問権における証人がまた聞きの証言をした場合、伝聞証拠として排除される（伝聞証拠禁止の原則。刑訴320条。例外として、321条以下）。また、証人喚問権における証人とは、裁判所が、その裁判をするに当たって適切な証人を喚問すればよいとされている。

（2）黙秘権・自白の証拠能力

　かつての日本では、自白が重要な証拠とされ、これのみで処罰の根拠は足りると考えられた時代があった。この場合、自白さえ得られれば事件は解決することになり、自白を得るために拷問すら辞さない姿勢によって人権侵害が当然のように起こる。この反省に基づき、憲法38条1項は、自己に不利益な事柄（刑罰を科せられる根拠になる事実の告白）についての黙秘権の保障をしているのである。そして38条2項は、強制・拷問・脅迫による自白や不当に長く身体を拘束された後の自白では、虚偽の可能性があり、誤判を招く可能性があるために、そのような自白の証拠能力を否定している。また、憲法38条3項は、被告人の自白のみを証拠とするのではなく、有罪や刑罰を科す場合、自白以外に補強証拠や物的証拠が必要としている。

（3）事後法と「二重の危険」の禁止

　憲法39条は、第一に、事後法（または遡及処罰）の禁止、第二に、「二重の危険」の禁止を示している。

　ある行為を犯罪とする法律ができた場合、罰することができるのはそれ以後の行為であり、それ以前の行為を罰することはできない（事後法の禁止）。例えば、ストーカー行為等規制法は2000年11月に施行されたが、それ以前に行われたストーカー行為を罰することはできない（この点、2020年7月1日施行の香港の国家安全維持法に関する事例は遡及処罰適用の可能性をめぐる議論が出ているので調べてみてほしい）。また、ある犯罪行為を行った時点において、その行為に

対する刑罰が懲役5年と規定されていたが、裁判の途中で法改正により刑罰が懲役3年と改められた場合、軽い方（後者）が選択されることになる。この逆の事例の場合（行為時が懲役3年で裁判時の法改正が懲役5年）は、軽い方（前者）が選択されるのである（刑法6条）。

次に、既に無罪となった確定判決について、それを覆して再び審理することはできないし、ある犯罪を罰した後、同じ犯罪に対して、別の罪で罰することはできない（「二重の危険」の禁止）。ただし、わが国は三審制を採用しており、検察官が上訴を求めることはこの条文に反するものではないとされる（最大判1950.9.27刑集4.9.1805）。

（4）公務員による拷問・残虐な刑罰の禁止

憲法36条は、第一に、公務員による拷問の禁止、第二に、公務員による残虐な刑罰の禁止を規定する。さらに注目すべきは、これらの行為が「絶対的」に禁止されるという点である。

被疑者や被告人から自白を得る手段として拷問が使用されることは、人類の歴史上少なくなかったし、このような拷問は現在でも地球上のどこかで恐らく存在しているだろう。そうでなければ、拷問等禁止条約が1987年という最近になって発効するはずがない（1984年採択。日本は1999年加入）。大日本帝国憲法下の日本においても、治罪法や旧刑法といった法律で禁止されていたにもかかわらず、捜査官による拷問行為はかなり存在していた。この反省をふまえて、憲法36条は、公務員による拷問を絶対的に禁止しているのである。

次に、刑法上規定されている刑罰の種類について見てみよう。生命刑（死刑）、自由刑（懲役・禁錮・拘留）、財産刑（罰金・科料・没収）が用意されている（刑法9条以下）。このような刑罰のほかに、過去においては、身体刑（馬裂きの刑や皮剥ぎの刑など）や名誉刑（市民権の一部か全部を停止するとか奴隷に身分を格下げするなど）が存在した。名誉刑は、基本的人権を尊重し身分制を否定する現行憲法上、当然に認められない。身体刑については、最高裁は、「不必要な精神的、肉体的苦痛を内容とする人道上残酷と認められる刑罰」とし、火あぶり、はりつけ、さらし首、釜ゆでなどの刑の執行は、36条の「残虐な刑罰」に

当たるとしている（最大判1948. 3. 12刑集2. 3. 191）。しかし、身体という法益どころか、生命という法益まで奪う「死刑」は、残虐な刑罰に該当しないのであろうか。この点、先の最高裁判決は、憲法に刑罰として死刑を想定した明らかな規定（13条・31条）があるとして該当しないとした。実質的理由として、犯罪の予防効果や社会防衛などを挙げている。

　ちなみに、国連では、1989年に死刑廃止条約が採択され91年に発効している（正式名称は、市民的及び政治的権利に関する国際規約の第二選択議定書）。

⑥　残された課題

（1）冤罪事件は防げるか

　憲法に、これほど詳細に人身の自由の規定があり、それを受けて刑事訴訟法の規定があるにもかかわらず、冤罪事件は後をたたない。この本の初版時には、富山県警に強姦と同未遂容疑で逮捕された男性が服役後に無実とわかったケースも挙げた（『朝日新聞』2007年3月5日付。同時期に、志布志事件もあった）。しかし最近でも、痴漢冤罪は繰り返し生じているし、捜査機関が防犯カメラの都合のいい部分だけを抜き出す冤罪も発生している。無実の大学生が詐欺の疑いをかけられ、不当な勾留を受け、留年や内定取消しなどに至ったケースもある。

　こういった自由刑をめぐる冤罪も問題であるが、生命刑に関わる冤罪は、刑が執行されてしまえば、二度と生命が戻ってこないという問題点がある。実際、死刑囚の立場にありながら後に無罪であったことが明らかとなった冤罪被害者も存在する（例えば、免田事件、松山事件）。法律を作るのも、捜査・裁判を行うのも、神ならぬ人間である以上、完全に間違いを無くすことはできない。しかし、警察や検察がこれらの法令を守らず、裁判官がそれを見過ごしているとすれば、それは別の文脈の話だ。例えば、捜査怠慢、弁護人との接見交通妨害、証拠捏造、証拠隠匿などが想起される。また、取調べが密室で行われており、不透明な部分もある（裁判員裁判の事件に関しては一部可視化されたがまだまだである）。国際社会でも批判を浴びている代用監獄（現在の名称は代用刑事施設）の問題もある。これは、被疑者が刑事施設ではなく警察署内の留置場に収容さ

れるため、24時間連日取調べが可能になり、人権侵害や虚偽の自白を生む可能性がある。

（2）犯罪被害者の保護

　刑事裁判は、被告人と検察の関係構造を描くものであるため、犯罪被害者やその遺族が当事者にはなれず、蚊帳の外に置かれる状態が続いていた。しかし、現在、刑事訴訟法は、彼らに意見陳述を認めている（刑訴292条の２）。また、犯罪被害者保護法にて、公判手続の傍聴、公判記録の閲覧・謄写などが認められている（2条〜4条）。そして、犯罪被害者に給付金が支給される法律もある。そのほか、「犯罪被害者等のための施策を総合的かつ計画的に推進し、もって犯罪被害者等の権利利益の保護を図る」ことを目的とする犯罪被害者等基本法などもある。さらに、刑事訴訟法を改正し、犯罪被害者やその遺族が、殺人、傷害などを対象にした刑事裁判に参加する制度も、2007年6月、国会にて成立した（被害者参加人制度）。裁判官の許可を得れば、被告人への直接質問、証人への尋問など行うことができる。また、犯罪被害者保護法に、被害者が損害賠償請求できる「損害賠償命令の申立て」も規定された。

（3）裁判員制度実施により生じた問題点

　この制度は、司法が国民に身近な存在になることや、裁判の迅速化などを意図している。公判前整理手続（刑訴316条の2以下）は、裁判の迅速化を図るものであり、「法の素人」たる一般国民が務める裁判員制度を想定して用意された。この手続は、公判で行われる裁判の前に、裁判官、検察官、弁護士の三者が集まり、その裁判の争点や証拠を絞る作業を行う。これは上記の制度の意図をふまえ一定の成果を上げていると言われる。しかし、実施後10年たち、裁判員候補者の辞退率の多さが現在問題になっている（例えば、2018年度は67％）。また、守秘義務の範囲の広さとその義務違反に対する処罰の重さ、アメリカの陪審員と異なり法廷に顔を出すことによる弊害、遺体写真などを見た裁判員がPTSDにかかる可能性、裁判員裁判の日数の長期化など、実施からここ10年で裁判員制度設計時の議論にて問題視されていた懸念がいくつも現実となっている（例

えば、2016年5月、福岡地裁小倉支部の裁判員裁判で発生した裁判員への被告人知人の暴力団幹部の声かけ事件）。これらのことも辞退率と関係あるかもしれない。まだまだ人身の自由との関係において問題は山積みである。

■参考文献■

芦部信喜（高橋和之補訂）『憲法〔第7版〕』（岩波書店、2019）

市川正人ほか『現代の裁判〔第7版〕』（有斐閣、2017）

飯島滋明『憲法から考える実名犯罪報道』（現代人文社、2013）

椎橋隆幸編『ブリッジブック刑事裁判法』（信山社、2007）

浜田寿美男『自白の心理学』（岩波書店、2001）

最高裁判所のホームページ〈saibanin.courts.go.jp〉

第**15**章 経済的自由権

① 経済的自由権とは

（1）近代的な消極国家と経済的自由

　私たちは、日々様々なお金の算段をしながら暮らしている。物を買ったり外食したりするときには消費者として、アルバイトをすれば給与所得者として、就職するときには雇用契約の当事者として、経済活動に参加している。そこでは、希望通りにいかないことや、やりくりの苦心も含めて、自らの意志と責任によって主体的に判断をしている人々の姿がある。経済活動の「自由」とは、このことを指している。日本国憲法では、22条の職業選択の自由、居住・移転の自由、29条の財産権によって、この自由が保障されている。

　18世紀末の近代革命期以前のヨーロッパ社会は、商業などの経済活動が力を持ち、人の移動が活発になる芽が育っていたにもかかわらず、近代以前の封建制・身分制（世襲制）のルールによって、自由な移動や活動が制約されていた。

　経済的自由権は、人々がそのような制約を受けずに自由な経済活動を行うために主張された権利である。そのため、この権利が確立した当初の18世紀末のフランスでは、この権利は「不可侵の権利」として強い保護を受けた。この時代には、解放された市民の自由を最大限に保障することが人権保障の目的で、国家はできる限り市民社会に干渉せず、害や危険を「犯罪」として取り締まる役割に専念すべきだと考えられたのである。この考え方を、消極国家観と呼ぶ。経済的自由もこの考え方の中で、国家は介入しないこと（自由放任）が正しいと考えられていた。

（2）現代的な規制と「公共の福祉」

　しかし、その後、経済の世界には様々な規制や調整が採用されるようになった。

　経済的自由は、「競争の自由」を重要な柱としているが、この競争から勝者・敗者の間の格差、雇用者・被雇用者（労働者）の間の格差が生み出され、これによって社会的・経済的弱者が深刻な貧困状態に陥るようになっていった。また、格差が極端になりすぎると、競争に勝った者が市場を独占してしまい、負けた側や新しくその業種に参入しようとする者が市場に参加できなくなってしまう。その反省から、弱い立場の人も含めて全ての人に人間らしい生活ができるように支援をしたり、公正・公平な競争のあり方を法律によって確保するなど、積極的な政策を行うことが国家の任務と考えられるようになった。独占禁止法や不正競争防止法、デパートや大型スーパーマーケットなどの大規模店舗から在来の小売業を保護するルールなどが、これに当たる。

　こうしたニーズから、経済に対して政策的な配慮を行う国家を「積極国家」と言い、この配慮によって弱者に対する支援を行う国家を「福祉国家」と言う。日本国憲法は、25条から28条までの社会権の規定があることから、弱者を積極的に支える福祉国家のあり方を採用している（社会権は別の章で扱う）。

　こうした福祉国家は、消極的な国家よりも多くの事柄を扱い、多くの財源（金銭）やルールが必要になる。そのため、課税や規制という形で国民の経済的自由に介入する度合いを強めることになる。日本国憲法では、このことが「公共の福祉」という言葉に反映されている。

（3）規制の目的

　それぞれの権利内容を見る前に、この領域全体に通じる「公共の福祉」と憲法判断の考え方について見ておこう。

　日本国憲法では、経済的自由を、22条「職業選択の自由、居住移転の自由」と29条「財産権」の２つに分けて保障しているが、この両方の条文に「公共の福祉」という言葉が出てくる。この言葉は憲法13条に出てくる「公共の福祉」と同じ言葉だが、他の人権（表現の自由など）が規制されることについては、

それぞれの条文にこの言葉はなく、この13条の「公共の福祉」が全ての条文に通じる一般原則として扱われているのに対し、22条と29条は、この言葉を条文に明記して、重ね塗りしている。13条タイプの「公共の福祉」は、本来は個々人の自由な活動を尊重すべきところを、何らかの害を防止する必要上規制するという性格のものなので、目的を達成するために必要な最小限の規制にとどめることが求められる（比例原則とも呼ばれる）。先に見た整理で言えば、「消極的な」理由での規制である。これに対して、22条・29条にある重ね塗りは、それに加えて「積極的な」政策目的による調整があることを表している。

　その政策は「公共」つまり社会全体のための政策でなくてはならず、特定企業や特定業種の利益のためのものであってはならない。また単純に多数者の利益を反映する結果になりやすい「公益」という言葉よりも、社会的弱者への配慮を含むものとして「公共の福祉」という言葉が特に選択されていることを確認しておく必要がある。

（4）規制目的に応じた憲法判断

　ここまで見てきたように、憲法では、経済の分野の人権と、精神的自由など経済の分野以外の人権とでは、異なるタイプの規制があることを認めている。これに応じて、裁判で「その規制は憲法違反ではないか」と問われたときの判断基準にも、違いが出てくる（「二重の基準」。これについては、第9章を参照）。

　さらに、経済活動の自由に対して行われる規制の中にも、害や危険を防止するための消極的規制と、過剰な格差を是正して弱者を保護するために行う規制とに分かれる。経済活動の自由に対する規制が憲法違反に問われる訴訟が起きたとき、これに対する憲法適合性の判断は、この規制目的に応じて、異なる基準によって行われる。

　まず消極目的規制の場合には、①立法目的が正当かつ重要なものであること、②目的と手段の間に実質的な関連性があることが要求され、この要求が満たされない規制は憲法違反となる。この考え方は「厳格な合理性」の基準と呼ばれている。

　これに対して、積極政策目的による規制が争われた場合には、立法府に広い

裁量が認められて、①当該規制の立法目的が正当なものであること、②当該の目的とそれを達成するための手段との間に合理的関連性があることが要求される。「合理的根拠の基準」と呼ばれることが多い。これは、説明が成り立てばよいという程度の、かなり緩い基準となる。さらに最高裁は、この種の規制については、立法府が裁量を逸脱し、その規制が「著しく不合理であること」が「明白」な場合に限って違憲とする、という考え方を示している（小売市場距離制限事件）。この「明白性の基準」と呼ばれる考え方によって、憲法適合性の判断はさらに緩いものになっている。

> **小売市場距離制限事件**（最大判1972. 11. 22刑集26. 9. 586）
> 　小売市場とは、ひとつの建物を細かく区切って小売商の店舗用に貸付または譲渡したものをいう。小売商業調整特別措置法３条１項は、小売市場用の開設を許可する条件として、適正配置のための距離制限（既存の市場から一定の距離以上離れていること）を課していたが、これの合憲性が争われた。最高裁は、本件の規制目的が経済的基盤の弱い小売商を過当競争から保護するという積極目的の規制であるとした。そしてこうした積極目的の規制の場合、規制が「著しく不合理であること」が「明白」な場合に限って違憲とする、という考え方によって、本件規制を合憲とした。

②　職業選択の自由

（1）権利の内容と性質

「職業選択の自由」とは、各人が自分の職業を自分で決定することのできる自由を言う。各人が希望する職業に就けるという結果を保障したものではなく、身分制度や権力による妨害を受けないことを保障したものである。また、この権利の当然の内容として、妨害を受けずに職業を行う自由が含まれる。

　この職業選択の自由には、経済的利益のための活動と同時に、各人の自己実現という、人格権的な側面もあることに留意すべきだろう。

（2）「公共の福祉」と規制の根拠・目的

　憲法22条１項は、「何人も、公共の福祉に反しない限り、……職業選択の自由を有する」と定めている。ここでいう「公共の福祉」に、２つの意味がある

ことは、先に解説した通りだが、これに応じて、「職業選択の自由」も、消極型・積極型それぞれの規制を受ける。

　職業への規制は、届出制（理容業など）、許可制（飲食業、貸金業など）、資格制・免許制（弁護士、医師など）、特許制（電気、ガス、鉄道などの公益事業で、国が特定者にこの事業を行う特権を与える制度）などがある（知的財産分野における「特許」とは異なる）。

　医師や理容業、飲食業に一定のハードルがあることについては、国民の生命・健康への危険を防ぐために行われる規制（消極型）として理解できる。電気・ガスなどの公共インフラを特許制にして国の管理監督が及ぶようにしているのは、積極型の規制として理解できる。弁護士・検察官・裁判官などの法律実務活動が、高度な試験によってハードルが設けられた国家資格であることは、その両面を併せ持った制度と言える。

　離職や転職も「職業選択の自由」によって保障される。企業は、退職して他に転職しようとする者をその意思に反して引きとどめることはできない。これに関して、企業の中には、顧客や知的財産情報の流出を防止するため、退職後に同業を選ばないこと（競業避止義務）をあらかじめ取り決めておくところもある。国がこうしたことを法律で定めたりすれば、転職者の「職業選択の自由」を侵害することになるので憲法違反となると思われるが、私企業と従業員の間の約束は、双方の合意があれば契約として成り立つとするのが原則である。しかし、転職者の「職業選択の自由」の重要性から、この種の契約は、限定された期間内・合理的な範囲内でのみ有効と考えられる。

　職業選択や営業の自由には、各人の自己実現・幸福追求・人格の発展も含まれているため、この部分への制約となる規制については、不必要な規制を課していないか、丁寧に審査する必要がある。

（3）規制の合憲性に関する審査基準

　最高裁判所の判例は、経済活動に対する規制が積極的な社会経済政策の実施を目的としている場合には、政府の政策判断を尊重して緩やかに判断する「明白性の基準」（前述）を採用している。

　一方、規制が消極的な目的によるものである場合には、これより厳しい「厳格な合理性の基準」を用いている。

公衆浴場距離制限事件（最大判1955. 1. 26刑集9. 1. 89）

　公衆浴場の開設の条件として適正配置（距離制限）を要求する公衆浴場法2条が争われた。最高裁は設立を業者の自由にすると、設立場所の偏りが起きて利用者にとって不便を招くおそれと、濫立による過当競争から衛生設備が低下するおそれがあるとして、これを防止しようとする当該規制を合憲とした。

薬局距離制限事件（最大判1975. 4. 30民集29. 4. 572）

　薬局の開設の条件として適正配置の距離制限（既存の薬局がある場合、ここから一定の距離以上離れていること）を要求する旧薬事法6条2項が争われた。最高裁は、この薬局距離制限は、国民の生命・健康に対する危険の防止という消極目的のものであるとした上で、①規制の必要性・合理性、②当該目的の達成について人権への制限の度合いがより少ない手段がなかったかどうかを検討すべきであるとした。そして、①については、薬局の開設を自由に認めると競争激化を招き、不良医薬品などによって国民の健康に危険がもたらされる、という因果関係を合理的に認めることはできないと判断、また、②については、この目的は他のより緩やかな手段によって達成できる、として、問題となった適正配置規制を違憲とした。

酒類販売免許制事件（最判1992. 12. 15民集46. 9. 2829）

　酒類販売の免許を申請した者が、酒税法10条10号により「経営の基礎が薄弱である」ことを理由に免許交付を受けられなかったため、この規定の合憲性を争った。最高裁は、許可制が合憲であるためには「重要な公共の利益のために必要かつ合理的な措置であること」を要するとした（薬局距離制限判決を引用）。そして、酒税法が定めている免許制については合理性を認め、また、酒税は消費者に負担が課される税目であること、酒類は販売秩序維持のために規制を受けてもやむを得ないことから、立法府の判断が裁量の範囲を逸脱し著しく不合理であるとは言えない、として規制を合憲とした。

風営法ダンス規制事件（最決2016. 6. 7 LEX/DB25543348）

　平成25年、大阪にあるクラブが大阪府公安委員会の許可なく客にダンスをさせたとの理由で、「風俗営業等の規制及び業務の適正化等に関する法律」（以下「風営法」）違反の疑いで逮捕・起訴されたが、一審・二審とも無罪判決を受け、最高裁もこれを支持し、無罪が確定した。風営法（改正前）は「風俗営業」に該当する飲食業者に対して「営業の健全化」「業務の適正化」を目的としたルールを課している。裁判ではこのルールが過剰な規制となっており憲法違反ではないか、との主張も述べられたが、裁判所は憲法判断を行うことなく、当該行為は風営法の規制対象とするダンスには該当しない、との理由で無罪とした。

③　居住・移転の自由

（1）権利の内容と性質

　憲法22条は、居住・移転の自由、及び外国に移住しまたは国籍を離脱する自由を定めている。この権利には、自分の住所または居所を決定する自由、及び、移動の自由が含まれる。旅行の自由もここに含まれる。

　こうした自由が「経済的自由」として保障されていることには、歴史的な経緯がある。近代以前の封建制社会では、人は土地に拘束されることによってその職業も拘束されていたため、時代が近代に変わるときには、土地から解放して移動の自由を認めることと職業選択の自由とがセットになっていた。

　現在では、人にとっての移動は、留学や観光旅行のように、自己の見聞を広めたり、人との交流を図るという意味で、人格の発展や精神の自由の側面も併せ持っている。したがって、居住・移転の自由に対する規制の合憲・違憲性を判断する場合にも、一律に経済活動に関する規制として扱うのでなく、具体的場面に応じて、より厳しい審査基準が採用されるべきだろう。

（2）海外渡航の自由と国籍離脱の自由

　居住移転の自由には、海外渡航の自由が含まれ、そこには定住のための渡航と一時的な旅行の両方が含まれる。海外渡航には旅券（パスポート）の所持が義務づけられているが、旅券法13条では、外務大臣が裁量によって旅券の発給を拒否できることが定められている。このことを憲法違反に問う裁判もあったが、裁判所は合憲としている。海外渡航について制限を受けたジャーナリストが、その制限を憲法違反に問う裁判も起きているが、こうした例では、憲法22条の内容を単純に経済的自由と見るのではなく、精神的自由の前提となる権利という側面を重視するべきだろう。

　なお、憲法22条は国籍離脱の自由を認めているが、無国籍の自由を認める趣旨とは考えられていない。国籍法は11条で、「外国の国籍を取得したときは、日本の国籍を失う」と定めているが、これは無国籍及び重国籍の両方を防ぐ規

定と考えられている。ただ、今日の国際化の動きの中では、重国籍を認めない考え方は実態にそぐわないのではないか、との疑問も多い。

（3）外国人の入国・再入国

　日本に在留する外国人には出国の自由が保障されているが、再入国の自由が憲法上の権利として保障されるかどうかについては、見解が分かれている。

　2015年は、シリアの紛争地域からの難民問題が世界の関心を集めた。22条2項は、日本国内から外国への出国や移住の自由は認めているが、外国から日本への入国と移住については何も言っていない。これについては国の立法裁量や行政裁量に委ねられることになり、この裁量に優越する憲法上の権利として外国人の「入国・再入国・在留の権利」や「移住する権利」を考えることはできないと考えるのが通説である（マクリーン事件・最大判1978. 10. 4民集32. 7. 1223）。

　ただ、法解釈としてはこの理解をとるとしても、日本は難民の受け入れについてあまりにも高いハードルを課していることが問題視されている。憲法の趣旨を生かした議論が必要だろう 。

旅券発給拒否事件（最大判1958. 9. 10民集12. 13. 1969）

　　元参議院議員が、モスクワで開催される国際経済会議に出席するためソ連行きの旅券を申請したところ、外務大臣が、旅券法13条1項5号の規定する「著しく且つ直接に日本国の利益又は公安を害する行為を行う虞」があるとして、この旅券発給を拒否した。裁判では、この法令の憲法適合性と、外務大臣の拒否処分の適法性の2点が争われた。最高裁は、旅券法の規定は「公共の福祉」のために合理的な制限であり、また、外務大臣の判断は当時の国際情勢下においては肯認できるとして、法令、処分ともに合憲とした。

　　旅券は、政府が発行する身分証明書として海外において決定的な重要性を持つものなので、安易に制約を認めるべきではないとの見解もある。

④　財産権

　工場などの設備を使って事業活動を行う場面は、29条の財産権の行使と合わせたものとなる。そうした事業遂行の自由を総合して、「営業の自由」と言う。

（1）財産権保障の意味

　今日、私たちは、自分の労働の対価として得た金銭が自分のものだということや、自分の購入した財産が自分の所有物であって、自分の判断で使ったり他人に売ったりできることを、普通のことと考えている。しかし、このような自由は近代になってから確立されたものである。近代以前の社会では、財産（特に土地）は上位身分者から貸し与えられたものとして支配を受けた（封建制）。

　ここから脱却した「財産権」は、18世紀の近代憲法においては、個人の「不可侵の権利」と考えられていた（1789年フランス人権宣言）。しかしその後、財産権は一定の社会的制約を受けるべきものと考えられるようになった（1919年ヴァイマル憲法がその代表例）。第二次世界大戦後は、ほとんどの国でこの考え方が採用されるようになっている（1966年国連人権規約Aでも社会権の保障が規定されている）。

　憲法29条1項は、「財産権は、これを侵してはならない」と定めている。

　この規定は、個人が自己の個別・具体的な財産を保持することの権利を定めたものという側面と、私有財産制という制度を保障するという側面との両面を持つ、と一般に考えられている。「財産」は、①各人が人間らしい生活を営むための財産（生活財）と、②経済活動を行うための財産（生産財）とに分けて考えることができる。同じ建物でも、自分とその家族が生活するために所有している家屋であれば①の財産だが、店舗や工場として使ったり、賃貸物件としてそこから収益を取る場合には②の財産となる。

　日本国憲法は、①の意味の財産には強い保障を与え、②の意味の財産には、2項の「公共の福祉」による制約を認めるしくみをとっていると考えられる。

（2）知的財産権

　21世紀に入ってから、「知的財産」と呼ばれる分野が重要度を増している。これは、例えば自動車や携帯電話といった個々の物品の経済価値ではなく、それらの物品の機能を成り立たせる新たな技術の発明や、美的に優れた創作的デザインなどから発生する経済価値をいう。

　知的財産をめぐる権利に関するルールを定めた法律には、特許法や意匠法や

不正競争防止法、そして著作権法など多数の法律があり、こうした法律群を総称して「知的財産法」と呼ぶ。

　日本国憲法上、知的財産権は、「人権」（国家以前に存在する「人間の権利」）とまでは言えず、むしろ各国が経済と文化を活性化しようという積極政策の中で作り出した政策的な権利という側面が強い。しかし、知的財産権による利益の確保が社会に定着してきた現在、この利益を不当に奪われたり毀損されたりすることは、財産権の侵害として見ることができる。

　知的財産権を憲法上どう位置づけていくか、今後、議論が成熟してくると思われる。

（3）財産権の制限

①　「公共の福祉」による制限

　憲法29条２項は、「財産権の内容は、公共の福祉に適合するやうに、法律でこれを定める」と定めている。これは１項で保障された財産権の内容が、法律によって制約されるという趣旨だが、ここで１項の「これを侵してはならない」という規定との関係をどう見たらいいだろうか。先に見た、生活財と生産財という分け方で見ると、現代福祉国家においては、生活財については１項によって個人の財産の保障を主眼にすえて消極目的による規制のみを認め、生産財の方は消極目的による規制に加えて積極目的による政策的規制にも服する、という見方が有力である。

②　「法律」による制限と条例

　財産権の内容は「法律」で定められるという場合、各自治体が条例によって財産権を制限することは、認められるのだろうか。条例による規制は「法律の範囲内で」（憲法94条）という憲法の規定があるため、条例による規制がこの範囲内にとどまるものであれば、憲法上の問題は生じない。しかし、公害規制条例や環境保護条例に見られるように、条例で法律よりも厳しい制約を課そうとする場合には、これを許容するかどうかという問題が残る。「地方自治」に関する章と読み合わせて、考えてみてほしい。

（4）　消費者保護のための法律と行政

　29条「財産権」からは「契約の自由」という考え方が出てくる。この考え方に従えば、契約の当事者同士が一旦合意した内容であれば、どのような内容であれその合意が拘束力をもち、国がこの合意内容に介入すべきでないことになる。しかし、現実には、対等とは言えない状況の中で契約が成立することもある。そこで、奴隷契約、人身売買契約のように憲法に反する内容の契約は、合意があったとしても無効となると考えられる。また、憲法は27条・28条で「勤労者の権利」を定め、各種の労働法を作るように国に求めているが、これも国が「契約の自由」に踏み込んで修正を行っている例である。

　特に現在では、消費者保護のための法ルールが拡充されてきている。架空請求などはもともと詐欺など違法行為に当たるので当然に消費者が保護されるべきだが、そこまでの違法性のない行為でも、業者と個人とのやり取りでは経験と情報量に圧倒的な差があるため、個人は断れない心理状態に追い込まれたり、不利な契約をしてしまうことがある。こうした事情から、「消費者法」と呼ばれる法律分野が発達してきた。これは消費者契約法や割賦販売法、クーリングオフ制度を定めた「特定商取引に関する法律」といった様々な法律によって消費者の保護を図るしくみである。こうした問題を扱う消費者行政については、内閣府に消費者庁が設置されている 。

（5）財産権の制限と補償

　憲法29条３項は、「私有財産は、正当な補償のもとに、これを公共のために用いることができる」と定めている。この規定は、私有財産を公共のために（例えば鉄道、道路の建設などの公共事業のために）収用または制限できるということと、その際には「正当な補償」が行われなければならないということを意味している。

　収用とは、例えばある土地を鉄道や道路の建設用地として使うなど、当該財産を剥奪することである。制限するとは、例えば建築基準法で、当該土地内で建物として利用できる面積や高さを制限することなどである。

　ただ、この３項に基づく公共収用の全ての事例について補償が行われている

わけではない。この公共収用にも、消極目的によるものと積極的政策目的によるものとがあり、裁判所は、消極目的による制約に関しては補償を行う必要はないと考えている。次に、政策上の必要から行われる財産権制約については、大きく2つに考えが分かれている。

　ⓐ**特別犠牲説**　　消極目的での制約や「隣接関係」（隣接する土地や家屋同士の利用を調整するために、所有者や利用者が各自の権利を部分的に制限し合い協力し合うこと）については、補償は不要だが、それ以外の場合で、特定の個人に特別の犠牲を課す場合には補償が必要だとする考え方。ここで課された制約が「特別の犠牲」と言えるかどうかは、①制約が課される対象が、一般人ではなく、特定の個人ないし集団であること、②課される制約の内容が受忍すべき限度を超えて財産権の本質を侵害するほど強度なものであること、の2つを考慮して判断される。

　ⓑ**制約の内容を中心に判断する説**　　①財産権を剥奪することや、財産権の本来の効用を発揮できなくさせるような制約については、権利者の側にこれを受忍すべき理由がある場合でない限り、補償を必要とする。②そこまでの実質的剥奪に至らない規制については、その規制が当該財産の社会的共同性から見て必要なものである場合には補償は不要だが（例えば建築基準法に基づく制限）、他の特定の公益目的のため当該財産権の本来の効用とは無関係に課せられる制限には補償が必要と考えられる（例えば重要文化財指定を受けた建物は、保全のため、居住者自身の判断で補修や増改築ができなくなるが、このことによって生じる居住上の不都合について補償が必要）。

　近年は、ⓑ説が有力視されている。

（6）「正当な補償」とは

　29条3項にいう「正当な補償」の内容については、完全補償説と相当補償説とがある。完全補償説は、収用や規制の対象となった財産の市場価格を全額補償すべきだとする考え方である。一方、相当補償説は、当該財産について合理的に算出された額であれば市場価格を下回ってもよいとする考え方である（最大判1953.12.23民集7.13.1523）。29条3項は、適法な公権力の行使によって生じ

た損失を、特定の個人の負担にせず、国民全体で負担しようとする制度であることから考えると、「正当な補償」は完全補償を原則とすべきである。農地改革のような特殊な事情を別にすれば、道路拡張のための土地収用のような場合には、完全補償が必要と考えられている（最判1973.10.18民集27.9.1210）。

奈良県ため池条例事件（最大判1963.6.26刑集17.5.521）

　奈良県は、1954年、大雨時のため池の決壊による災害を防止するため、ため池の堤塘の土地の耕作を禁止する条例を制定した。この条例は、この条例制定以前から耕作を行ってきた者にとっては不利益となる。原告は条例に反して自分の土地を耕作し、罰金刑を受けた。最高裁は、この規制は災害を防止し公共の福祉を保持するためにやむを得ないものであり、財産権を有する者が受忍しなければならない責務であるとした（条例が憲法29条3項の補償を定めていないことについて合憲とした）。この判決内容については、財産が本来の目的に使用できなくなる場合には、国または自治体が29条3項の補償をすべきだった、との見解もある。

予防接種被害裁判（東京地判1984.5.18判時1118.28）

　予防接種法に基づいて行われた集団予防接種によって、児童に後遺症や死亡などの健康被害が生じた場合に、29条3項を根拠に補償を請求できるかどうかが問題となった。ここでは憲法17条に定められている国家賠償請求権（これに基づく国家賠償法）では、賠償を請求できるのは国の行為が違法であった場合に限られるので、それ自体は適法な行為から結果的に生じた被害につき補償請求ができないという「補償の谷間」の問題が生じた。この事例で、東京地裁は、憲法29条3項の類推適用によって国に直接補償を求めることができるとした。その控訴審では、予防接種による生命・健康への被害については、財産権に関する補償を定めた29条3項を根拠にすることはできないとして、国の過失責任を認める方法で国家賠償請求の道を開いて救済を図っている（東京高判1992.12.18高民集45.3.212）。

森林法判決（最大判1987.4.22民集41.3.408）

　森林法では、森林を複数名で共有している所有者はその森林の共有分を分割することはできないと規定していたが、森林の分割を望んだ所有者が、この規定を憲法29条に反し無効であるとして争った。最高裁は、森林法186条の立法目的は、森林の細分化を防止することによって森林経営の安定と森林の保護を図るとした上で、分割禁止はこの目的を達成するにつき必要な限度を超えた規制に当たり、合理性と必要性のいずれも欠いている、との違憲判決を出した。規制目的の部分をどう読むか、規制目的と結論の関係をどう見るか、専門家の間でも議論がある。

（7）　アクチュアルな問題を考えてみよう

2020年3月から、SNSや路上スタンディング・デモなどで、「自粛と補償はセット」、「休業と補償はセット」というスローガンが多く見られた。この「補償」は憲法29条3項の「補償」のことを指していると考えられる。新型コロナウイルス（Covid-19）の感染拡大を止めるために、内閣や自治体が、「新型インフルエンザ等対策特別措置法」32条1項の規定に基づいて緊急事態宣言を発出し、飲食店や文化芸術・芸能系のイベントや営業に自粛を求めたことから、これに憲法29条3項の補償を求めることができるかどうかについての議論が高まった。

この問題は、専門家の間でも見解が分かれている。あなたなら、どういう構成でどういう結論を導くだろうか。現在の社会状況と議論、そして本章で見た各種の学説の観点・ロジックの違いを考え合わせながら、各自で「論」の組み立てに挑戦してみてほしい。

■参考文献■

芦部信喜（高橋和之補訂）『憲法・〔第7版〕』（岩波書店、2019）
安西文雄・巻美矢紀・宍戸常寿『憲法学読本〔第三版〕』（有斐閣、2018）
中島徹『財産権の領分』（日本評論社、2007）
樋口陽一『憲法〔第三版〕』（創文社、2007）
村田尚紀「経済的自由」山内敏弘編『新現代憲法入門』（法律文化社、2004）

第16章 参政権

① 選挙権の意義

　参政権とは、国政に参加する権利のことである。国家と個人との関係に着目する場合には、「国家からの自由」である自由権を実効的に確保するための「国家への自由」と位置づけられる。つまり、国政に参加しなければ自分たちの自由は確保されないということである。もっとも、政治参加の仕方は多様であり、例えば、言論や政治集会のような個別の活動を通じた政治参加もあれば、選挙制度や住民投票制度などの公的な制度を通じた政治参加もある。これらの政治参加の中には、憲法上の自由権（表現の自由など）によって保障されるように、憲法上の制度として規定されているもの（憲法改正国民投票など）も多い。しかし、これら全てが参政権という概念に含まれると考えられているわけではない。憲法学においては、日本国憲法において保障される参政権に属する権利として、選挙権及び被選挙権を挙げるのが一般的であり、これらのほかに、公務就任権（公務員になる権利）を挙げる論者もいる。

　それでは、これらの権利が日本国憲法のどの条文によって保障されるのか。日本国憲法には、「選挙権」や「被選挙権」という言葉は登場しない。通説は、「公務員を選定し、及びこれを罷免すること」が「国民固有の権利」であると規定する憲法15条1項によって、選挙権や被選挙権が保障されると解している。

② 選挙権

　国民が公務員を選定する制度としては、選挙が典型的である。選挙とは、特

定の地位に就く者を多数人の投票によって選任する集団的な行為である。そして、選挙権とは、選挙人として選挙に参加し、投票を行う権利のことを指す。日本国憲法は、公務員を選定するための制度として、国政については国会議員（衆議院議員及び参議院議員）を選挙する制度（43条）、地方自治については地方公共団体（都道府県・市町村）の長及び地方議会議員を選挙する制度（93条2項）を規定しており、上述の通り、公務員を選定及び罷免する権利の一環として、「国民」には、これらの選挙における選挙権が保障されるのである。最高裁もまた、「［憲法は、］15条1項において、公務員を選定し、及びこれを罷免することは、国民固有の権利であると定めて、国民に対し、主権者として、両議院の議員の選挙において投票をすることによって国の政治に参加することができる権利を保障している」と述べている（在外日本人選挙権訴訟・最大判2005.9.14民集59.7.2087）。

（1）選挙権の法的性格

　ところで、選挙権については、その法的性格について論議されることがある。すなわち、「国民」は、憲法上、選挙人として選挙に参加して投票を行うことになっているが、この選挙への参加は、参政権の一環としての「権利」なのか、それとも公務員を選定するという「公務」なのか、という論議である。

　大日本帝国憲法下においては、選挙への参加をもっぱら公務であると解する公務一元説が有力であった。しかし、日本国憲法下においては、選挙への参加を権利として位置づけることを完全に否定する見解は、皆無に等しい。前述のように、日本国憲法は、選挙権が典型であると考えられる公務員選定権を「国民固有の権利」であると明示しており（15条1項）、最高裁も、選挙権の権利性を肯定している（前述の在外日本人選挙権訴訟・最大判2005.9.14民集59.7.2087）。

　むしろ、日本国憲法下における議論の対立は、選挙権に権利性があることを前提として、それに加えて、選挙権に公務性をも認めるか否かという点にある。通説は、権利公務二元説の立場であり、選挙権には権利性だけではなく公務性も認められると説く。代表民主政の下では、国民の代表者を選出する上で選挙は不可欠な制度であり、国民が選挙に参加しなければ政治は機能しない。その

意味では、選挙権の公務性は当然に認められるべきであろう。注意すべきは、公務性の強調が、選挙権の制限を正当化する議論につながる場合があるということである。例えば、重大犯罪や選挙犯罪を犯した者の選挙権を法的に、または事実上否認する等の現行法上の制限や、強制選挙制または義務的投票制（投票しない者に不利益を課したり投票した者に利益を与える制度）の導入などを公務性によって正当化する議論がある。少数説である権利一元説が公務性を否認するのは、この種の議論に対する警戒の意味合いが強い。権利公務二元説に立つ場合には、選挙権の公務性を強調するあまり、その権利性が没却されないように注意すべきであろう。また、そのためには選挙権の「公務性」、いかなる意味で公務なのか、主権者としての国民としての権利の行使が、国家権力の権限行使とどのような意味で同一視しえるのかしえないのかといったことについてさらに検討していく必要があろう。

（2）近代選挙の五原則

　選挙制度に関しては、近代選挙の五原則と呼ばれる諸原則が国際的に確立しており、例えば、世界人権宣言21条、世界人権宣言を具体化した国際条約である市民的及び政治的権利に関する国際規約25条にそれが具体的に規定されている。

　世界人権宣言21条は次のような条項である。

世界人権宣言（1948年12月10日国連総会で採択）
第21条
　1項　すべての人は、直接に又は自由に選出された代表者を通じて、自国の政治に参与する権利を有する。
　2項　すべて人は、自国においてひとしく公務につく権利を有する。
　3項　人民の意思は、統治の権力の基礎とならなければならない。この意思は、定期のかつ真正な選挙によって表明されなければならない。この選挙は、平等の普通選挙によるものでなければならず、また、秘密投票又はこれと同等の自由が保障される投票手続によって行われなければならない。

　世界人権宣言21条の規定には、人民主権、被選挙権と公務就任権も含む参政

権、議会制民主主義、定期的で真正な（投票操作や票の集計などで不正が行われないまともな）選挙の実施を大前提として、選挙について直接選挙、自由選挙、平等選挙、普通選挙、秘密選挙の近代選挙の五原則を明示している。

　市民的及び政治的権利に関する国際規約25条は次のような条項である。

市民的及び政治的権利に関する国際規約（1966年12月16日国連総会で採択、1976年3月26日発効。日本については1978年5月30日に署名、1979年6月6日に国会承認、1979年6月21日に批准書寄託、1979年9月21日に発効）

第25条

すべての市民は、第二条に規定するいかなる差別もなく、かつ、不合理な制限なしに、次のことを行う権利及び機会を有する。

(a) 直接に、又は自由に選んだ代表者を通じて、政治に参与すること。

(b) 普通かつ平等の選挙権に基づき秘密投票により行われ、選挙人の意思の自由な表明を保障する真正な定期的選挙において、投票し及び選挙されること。

(c) 一般的な平等条件の下で自国の公務に携わること。

　世界人権宣言21条を条約として具体化する市民的及び政治的権利に関する国際規約25条も、差別のない、不合理な制限のない公正な制度、運用であることを大前提として、選挙が、直接選挙、自由選挙、普通選挙、平等選挙、秘密投票の原則に基づいて、選挙の自由な意思の表明としての真正・選挙の権利を、被選挙権と公務就任権も包含するかたちで明示的に規定している。

　人権保障の世界史的進展を受けて制定されている日本国憲法においても、これらの原則が承認されていると解されている。これらの原則は、選挙権のあり方を考察する上でも重要な諸原則であるので、ここで解説しておこう。

　　①　普通選挙

　一定の要件を充足する者だけに選挙権を認める選挙を制限選挙と言い、そうした制限を行わずに、広く選挙権を認める選挙を普通選挙と言う。

　制限選挙と普通選挙とは、かつては財力を選挙権の要件（納税額要件など）とするかどうかによって区別されていた。そのため、1925年に衆議院議員選挙における納税要件が撤廃されたことをもって、日本における普通選挙の実現と捉えられることも多い。しかしながら、現在における普通選挙の概念は、財力

に限らず、人種・性別・教育など、あらゆる不合理で差別的な事項を選挙権の要件とすることをも認めない広い意味で理解されており、この意味における普通選挙は、日本では、GHQの間接統治下で女性に選挙権が認められた1945年の法改正（選挙の実施は1946年）によって実現したことになる。

　1946年に成立した日本国憲法も、「成年者による普通選挙を保障する」（15条3項）だけでなく、選挙制度について、「人種、信条、性別、社会的身分、門地、教育、財産又は収入によって差別してはならない」（44条但書）と規定しており、広い意味での普通選挙の原則を確認している。

②　平等選挙

　平等選挙は、各選挙人に等しい価値の選挙権を認める選挙のことであり、不平等選挙と対置される概念である。不平等選挙の典型としては、特定の選挙人に複数の投票を認める複数投票制や、選挙人をいくつかの等級に分けて等級ごとに代表者を選挙する等級選挙が挙げられる。

　日本国憲法は、選挙制度における差別の禁止を規定する44条但書や法の下の平等を規定する14条によって、平等選挙の原則を要請していると解される。平等選挙の原則は、かつては、「一人一票」という標語の下に投票の数的平等に重きを置いて理解されていたが、近年では、投票の価値的平等をも要請するものとして援用されることが多い。最高裁も、「選挙権の平等は、単に選挙人資格に対する制限の撤廃による選挙権の拡大を要求するにとどまらず更に進んで、選挙権の内容の平等、換言すれば、各選挙人の投票の価値、すなわち各投票が選挙の結果に及ぼす影響力においても平等であることを要求せざるをえないものである」と述べ、投票の価値的平等の観点から、議員定数不均衡の憲法適合性について検討している（最大判1976.4.14民集30.3.223。議員定数不均衡問題については本書第8章「法の下の平等」を参照）。

③　自由選挙

　自由選挙の原則は、選挙で投票する狭い意味での選挙人の権利としては、選挙人が自らの意思に基づいて候補者や政党等に投票する原則、換言すれば、選挙への干渉を禁止する原則として理解される。日本国憲法も、「選挙人は、その選択に関し公的にも私的にも責任を問はれない」と規定する（15条4項）。

　この自由選挙の原則によって棄権の自由も要請されるとの見解もあるが、この原則によって棄権の自由までは要請されず選挙権の公務性の観点から棄権を禁止する制度も容認できるという見解もある。

　また、自由選挙の原則は、選挙で投票する選挙人の自由な意思形成を可能にするために、自由な選挙関係の情報の発信と受け取り、そのための活動を幅広く保障するという原則として広い意味でとる場合には、選挙運動の自由をも要請するものと理解されている。この意味での自由選挙の原則は、日本国憲法においては明文で規定されていないが、普通選挙の原則、平等選挙の原則からも当然導かれるであろうし、政治的な権利としても重要な役割を持つ憲法21条の表現の自由からも導くことができると考えられる。日本においては、「選挙の公正」の名の下に、諸外国と比べて、かなり厳しい選挙運動規制が行われている。広範で詳細な規制が、かえって広い意味での自由選挙を阻害するとも言えるため、学説ではこれを問題視する立場が少なくない。

④　秘密選挙

　秘密選挙は、選挙人の自由な意思及び選挙の公正を確保するために、選挙人がどの候補者または政党に投票したかを第三者が知りえない方法で行われる選挙である。普通選挙、平等選挙、自由選挙の原則があっても、秘密投票・秘密選挙の原則が守られなければ、選挙人・選挙で投票する個人の自由な投票は保障できない。それは、現実の社会においては、秘密投票の原則が守られない場合には、様々な団体、組織、グループ、社会関係を通じて、その団体等が支持する党派や候補者に投票するように圧力をかけ、実際にそのように投票したことをその団体等に何らかの方法で明かすように強く求める場合が実際にありえて（違法だが、極端な場合には、投票ではあらかじめ隠して持ち込んだ既に記入済の投票用紙で投票し、投票所で交付された投票用紙は持ち出して不正投票行為を行っている団体等に渡し、それをまた別の選挙人に渡しといったことを繰り返すようなことである）、そうした状況の中では個人が自由に意思形成し、実際に自身の意思の通りに投票するということが非常に困難になるからである。日本国憲法も、「すべて選挙における投票の秘密は、これを侵してはならない」（15条4項前段）と規定している。公職選挙法は、投票所自書主義（選挙人が投票所におい

て投票用紙に自書する原則、公職選挙法46条1項〜3項）、無記名投票（同4項）、他事記載の禁止（68条）、投票の秘密侵害罪（227条）などの規定を設け、秘密選挙の原則を具体化している。

⑤　直接選挙

　直接選挙とは、選挙人が1回の選挙で公務員を直接に選定する選挙である。これと対置される間接選挙は、選挙人がまず中間選挙人（選挙委員ともいう）を選定し、次にその中間選挙人が公務員を選定するという選挙のことである。間接選挙は、選挙人に対する一定の不信感（民主政とは衆愚政治であるといった発想や感情）を背景としたものであると言われ、近年では、廃止されるか運用が改められる傾向にある。例えば、アメリカ合衆国の大統領選挙は間接選挙の典型例として紹介されることが多い。実際、アメリカ合衆国の大統領選挙は有権者の投票数によって直接大統領が選出されるのではなく、50州と特別区で合計538名の大統領選挙人を各州・特別区で選出し、11月の選挙後、選出された大統領選挙人が12月に各州・特別区の議会に参集し（連邦議会にではない）選挙人集会を行い、大統領を選出するために投票をする制度になっており、典型的な間接選挙であり、近年は制度改革や州法改正の動きもある。

　日本国憲法は、地方選挙については、「地方公共団体の長、その議会の議員及び法律の定めるその他の吏員は、その地方公共団体の住民が、直接これを選挙する」（93条2項）と直接選挙の原則を明文で規定しているが、国政選挙については明示していない。しかしながら、直接選挙ではない普通選挙、平等選挙はそもそも想定し難く、また議院内閣制の下で全国民の代表としての国会議員の直接的な代表の重要性を考えれば、日本国憲法は国政においても直接選挙を原則としており、むしろ地方選挙において確認の意味で直接選挙を明示的に規定したとも考えられる。通説は、国政選挙においても直接選挙の原則が妥当するものと解している。例えば、最高裁は、参議院議員選挙制度における非拘束名簿式比例代表選挙について、直接選挙の原則に違反しないと判示している（最大判2004.1.14民集58.1.1）。

（3）選挙権享有の要件

　普通選挙の原則や平等選挙の原則が妥当するとしても、実際に各人が選挙権を享有するためにはいくつかの要件を充足することが必要とされる。

①　選挙権享有の積極的要件

　選挙権享有の積極的要件としては、現行法制度上、国政選挙・地方選挙ともに、国籍要件と年齢要件とがあり、地方選挙については、さらに住所要件（一定期間住民登録し、実際に居住しているという要件）がある。

　憲法15条は、公務員の選定・罷免権を「国民固有の権利」であると規定し（1項）、「成年者による普通選挙」を保障する（3項）。これを受けて、公職選挙法9条は、国政選挙及び地方選挙の両方について、「日本国民」であること（国籍要件）、「年齢満18年以上の者」であること（年齢要件）を選挙権享有の要件としている（2015年に公職選挙法9条が改正され、年齢要件は満20年から満18年に引き下げられた。9条は2016年から施行されている。国政選挙では2016年7月10日の第24回参議院議員通常選挙が最初のものとなった）。また、地方選挙については、さらに、「引き続き3箇月以上市町村の区域内に住所を有する」こと（住所要件）が、その属する地方公共団体における地方選挙権を享有する要件となっている。

　国籍要件に関しては、外国人に憲法上選挙権が保障されているかどうかについて学説上は対立があるが、判例によれば、選挙権を含む公務員の選定・罷免権は、権利の性質上、日本国民のみに保障される権利であって、在留外国人には保障されない（最判1993.2.26判時1452.37など）。もっとも、判例は、地方自治の重要性の観点から、定住外国人に対して法律によって地方選挙権を認めることは禁止されないとの見解を示してもいる（最判1995.2.28民集49.2.639、詳しくは、本書第8章「外国人の人権」参照）。

　年齢要件に関しては、長年立法裁量の問題であるとはされながら、満20年以上という選挙権の年齢要件が諸外国に比べて高いという指摘はあった（例：アメリカ、イギリス、フランス、ドイツは18歳以上）。2015年の公職選挙法改正まで、70年間にわたって年齢要件は20歳であったが、法改正によってようやく18歳に引き下げられた。なお、2007年に成立した「日本国憲法の改正手続きに関する

法律」（国民投票法）では、国民投票の年齢要件を満18年以上としており（3条）、選挙における年齢要件をこれに合わせようという政治的な動きが生じていた。

② 選挙権享有の消極的要件

公職選挙法11条1項には、選挙権及び被選挙権の享有が否認される者が列挙されている。すなわち、禁錮以上の刑罰に服している者、汚職犯罪者、選挙犯罪者である。これらの者に該当しないことが選挙権享有の消極的要件となる。これらの消極的要件は、選挙権の公務性や選挙の公正という観点から正当化されることが多いが（最大判1955.2.9刑集9.2.217は、選挙犯罪者に対する選挙権・被選挙権の停止を選挙の公正の観点から合憲とする）、選挙権の権利性をより重視する論者の中には、違憲論を展開する者もいる。

また、かつては公職選挙法11条1項1号、つまり選挙権の欠格事項の冒頭に成年被後見人であることが規定されていた。本来、おもに財産権的な権利を守るために設けられている制度で、憲法上の最重要の権利である選挙権が制限されることには合理的な根拠もなく、判断力の一部についての「能力」に基づく差別でもあり問題となっていた。実際の訴訟でも「成年被後見人に選挙権を付与するならば選挙の公正を害する結果が生じるなど、成年被後見人から選挙権を剥奪することなしには、選挙の公正を確保しつつ選挙を行うことが事実上不能ないし著しく困難であると解すべき事実は認めがたい上、選挙権を行使するに足る能力・資格を欠く者を選挙から排除するという目的のためには、制度趣旨が異なる成年後見制度を借用せずに端的にそのような規定を設けて運用することも可能であると解されるから、そのような目的のために成年被後見人から選挙権を一律に剥奪する規定を設けることをおよそ『やむを得ない』として許容することはできないといわざるを得ず、したがって、成年被後見人は選挙権を有しないと定めた公職選挙法11条1項1号は、憲法15条1項及び3項、43条1項並びに44条但し書に違反するというべきである」（東京地判2013.3.14判時2202.148）として違憲判決も出て（訴訟自体は東京高裁で和解で終結した）、成年被後見人の選挙権の回復等のための公職選挙法等の一部を改正する法律が2013年5月に成立、公布され、6月に施行され、13万人以上の有権者の選挙権が回復した。

（4）選挙権の行使をめぐる憲法訴訟

①　在宅投票制度をめぐる訴訟

　1950年制定時の公職選挙法は、選挙人が疾病、負傷等によって歩行困難である場合における郵便投票・代理投票を認めていた。これが当初の在宅投票制度である。選挙権は享有するが投票所に行って自書できない者にとっては、選挙権を行使する上で必要不可欠な制度であった。しかし、この制度は、翌年の1951年に行われた統一地方選挙において不正投票の温床とされ、1952年には一旦廃止されてしまった。

　これに対して、在宅投票制度の廃止によって実際に以後の選挙において投票することができなくなったひとりの身体障害者が、国会が制度を廃止したこと及び制度を復活させなかったことについて立法の作為・不作為の違憲性を主張して、国家賠償請求訴訟を提起した。これが在宅投票制度廃止違憲訴訟である。

　下級審は、選挙権を「国民の最も重要な基本的権利」と位置づけ、投票の秘密ないしは選挙の自由公正を理由とする在宅投票制度の廃止を違憲と判断した（札幌地小樽支判1974.12.9判時762.8。また、控訴審判決である札幌高判1978.5.24も国家賠償請求は認めなかったが立法不作為の違憲性を認めた）。しかし、最高裁は、選挙に関する事項は「法律でこれを定める」と規定する憲法47条を根拠に、選挙制度についての国会の立法裁量を広く認め、また、立法行為（立法の作為・不作為）が国家賠償法上違法と評価されるためには、「容易に想定し難いような例外的な場合」でなければならないとし、本件の立法行為（立法不作為を含む）の違憲性・違法性を認めなかった（最判1985.11.21民集39.7.1512）。

　もっとも、この訴訟による世論の高まりを受けて、在宅投票制度は、1974年、対象者を重度の身体障害者に限定する形で復活した。その後の法改正等により制度の対象者の範囲は拡大する傾向にあるが、それでもなお十分とは言えない状況にある。

②　在外日本人選挙権訴訟

　選挙権を実際に行使するには選挙人名簿に登録されている必要があるが、選挙人名簿は市町村の住民基本台帳に基づいて作成される。このようなしくみの下では、在外日本人（外国に居住する日本人）は、市町村からの転出によって

選挙人名簿から抹消されてしまうため、選挙権の行使が不可能になってしまう。

　1998年、こうした在外日本人の選挙権行使を可能にするために、衆議院議員選挙及び参議院議員選挙の比例代表選挙に限って、在外選挙人名簿に登録した者に在外投票を認める在外投票制度が導入された（公職選挙法49条の2など、2000年の衆院選から実施）。当初は在外公館での投票が原則であったが、2003年の法改正によって郵便投票が認められるようになった。

　在外投票が比例代表選挙に限定された理由は、比例代表選挙の投票対象である政党の政見は国外においても周知できるが、選挙区選挙の投票対象である立候補者個人の政見や人柄は短い選挙運動期間中に周知させるのは困難であるからである、と説明されていた。

　在外投票をこのような理由で比例代表選挙に限定したことの違憲性が問われたのが、在外日本人選挙権訴訟である。最高裁は、選挙権の制限は、それなしには選挙の公正を確保できないようなやむを得ない事由がなければ認められないと述べた上で、選挙区選挙において在外投票を認めないことにはやむを得ない事由があるとは言えないから、在外投票を比例代表選挙に限定することは憲法15条1項・3項・43条1項・44条但書に違反すると判示し、選挙区選挙における投票を認めることを怠った立法不作為についても、その国家賠償法上の違法性を「例外的」に肯定した（最大判2005.9.14民集59.7.2087）。

　この違憲判決を受けて、2006年、公職選挙法が改正され、在外日本人にも、衆議院議員選挙及び参議院議員選挙において、選挙区選挙の投票が認められるようになった。もっとも、在外投票の手続は非常に煩雑であり、名簿登録率及び投票率は非常に低い（例えば、『中日新聞』2017年10月14日付によれば、2017年10月9日時点で推定有権者数約100万人強のうち、有権者登録をしている人は10万405人、過去の衆院選での投票率はそのうちの約20％で、全体でいえば約2％という比率になっている）。

③　被選挙権

　被選挙権とは、選挙において、選挙人からの指名を受諾して当選人となるこ

とができる権利のことである。なお、日常用語としては、被選挙権と立候補の自由とは同義に解される傾向にあるが、立候補の自由は公職の候補者になる自由を意味するので、厳密には別の概念である。

日本国憲法には、被選挙権及び立候補の自由を明示的に保障する規定はない。しかし、通説・判例ともに、被選挙権及び立候補の自由が憲法上保障されることについては、特に異論がない。三井美唄炭鉱労組事件の最高裁判決は、選挙に立候補しようとする者に不当な制約を課すならば選挙人の自由な意思の表明を阻害することになるから、選挙権と被選挙権ないし立候補の自由とは表裏一体の関係にあるとして、被選挙権ないし立候補の自由も、憲法15条1項によって保障される重要な基本的人権であると述べ、労働組合の統制権を組合員個人の立候補の自由によって限界づけた（三井美唄炭鉱労組事件・最大判1968.12.4刑集22.13.1425）。

被選挙権享有の要件については、公職選挙法に規定がある。積極的要件としては、選挙権と同様に、国籍要件及び年齢要件が規定されているが、年齢要件については、衆議院議員・市町村長・都道府県議会議員・市町村議会議員が満25年以上、参議院議員及び都道府県知事が満30年以上と分かれている（10条）。消極的要件としては、選挙権の場合と同様に、公職選挙法11条1項に列挙されている。すなわち、禁錮以上の刑罰に服している者、汚職犯罪者、選挙犯罪者に該当しないことが被選挙権享有の消極的要件となる。

なお、選挙事務関係者や、多くの公務員（ないし特定独立行政法人の役員及び職員）は、立候補を禁止されている（88条・89条）。

■参考文献■

別冊ジュリスト『憲法判例百選II〔第7版〕』（有斐閣、2019）所収のそれぞれの判例評釈も参照のこと。

辻村みよ子『憲法〔第6版〕』（日本評論社、2018）第2部　権利の保障　第16章　参政権

加藤一彦・只野雅人『現代憲法入門ゼミ50選』（北樹出版、2005）の課題25（加藤一彦）・課題26（只野雅人）

第17章 家族と憲法

　この論題を見た読者は、家族についていろいろな想いを頭によぎらせている
だろう。でも、少し法学をかじった人は、個人と国家との関係を示す憲法と、
個人間の関係が営まれる家族にどんな関係があるの、と思うだろう。「家族っ
て、私法である民法の中に、親族（第4編）・相続（第5編）が規定してあるよ
ね。そこに結婚、離婚、養子縁組、遺産相続、遺言、遺留分などについて具体
的に示してあるよね。どうして憲法が出てくるの」と。このような理解は決し
て間違いではない。

　しかし、それらの規定は、憲法24条の下に再編されたものなのである。24条
は、1項に「婚姻は、両性の合意のみに基いて成立し、夫婦が同等の権利を有
することを基本として、相互の協力により、維持されなければならない」と規
定しており、2項に「配偶者の選択、財産権、相続、住居の選定、離婚並びに
婚姻及び家族に関するその他の事項に関しては、法律は、個人の尊厳と両性の
本質的平等に立脚して、制定されなければならない」と規定している。この規
定は、他者の強制によるのではなく本人同士の意志で婚姻し、家庭においても
その構成員間にて強制的な力関係が存在せず、一人ひとりが尊重される対等な
関係を意図して作られている。だが、これらの婚姻や家族生活に国家が過度に
介入する場合がある。例えば、オーストラリアや南アフリカといった国では、
過去に、異人種間の婚姻を禁止する法律や政策が存在していた。これらは、白
人支配者が白人の血のつながりを大事にしていたこと（純潔主義）に基づき、
他の人種よりも白人が優れていることをアピールするために、婚姻や家族が法
律や政策に利用された事例である。戦前の日本でも、国家による過度の介入が
存在した。このことから、憲法24条は、国家が婚姻や家族のことに干渉しない
という考え方を前面に押し出したのである。

1　24条が制定された理由

　では、24条により反面教師とされた「家」制度、家族国家について見ていこう。

（1）「家」制度

　「家」制度（「イエ」制度）とは、家長を中心とした封建的な管理システムである。戸主（家長）は、「家」の存続に重点を置き、「家」や家族（それ以外の構成員）に関わることについての強力な決定権限を持っており、家族を統制する役割があった（戸主権。例えば、子の婚姻離婚や財産の処分など）。家督相続は、基本的に長男が行い、戸主権と家産を引き継いだ。このような管理関係は戸主と家族にとどまらず、親と子、夫と妻、長男とそれ以外の兄弟姉妹との間にも存在し（前者が管理する側、後者が管理される側）、複雑に絡み合っていた（親権や夫権の存在）。また、「家」の一体感を高めるために、「家」に属する者は、氏（家名）を称した。この「家」制度は、江戸時代の武家の家族制度を題材にしたと言われているが、法的には、戸籍法や旧民法がその基盤を作った。戸籍法は「家」を単位に編製され、戸主を中心にして、それとの続柄にて家族員を表示した。また、尊属・卑属、直系・傍系、男・女に分け家族員を配列することにより、その中の身分関係を明らかにした（全て前者が上）。この戸籍法は、徴兵・徴税制度の確立や社会の治安維持のため、国民を把握、統制するのに役立った。旧民法は、戸主の権限、長男一子相続、家庭内における妻の無能力などを規定しており、やはり「家」の中の不平等な身分関係を明確にするものであった。さらに、刑法には、相手が既婚・未婚どちらであっても、妻の不倫は全て犯罪とする姦通罪が存在した（夫は相手が既婚である場合のみ問題となる）。これらの法整備と共に、忠孝（君につかえる忠、親につかえる孝）を基本原理とした道徳教育が展開され、法的側面と道徳的側面から「家」制度が強固なものにされたということができる。

（2）家族国家

　このような「家」制度は、農業や工業などにおいて家族類似の団体にも適用されていったが、その最大規模のものが、家族国家である。「家族国家」とは、戸主である天皇を中心にした国家管理システムである。大日本帝国憲法1条は、「大日本帝国ハ万世一系ノ天皇之ヲ統治ス」と規定していることから、大日本帝国は「天皇中心主義」であることがわかる。家族国家は、国家全体を家族に見立て、天皇を「戸主」とし、それ以外の国家の構成員である臣民は「子」と位置づけられた。このような家族国家観は、内地にとどまらず外地にも拡大していき、強制的な同化政策を行うための根拠として機能し、結果として戦争の重要な原動力となった。例えば、戸主である天皇が発する御言葉が「国語」であるから、臣民になるためには、それを話すことは当然視され、そのため「国語」教育が展開された（琉球語、朝鮮語などが「方言」と位置づけられた）。「大和民族は一等国民で長男、二等国民は植民地の台湾、朝鮮人で次男……」といって、各地域が兄弟（身分）に割り振られた点も、この家族国家観を示す顕著な例と言える。

（3）ベアテ・シロタの存在

　このような「家」制度や家族国家が廃止された理由は、敗戦や社会運動の影響などを理由に挙げることもできるが、何よりもベアテ・シロタ（当時22歳。現在はベアテ・シロタ・ゴードン）の存在が大きい。無論、マッカーサーが封建制度の廃止を重要な改革として掲げ、「家」制度や家族国家の解体に寄与した点も無視できないが、24条の内容を草案化したのは、彼女である。彼女は、他のGHQのメンバーとは異なる立場にあったことから、当時世界でも類を見ない、「家」制度の廃止にとどまらない「先進的」な24条案を作り上げたとも言える（当時は、日本ほどではないにしろ、男女差別が当然にあった）。ベアテがGHQメンバーの中で異質であった点とは、①5歳から10年間日本で生活し、当時の日本の状況をよく見ていたこと、②アメリカのミルズ大学でフェミニズムの勉強をしたこと、③6カ国語と語学が堪能であったこと、④語学の才能を活かして20数カ国の憲法を参照し、日本の状況に照らし合わせて良い部分をつなぎ合わ

せたこと、⑤GHQのメンバーの中で数少ない女性であったこと、などが挙げられる。ベアテが構想した内容は、24条に近い「総論部分」と、妊娠女性や非嫡出子の保護など詳細にわたる社会保障を規定する「各論規定」から構成されるものであった。結局、憲法に家族の詳細規定は合わないという理由からマッカーサー草案では各論規定は削除され、その後帝国議会の議論を経たが、条文の構成が婚姻を中心としたものに変わった点を除けば、基本的にはその内容に変更はなかった。

② 基本原則

　憲法24条は、13条による「個人の尊重原理」と14条の「法の下の平等原則」を、婚姻や家族生活という文脈において具体化した規定と捉えることができる。この点につき、ドイツ連邦共和国基本法6条1項やイタリア共和国憲法31条などに見られるような、国家による家族の保護が議論になる。しかし、ベアテ案の社会権的な各論部分は削除されているし、帝国議会内でも同様の議論があったが成立しなかった。

　24条は、1項で、①婚姻の自由、②夫婦が同等な権利を持つことを基本とした上での家族のあり方を決める自由、2項で、③婚姻や家族に関する事項については、個人の尊厳と両性の本質的平等に基づいた立法上の義務がある、と規定する。これは、「個人を国家と対立する国民としてではなく、夫婦、家族、労働関係などの構成員または当事者として位置づけているので、私人間に直接適用されると解することは可能」（芦部信喜『憲法学Ⅱ』（有斐閣、1994年）292頁）という立場も有力であるが、判例や通説は間接適用説の立場を採用している。

　ここでは、①から③の点をふまえた上で、まず憲法24条制定により、過去の諸制度がどのように改革されたか、2項の5つのキーワードに注目し見ていくことにしよう。

（1）配偶者の選択
　24条は、「家」制度を解体したことによって、一切の家族生活を放棄したも

のではない。誰に強制されることなく、当事者同士お互いの意思が合致したときに婚姻が成立し、そこから家庭生活が始まる。例えば、恋愛関係にあるカップルが、夜景の見える公園で「結婚しよう」とお互いの意志を確認し合っているシーンを思い描いてもらえればよい。

　しかし、ここまではロマンチックであるが（言葉が古いか？）、実際に、この2人が法的に結婚するにはそれだけではすまない（法的に結婚することを法律婚と言い、事実上婚姻関係にあるカップルを事実婚という）。法律婚の段階に至るには、一定の要件（「婚姻障害」という）をクリアしていることが求められる。民法には従来、男性が18歳、女性が16歳未満ではないこと（早婚防止としての婚姻適齢。民法731条）、他の人と既に法律婚していないこと（一夫一妻の結合を示す重婚の禁止。同732条）、女性が再婚する場合、前婚の解消や取消しから100日間経過しなければならないこと（同733条1項。この規定が適用されない場合に関しては同条2項）、兄弟姉妹や親子などの身近な人とは結婚できないこと（優生学的な配慮や社会倫理から、近親者間・直系姻族間・養親子等間の婚姻の禁止。同734条〜736条）、の規定がある。ただし、未成年者に限って言えば、子の保護のため、婚姻をする際には、父母いずれかの同意が必要となる（同737条）。

　旧民法では、婚姻には戸主の同意を得ることが必要であったし（旧民法750条）、成年であっても、一定年齢（男性30歳、女性25歳）まで家にある父母の同意が必要であったこととは大きな違いである（旧民法772条）。

　これらの要件のどれかに該当すれば、それでアウトである。だが、全ての要件をクリアしていたら、次の関門は、婚姻届の記入項目（2人の氏名・住所や証人など）に不備がないことである。この点においては、婚姻届の署名捺印欄に両者が自ら記述することが、最も重要である。この形の上に、2人が婚姻するという「意思の合致」の現れを見ることができるからである。これらを全て乗り越え婚姻届が受理されれば、晴れて新しい生活が始まり、どのような家庭にしていくのか模索する次のステージに進むことになる。

（2）離　婚

　このような婚姻の自由があるなら、無論、その逆の婚姻しない自由もある。

結婚だけが人生の全てではないのである。また、出会いがあれば別れもあるから、離婚の自由もあることになる（嫌な話かもしれないが……）。この点、民法763条は、何よりも夫婦の意思を重んじ、離婚する場合にはまず両者の協議を要請する（協議離婚）。ここで協議が成立すれば、離婚届に離婚するという「両者の意思の合致」を示し（婚姻届と同じ方法）、受理されれば離婚成立となる。

しかし、離婚は、どちらかといえば自由度が高い婚姻とは異なり、愛憎のもつれ、子どもの存在や財産分与など様々な利害関係が絡むことから、簡単に協議が成立するとは限らない。そこで、法律上、調停離婚（家事事件手続法244条以下）、審判離婚（同284条以下）、裁判離婚（民法770条）が規定されている。両者の協議がうまくいかない場合、家庭裁判所に離婚調停を申し立て、アドバイザーとして家庭裁判所裁判官と調停委員に間に入ってもらい解決を図る方法がとられる。これが「調停離婚」である。離婚するかしないか、白黒つける裁判に一足跳びに行くのではなく、協議不成立の場合にまず調停から開始する手続がとられるのは、可能な限り両人の意思を尊重するためである（調停前置主義。家事事件手続法257条1項。2項は例外規定）。調停不成立の場合、審判や裁判という方法が採られる。

旧制度では、25歳未満の場合、「協議離婚」においては父母の同意が必要であり（旧民法809条）、「裁判離婚」では、妻の不貞行為を離婚原因とする規定が存在した点（夫は姦淫罪で刑に処せられている場合のみ該当）が現制度と大きく異なる（旧民法813条）。

無論、晴れて（!?）離婚が成立した両人には、再婚の自由（女性は再婚禁止期間の制限）・再婚しない自由がある。

（3）財産権

婚姻した場合、夫婦は同等の権利を有する。この点、最高裁は、本条を「継続的な夫婦関係を全体として観察した上で、婚姻関係における夫と妻とが実質上同等の権利を享有することを期待した趣旨の規定と解すべく、個々具体の法律関係において、常に必ず同一の権利を有すべきものであるというまでの要請を包含するものではない」と解する（最大判1961.9.6民集15.8.2047）。そして、

この権利のもとで、夫婦間の義務として、夫婦は同居し、お互いに協力し、扶助しなければならない（民法752条。貞操義務も含まれると考えられる。その他の義務として、日常家事債務の連帯責任（同761条）や親権の共同行使（同818条）などがある）。その際、夫婦は各々の資産や収入に応じて、婚姻生活の費用を分担する（同760条）。旧民法では、原則として夫にのみ財産権が与えられ、第一次的に妻の財産管理権を有していたのは夫であった（旧民法801条）。

　また、夫婦が婚姻する前より持っていたそれぞれの財産は、基本的にそれぞれの特有財産である（夫婦別産制。民法762条）。

（4）相　続

　旧民法には、長男のみが全て相続する長男一子相続といった、不合理かつ不公平な立法がなされていたことは先述した。これとは対照的に、現行民法は、旧民法の内容を180度転換した。法律婚した夫婦の間に生まれた子ども（嫡出子）、そして養子縁組や認知をされた子ども（嫡出でない子）は、被相続人の子として相続権が認められる（民法887条）。家族の中で、子、祖父母や兄弟姉妹などがそれぞれ2人以上いる場合、長幼男女関係なく、各自の相続分は均等に分けられる（同900条4号）。無論、配偶者（夫の場合、妻。妻の場合、夫）が亡くなった場合、もう一方の配偶者が常に法定相続人になる（同890条）。子ども（直系卑属）、亡くなった配偶者の祖父母（直系尊属）や兄弟姉妹も法定相続人になるが、優先順位は、子どもを第一とする（同887条・889条）。

（5）住居の選定

　どこに居住するか決めるのも夫婦の話し合いによる。これも、旧民法では、戸主の意に反して決めることができなかった（旧民法749条）。ただし、未成年である自分の子がどこに住むか指定するのは、本人保護のためであるとされる（民法821条）。

③　憲法24条をめぐる問題と新たな展開

（1）「家」制度残滓の問題

　このように、憲法24条が制定されたことによって、「家」制度を胚胎する旧民法上の規定はことごとく修正・廃止されることとなった。しかし、憲法制定後も、「家」制度を内在する法律規定や意識が一部残っているのも事実である（「家」制度残滓の問題）。例えば、民法や戸籍法にて、戦後も尊属や卑属などの名称が使用されている（例えば、民法889条や戸籍法60条）。刑法には、親の尊重という道徳律を保護するために、尊属殺人罪、尊属傷害致死罪、尊属遺棄罪、尊属逮捕監禁罪が規定されていた（これに対して、卑属に対する罪規定はない）。これらの規定は、1973年の尊属殺重罰規定違憲判決（本書第8章参照）を受けて、1995年に削除されている。それ以外にも、祭祀財産の継承（民法897条）も、祭祀主宰者という表現自体も含めて、「家」制度的な色合いがあると考えられる。当該条項は、家系図、位牌、神棚、墓地など祖先祭祀のための財産は、特別財産として、相続によらず、祖先の祭祀を主宰すべき者（祭祀主宰者）が承継する。旧民法では、祖先祭祀財産は、「家」の承継の象徴であり、家督相続の対象として、長男が相続していた。現行民法は、祭祀主宰者は、①被相続人の指定、②慣習、③家庭裁判所の審判、という順で決まると規定する。この点、②の慣習が旧民法の家督相続との関係で問題になるが、裁判所は旧民法の家督相続を意味するものではないとしている（広島高判2000.8.25家月53.10.106、東京家審2000.1.24家月52.6.59。祭祀財産の承継を「男系の男子」とし、遺産相続もそれに従うとする沖縄の「トートーメー」慣行の問題について、若尾『ジェンダーの憲法学』112〜113頁）。

（2）性別役割分業型家族の問題

　封建的な「家」制度が解体され「家」意識が無くなってきても、夫の役割は仕事で、妻の役割は家事・子育てが当たり前とされる性別役割分業型家族の考えが存在した。24条が、「家」制度を廃止し、婚姻や家族関係において、当事

者同士の協議を中心とした点は画期的であった。しかし、性別役割分業型家族
が前提になる場合、夫婦間や親子間に「生の力関係」（どちらも前者が優位）を
持ち込むことも可能にした事実も無視できない。本来であれば、このような問
題も乗り越えられると考えられる24条だが、その器を満たすためには、第二派
フェミニズムの登場、そして1979年の女性差別撤廃条約を待たねばならなかっ
た。

（3）ジェンダーと女性差別撤廃条約

　1960年代、第二波フェミニズムにより、ジェンダー（gender）という概念が
提起された。「ジェンダー」とは、「男らしさ、女らしさ」といった「社会的文
化的性差」のことを言う（身体的な相違に基づく生物学的な性差（sex）とは異な
る）。すなわち、（自分の選択ではなく）家庭や学校の教育などにより植えつけ
られた性差である。このような考え方が当然の社会では、ある男性がスカート
を履きたいと思っても勇気がいるし、女性がサッカーをしたくても、ままごと
をしろといわれる、選択肢が少ない社会である（だから、心と体の性別が一致し
ない場合があるとは考えも及ばないであろう）。先の性別役割分業の考え方もこれ
に該当するがそれならば、男性の料理人はこの世に存在しないことになるし、
保育士も女性のみがなれることになる（職業選択の自由とも関連）。この点、女
性差別撤廃条約（1979年採択、1981年発効）は、妊娠・出産以外の差異を男女間
に認めず、子どもの養育も男女双方が負うべきとし、社会と家庭両面において、
伝統的な性別役割分担の廃止が男女平等の達成に不可欠であるという立場を明
らかにしている。特に2条は、締約国が女性に対するあらゆる形態の差別を撤
廃する義務があるとした。これは、差別的な法律にとどまらず、偏見や慣習そ
の他あらゆる慣行の撤廃をめざすものである。16条は、婚姻や家族関係におけ
る差別の撤廃を規定している。そのため、アファーマティブ・アクション（積
極的差別是正措置）を実施することも認めている。
　この点、日本は、当該条約を1985年に批准している。批准に際して、国内法
の整備がなされた。第一に、父系優先血統主義から父母両系血統主義へ国籍法
の改正。第二に、男女雇用機会均等法（以下、均等法）や育児休業法（1999年よ

り育児介護休業法）の制定が見られ、第三に、家庭科が男女共修化した。その後、1997年に女子保護規定が、均等法と労働基準法により廃止されている。均等法9条は、事業者が女性労働者に対して、結婚退職制など婚姻、妊娠、出産等を理由として解雇するなど不利益な取り扱いを禁ずる。また、均等法7条との関係において、均等法施行規則2条により、身長・体重を雇用条件にしたり転勤を昇進理由としたりという間接差別（直接的には男女という基準を一切用いないが、その内容において結局は女性にのみ差別が及ぶような基準を用いること）の禁止が盛り込まれ、2007年4月から施行されている。その後、2017年改正では、事業主におけるマタニティ・ハラスメントに対する防止措置の実施規定も盛り込まれている（11条の3）。また、1999年の男女共同参画社会基本法は、6条にて「男女共同参画社会の形成は、家族を構成する男女が、相互の協力と社会の支援の下に、子の養育、家族の介護その他の家庭生活における活動について家族の一員としての役割を円滑に果たし、かつ、当該活動以外の活動を行うことができるようにすることを旨として、行われなければならない」とし、男女の家庭生活における活動とそれ以外の活動の両立について規定する。

（4）24条を取り巻く問題

　このような展開をふまえた上で、現在、24条を取り巻く問題を考えてみよう。

　①　婚姻適齢の問題

　優生学的立場から規定されたという婚姻適齢は、女性の妊娠出産に対する負担、かなりの率で男女とも高校就学していることなどを理由として、2歳の年齢差を正当化できるほど合理的であると言えないし、ジェンダーを内在していると考えられる。この点、1996年の「民法の一部を改正する法律案要綱」（以下、96年要綱）では、男女とも「満18歳」としていた。さらに現在、民法の成人年齢引き下げに合わせて、女性の婚姻年齢が18歳に引き上げられることになった（2022年4月施行。民法737条の未成年者の婚姻に関する親の同意規定は削除）。

　②　夫婦同姓の問題

　夫婦同姓（民法750条）は、女性が夫の氏になる旧民法とは異なり、氏は夫か妻のどちらかを選択できるという点で一見中立的に見える。しかし実際、97～

98％が夫の氏を称する状況であり、数十年変わっていないという現実がある。これは「家」意識の流れから、女性が男性の氏に変更するのが当然であるという「慣行」が続いているとも考えられる（また、夫婦や家族の一体感を高めるために「同氏同戸籍、一戸籍一夫婦、三代戸籍の禁止の原則」が採用されている点も気がかりだ）。この点、官公庁での旧姓通称使用を求めたが認められず、人格権侵害を理由に損害賠償請求したが、民法750条は主観的に夫婦の一体感を高める場合があり、客観的に利害関係を有する第三者に対し夫婦である事実を示すことを容易にするとして憲法13条違反ではないとしたケース（東京地判1993. 11. 19判時1486. 21）、別姓選択を記載した婚姻届の不受理に対して、民法750条は国民感情や社会的慣習を根拠として制定されたものなので、現在においてもなお合理性を有し、憲法24条１項や13条に違反しないとしたケース（岐阜家裁1989. 6. 23家月41. 9. 116）がある（この点、2015年12月の最高裁大法廷判決も合憲と判断したが、５人の裁判官が違憲としている）。これに対し最高裁は、氏名は、個人の人格の象徴として人格権を認めている（最判1988. 2. 16民集42. 2. 27）。また、女性差別撤廃条約16条１項（g）は、「夫及び妻の同一の個人的権利」の中に、「姓及び職業を選択する権利」も含むとし、96年要綱では、「同氏か別氏」を対等に選択できることを定めていた。この点に関連して、2020年１月22日、衆議院本会議にて国民民主党の玉木代表が選択的夫婦別姓に関して代表質問をしている際、「だったら結婚しなくていい」というヤジが場内で飛んでおり、問題になっている。

③ 再婚禁止期間の問題

　再婚禁止期間は、離婚後300日以内に生まれた子を前夫の子と推定する規定（772条２項）とセットで争点になってきた規定である。この規定の立法理由は、「父性推定の重複を回避し、父子関係をめぐる紛争の発生を未然に防ぐ」（最判1995. 12. 5判時1563. 81）ため、女性のみが妊娠する身体構造を持つことから、合理的な区別だと解されてきた。後に最高裁は100日を超える再婚禁止期間は合理性を欠くとし憲法14条１項と24条２項違反と判断している（最大判2015. 12. 16民集69. 8. 2427。この判決を受け、民法733条は改正）。しかし、女性のみに再婚禁止期間を設けることは本当に必要最小限にしてやむを得ないものと言えるので

あろうか。自由権規約委員会や女性差別撤廃委員会による日本政府への上記規定の廃止を求める勧告もあるし、まだまだ改善すべきと考えられる（この点、日本弁護士連合会「再婚禁止期間を短縮する民法の一部を改正する法律の成立に対する会長声明」（2016年6月1日））。

④　家庭内暴力（DV）や児童虐待の問題

　警察は従来、「国は家庭のことに立ち入らず」が原則であった。その結果、児童虐待や家庭内暴力（DV）が、外で生じる刑法上の傷害・暴行と同じにもかかわらず、「家庭のことだから」といって無視されてきた。尊属殺重罰規定違憲判決の事例は、親が子に対して持つ養教育権を放棄し、性的虐待へ至ったものである。このような家庭内における個人間では解決できない事態には、国家が直接介入する必要が生じている。現在では、DV防止法や児童虐待防止法が制定されており、家庭内の犯罪に一定程度対応できるようになっている。

⑤　法律婚家族とそれ以外の家族との関係

　民法900条4号ただし書は、嫡出子と嫡出でない子が父母のどちらかを同一とする場合、相続分に差を設けていた（嫡出子：嫡出でない子＝1：2分の1）。しかし、婚姻（夫婦関係）と家族（親子関係）は異なることから、法律婚の問題と嫡出でない子の法的保護の問題は別である。この点、最高裁は、1995年7月5日大法廷決定にて、合憲判断を下しており、その後も同様に違憲の主張を斥けてきたが、2013年9月4日大法廷決定において、遅くとも2001年7月当時には憲法14条1項に違反していたと判断をした結果、この規定は撤廃されることになった。

　この法律婚主義の問題は、母子・父子家庭、事実婚、同性愛カップル、ポリガミー（複婚）など家族の多様化とも関係がある。13条から見れば、このような家族の多様化は容認されると考えられるがしかし、24条は、法律婚主義を採用している以上、一定の家族像（夫婦とその子どもからなる家族）が想定されている。したがって、法律婚家族とそれ以外の家族との間に差が生じることになる（例えば、事実婚のパートナーは相続権がない）。この点、同性愛カップルについて、欧米を始め、婚姻と同様の（あるいは、それに準ずる）地位を認める国や婚姻制度とは別の法律を制定し保護する国が増えてきている。しかし、日本で

はそのような制度が存在せず、相続や控除など配偶者が持つような権利が認められていないため、同性愛カップルは不利益を被っている（東京都渋谷区など一部の自治体で条例を通じてパートナーシップ制度を導入している所もある）。24条が"二人の「合意」の部分に重きを置いているなら、その立法趣旨からして、同性愛カップルもここに含まれるという解釈が正しいのではないだろうか。

⑥ 少子化対策の問題

2007年、柳澤厚生労働大臣が、少子化問題について触れた際、「女性は子どもを産む機械」と発言した。この発言は、「家」制度や戦前の産児調節を回帰させるかのように見えかねないこと、女性を（人間ではなく）機械と位置づけていること、子どもを産まない・産めない女性を差別していること、少子化対策を女性の責任の問題と捉えることなど問題ある発言である（「日本女性学会による、柳澤大臣発言に関する意見書」一部参照）。しかし、このような発言は、それ以降も一部の政治家らにより繰り返しなされている。

④ 憲法24条と改憲動向

先述した「家」制度は、家族国家と結びついて、公私両面にわたり、個人の自由を極度に制限したし、戦争の惨禍を生み出した重大な要因とも言える。このように、家族と国家が結びつくことによって、個人の自由が制限され、「戦争の影」がちらつくことは理解できたと思う。しかし、このような議論は近年にも見受けられるので紹介しよう。2004年、自民党は、「自由民主党憲法調査会憲法改正プロジェクトチーム『論点整理』」（2004年6月10日）の中で、「婚姻・家族における両性平等の規定（現憲法24条）は、家族や共同体の価値を重視する観点から見直すべきである」としている（これらの内容は、2012年の「日本国憲法改正草案」（自民党）の24条にも受け継がれている）。このような案が出された理由は、憲法に規定される個人主義という利己主義が蔓延した結果、少年犯罪や家庭崩壊等の原因を生み出したからだと言う。利己主義とは、国民が国家のことを考えなくなったという点、そして、夫婦別姓論の登場や少子化など家庭を顧みなくなった点などを指す。そこで、公共の責務として、家族（家族を

扶助する義務と国家の責務としての家族の保護）、社会、国家（国防の義務）と3つの領域の変革が打ち出された。既に、憲法24条にも民法752条・877条1項にも、相互的で性別に中立的な扶養義務が示されているが、調査会での議論をふまえると、この「家族の扶助」は、男性が社会連帯や国防に勤しめるように、女性が内助の功を行う「性別役割分業型家族」を描いていると考えられ、家族の中に個性を埋没する内容になっている。

■参考文献■

二宮周平『家族法〔第5版〕』（新世社、2019）

中里見博ほか『右派はなぜ家族に介入したがるのか──憲法24条と9条』（大月書店、2018）

植野妙美子『憲法二四条──今、家族のあり方を考える』（明石書店、2005）

辻村みよ子『ジェンダーと法』（不磨書房、2005）

若尾典子『ジェンダーの憲法学──人権・平等・非暴力』（家族社、2005）

┌┈【資料】┈

ベアテ・シロタ（人権に関する小委員会）案・「総論部分」

　「家庭は、人類社会の基礎であり、その伝統は、善きにつけ悪しきにつけ国全体に浸透する。それ故、婚姻と家庭とは、法の保護を受ける。婚姻と家庭とは、両性が法律的にも社会的にも平等であることは当然であるとの考えに基礎をおき、親の強制ではなく相互の合意に基づき、かつ男性の支配ではなく両性の協力に基づくべきことを、ここに定める。

　これらの原理に反する法律は一切廃止され、それに代わって、配偶者の選択、財産権、相続、本居の選択、離婚並びに婚姻および家庭に関するその他の事項を、個人の尊厳と両性の本質的平等の見地に立って定める法律が制定さるべきである。」（ベアテ・シロタ・ゴードン（平岡磨紀子構成／文）『1945年のクリスマス』（柏書房、1995年）155〜156頁）

男女雇用機会均等法施行規則・「間接差別」

第2条　法第7条の厚生労働省令で定める措置は、次のとおりとする。

一　労働者の募集又は採用に関する措置であつて、労働者の身長、体重又は体力に関する事由を要件とするもの

二　労働者の募集若しくは採用、昇進又は職種の変更に関する措置であつて、労働者の住居の移転を伴う配置転換に応じることができることを要件とするもの

三　労働者の昇進に関する措置であつて、労働者が勤務する事業場と異なる事業場に配置転換された経験があることを要件とするもの

第18章 国会

① 国会の地位

「日本国民は、正当に選挙された国会における代表を通じて行動し」という前文の規定からもわかるように、日本国憲法は代表民主制を政治運用における基本としている。日本国憲法においては、全国民を代表し、実際に代表することが可能な機関が議会（日本においては国会）であり、議会が中心となって国民の意思が議会に代表され、議会での討議を通じて国政の基本方針を決める議会制民主主義が採用されているのである。その意味で国会は国政上非常に重要な地位を占めている。憲法上のその地位は①国民の代表機関、②国権の最高機関、③唯一の立法機関の３つの地位として理解することができる。

（1）国民の代表機関

憲法43条は国会が「全国民を代表する選挙された議員」としており前文の規定を合わせて国会が国民の代表機関であることを表している。ただこの代表機関がどのような意味での代表機関なのかについてはこれまでも様々に議論されてきた。ここでは政治的代表としての国会と社会学的代表としての国会に分けて国民の代表機関としての国会の性質を考えるのがわかりやすい。

政治的代表というのは法的代表と対比しての説明である。法的代表とは普通の言い方で言うとすると、民法上の代理のように、代理人が本人のために委任された事柄について契約のような法的行為を行うことであり、仮に委任されていない事柄について勝手に法的行為を行えば、解任されたり損害賠償を請求されたり、場合によっては刑事罰を科されるなど法的責任をとらされることにな

る。これに対して国会が国民の代表機関であるということは、議員の行為が国民の行為を法的に代理しているという意味合いでの代表機関ではなく、国民が代表機関である議会を通じて行動し、議会は国民意思を反映するものであるという政治的な意味での代表機関であると理解するものである。議員は選挙区や後援組織となっている特定の利益団体の代表ではなく全国民の代表であり、選挙区や特定の利益団体の訓令に拘束されたり、訓令に反した場合にリコールされてしまうようなことはない（命令委任の禁止）ということを意味している。政治的代表とは、命令委任を受けることなく、議員の意思と判断に基づいて自由に表決（表決の自由、自由委任の原則）することができるということなのである。

　しかし国会がそうした純粋な政治的代表であっても問題が生じなかったのは、社会が比較的単純な構造をとっており、国民の価値観も一定の範囲内におさまるような均質なものであった時代に議会制民主主義が登場したからであり、現在では国民の意思と代表者の意思が事実上できる限り一致していることが要請されており、社会における政治的な見解の分布が議会構成に反映されている社会学的な意味での代表を含意した上で国民の代表機関を考えるべきであると言われている。それを実現するために、国民の多様な意思を可能な限り公正かつ忠実に議席数に反映する選挙制度が憲法上要請されているのである。

　この政治的代表と社会学的代表の関係を理解する上で重要な概念がいわゆるナシオン（フランス語のnation「国民」）主権とプープル（フランス語のpeuple「人民」）主権という概念である。個々の国民ではなく、全体としての国民には自身の意思を表明する能力がないので、代わりにそれを表明する主体としての代表を考えているナシオン主権におけると代表と異なり、国民は個々の人民の総体でありできる限り現実に存在している個々の人民の意思を反映するべきであるとするプープル主権における代表では、その様相が大きく異なっているように思われる。必ずしも全て一致しているわけではないが、社会学的代表はプープル主権における代表の概念にほぼ重なっているものである。

　ただ社会学的代表は政治的代表と対立する概念ではないことも注意しなければならない。社会学的代表として国会を理解しても、国会が法的代表ではない

ことにはかわりがないからである。そこで政党による党議拘束が自由委任の原則に反しないかどうかが問題になるが、それぞれの政党がそのままでは明確な形をもたない国民の政治的見解を一定の方向に集約する機能をもっており、現代の議員はその所属政党の決定に従って初めて国民の政治的見解を意味あるものとして代表できる国民の代表者として機能できることを考えれば、党議拘束は自由委任の枠外のものであり、とりわけ議院内閣制をとっている国においてはむしろ社会学的代表を確保するための不可欠の制度であると考えることができる。

（2）国権の最高機関

　憲法41条は「国会は、国権の最高機関」としているが、その具体的な意味が①他のいかなる国家機関の命令にも服さない機関なのか、②国政決定の最高機関なのか、③統治の総攬者なのかということが問題となりうる。実際には裁判所も内閣も①の意味での最高機関であるし、憲法制定権という意味で②を用いるならそれは国民であり、憲法改正権ということなら国民と衆議院及び参議院であるし、立法権しか持たず違憲立法審査権に服する国会が③の意味での国権の最高機関であるはずがない。

　ではどのような意味で最高なのだろうか。それは、国会が主権者である国民から直接選挙によって組織されている国民代表機関であり、国民と強く結びついていることから、国政における中心的な機関であるということを意味しているのである。実体的に他の国家機関を統括する最高機関ではないが、国民との結びつきを考慮して中心的な国家機関であると考えるのである（政治的美称説）。とは言えどの国家機関に帰属するのか不明の法定立的権能は国会に属すると推定されるべきであろうし、国政一般の政策的統一性を担保する総合調整機能が国会に期待されていると考えられうる可能性もあり、政治的美称説以上の機能を国会に期待する説も有力ではある。

（3）唯一の立法機関

　憲法41条によると国会は「国の唯一の立法機関」である。大日本帝国憲法下

の帝国議会は制度上は天皇の立法権に協賛する存在にすぎず、立法機関と呼ぶにふさわしい存在ではなかったが、日本国憲法においては国会こそが立法機関である。ここで「唯一」の意味と「立法」の意味が問題になる。

　国会が「唯一」の立法機関であるということは、①国会による立法以外の実質的意味の立法は憲法に特別の定めがある場合（議院規則、最高裁判所規則）を除いて許されないこと（国会中心立法の原則）、そして②国会による立法は、国会以外の機関の参与を必要としないで成立することを意味している。また「立法」は規範の形式が法律であろうと命令であろうと特定の内容の法規範の定立、つまり実質的意味の立法を意味している。このようにして立法を国会の統制下に置き、行政による立法によって法治主義が掘り崩されることをあらかじめ防いでいるのである。

　しかし国家運営がより専門的、より詳細広範になり、行政部門が主導権を実質的に握るようになる行政国家化の進展に伴って命令がその役割をますます広げており、それらを具体的にどのように統制していけばよいのかが問題になっている。

②　国会の組織

（1）二院制

　国会は衆議院と参議院によって構成されている（憲法42条）。これは日本国憲法における国会が二院制であることを意味している。二院制のあり方は、二院制を採用している国ごとに様々なものがあるが、主に、①国民を代表する下院と国王などによって任命される貴族などからなる上院によって構成される庶民院・貴族院型（イギリス）、②連邦制国家で国民を代表する下院と各構成国（州、邦などと言われる）を代表する上院からなる連邦議会型（アメリカ、スイス、ドイツなど）、③民主的第二次院型（第3・第4共和制フランスなど）がある。日本の二院制は③の類型に当てはまる。

　国民の意思を代表するという意味では、議会に国民を代表する院がひとつあれば十分であり、それ以外の連邦であれ貴族階級であれ別のものを代表する、

あるいは国民を代表する第二院の存在には特別な理由があるはずである。それは①第一院の行動を牽制し、審議や立法権限の行使を慎重にさせること、②第一院とは異なる時期や選挙方法によって多様な国民の意思を代表させることを可能にすること、③第一院が解散した際の国民代表機関の確保することといった理由が挙げられる。次に述べるように日本の参議院は衆議院に対してかなり強い権限を有しており、ほとんど対等の関係にあるため、参議院は「衆議院のカーボンコピー」であり、「不要」な存在であるかのように一部で言われてきた。しかし二院制である以上、衆議院と参議院が場合によっては対立し、両院の構成にねじれが出る場合がありうることは憲法上も十分想定されていたことであり、むしろ上記の参議院の存在理由が実証されていることを表していると考えることができよう。

　両院は先に述べたようにほとんど対等の権能を有しているが、両院の議会構成が異なる場合、両院の衝突によって国会の運営が滞ってしまうため、あらかじめ一定の権能については衆議院だけに割り当てられている。内閣に対する信任、不信任の議決権は衆議院だけに認められており（憲法69条）、予算先議権が衆議院に認められている（60条）。また法律の議決（60条）、予算の議決（60条）、条約の承認（61条）、内閣総理大臣の指名（67条）には衆議院の優越が認められているし、法律上も国会の臨時会と特別会の会期の決定や国会の会期の延長（国会法13条）、会計検査の検査官の任命についての同意（会計検査院法4条）などに衆議院の優越が認められている。もっとも法律の議決については、参議院の反対を覆して再度議決するためには、衆議院の出席議員の3分の2以上の多数決が必要であり（憲法59条2項）、衆議院の優越も相当に限定されているということができる。

　法律案、予算及び条約、内閣総理大臣の指名などについて両議院の意見が対立した場合には、両院協議会が設置され（国会法84条〜98条）調整が図られる。

（2）国会議員の地位

　国会議員は全国民の代表であり重要な職務に当たるため、その地位は特別に保護され、また各種の特権が与えられている。その代表的なものが会期中の不

逮捕特権（憲法50条）と発言・表決に対する免責特権（51条）、歳費受領権（49条）である。

憲法50条は「両議院の議員は、法律の定める場合を除いては、国会の会期中逮捕されず、会期前に逮捕された議員は、その議員の要求があれば、会期中これを釈放しなければならない」と定めて、政府による権力濫用（不当な逮捕）によって議員の職務執行が妨害されないようにしているのである。国民主権が確立している現在にあっても政府による少数派に対する抑圧を防止する観点からはなおこの特権には存在意義があると考えられる。

国会議員の不逮捕特権には50条の規定からもわかるように「法律が定める場合」には例外がある。それは①院外における現行犯の場合と議員の所属する議院の許諾のある場合である（国会法33条）。この際問題になるのは議院が逮捕の許諾を与える場合に、条件や期限を付すことができるかどうかということである。過去に実際にあった事例では有田二郎議員に対する逮捕許諾に関するものがある（東京地決1954. 3. 6判時22. 3）。正当な逮捕である限り許諾を与えねばならないと考えるのであれば条件や期限をつけた許諾は認められないことになろう。

憲法51条は「両議院の議員は、議院で行った演説、討論又は表決について、院外で責任を問はれない」としている。この規定の目的は、議員の職務の執行の自由を保障することである。免責される行為は幅広く「議院で行った」行為であり、厳密に「演説、討論又は表決」には限定されず、また地方公聴会のように議事堂外においての職務についても議員の活動と見られる限り免責の対象となる。しかしもちろん犯罪行為（暴力行為）までは免責の対象とならない。

③ 国会議員の選挙

国会議員は選挙によって選出される。選挙の詳細は公職選挙法が規定しているが、選挙における原則、選挙制度のあり方、選挙において前提とされる団体の存在（政党）、選挙における自由と公正といったことについて、重要な諸原則が憲法下で確立している。

（1）選挙における原則

　まず選挙は①普通選挙、②平等選挙、③直接選挙、④秘密選挙、⑤自由選挙の原則にのっとっていないといけないと言われる。①普通選挙とは、社会的地位、財産、納税額、教育、信仰、人種、性別など社会的身分や能力、性別、身体的特徴を選挙権の要件としない選挙制度のことを言うものである。日本でも1925年に男子普通選挙が採用され、1945年に女性に投票権が認められると同時に、選挙権が認められる年齢も25歳から20歳に引き下げられることになった。日本国憲法は「成年者による普通選挙」を保障しており（憲法15条３項）、「人種、信条、性別、社会的身分、門地、教育、財産又は収入によって差別してはならない」（44条）としている。公職選挙法は汚職犯罪者、選挙犯罪者、受刑者などの選挙権を停止しているし（公職選挙法（以下公選法）11条・252条）、投票には一定の場所に一定の期間居住していることを要件としているが（公選法21条・22条・42条１項）、こうした制限が正当な目的による必要最小限度のものであるか、普通選挙の原則からは検討を要するものと考えられる。

　②平等選挙とは、複数選挙や等級選挙を認めず、選挙権の価値が平等になるようにすること（一人一票の原則）を原則とする制度である（公選法36条）。このことは選挙権が単に各選挙人に平等に１票ずつ割り当てられているということ、つまり数的平等が保障されていることだけではなくて、各選挙人が投じる票の価値が平等になるように保障する、投票価値の平等の要請も含むものとされている。投票価値の平等が端的に問題になっているのが、議員定数不均衡の問題である。

　③直接選挙とは選挙人が公務員を直接選挙する制度である。これに対して選挙人が選挙委員を選出し、その選挙委員が公務員を選挙する制度を間接選挙といい、アメリカの大統領選挙などがこの制度を採用している。間接選挙は選挙人の判断能力に信頼を置かない制度であり、日本国憲法下でもとられているであろう半代表制の理念とも合致しないので日本では採用されていない。そのため公職選挙法では選挙においては直接選挙が採用されているのである（公選法46条）。

　④秘密選挙とは選挙人が誰に投票したかを秘密にしておく制度である。秘密

選挙が保障されていないと、弱い立場にある選挙人が、特定の勢力から圧力を
かけられて自由な投票をすることができなくなる可能性がある。日本国憲法で
は秘密選挙を保障し、選挙人が「その選択に関し公的にも私的にも責任を問は
れない」としている（憲法15条４項）。具体的には公職選挙法で無記名投票主義
が採用され（公選法46条５項）、投票用紙への他事項記載は投票の無効要因とな
る（公選法68条１項７号・２項７号・３項６号）。

　⑤自由選挙とは、立候補の自由や投票行動の自由（棄権の自由・強制投票の禁
止）、選挙運動の自由を包含する制度である。この広い意味での自由選挙原則
は憲法上明示されていないが、選挙運動の自由については日本国憲法21条の要
請と解することが一般的である。自身の自由な意思に基づいて投票する権利と
いう狭い意味での自由選挙の原則は、憲法15条４項からも導かれると考えられ
る。

（２）選挙制度

　選挙は、全国の有権者がひとつの選挙人団として選挙を行う場合もあるが
（参議院比例代表区選挙）、通常は全国を複数の選挙区に分けて、それぞれに一
定の議員数を割り当てて選挙をする選挙方法をとっている。この際に、選挙区
の区割り方法、議員数の割り当て数、投票の方法によって、有権者の意思の国
政への反映のされ方が様々になることになる。その際に、特に、できる限り正
確に有権者の意思を国政に反映させることを重視するのか、議院内閣制下にお
いて明確にされた争点を中心に安定した強力な政府を構成することを重視する
かによって採用される制度が変わってくるが、それぞれの要請は時に矛盾する
ものであり、また論者によりそれぞれの要請の意味するところが異なるため、
憲法上どのような選挙制度が望ましいものであるかは一概には決めることはで
きない。

　選挙区の区割り法には大きく分けて、小選挙区制（ひとりの議員を選出する選
挙区）と大選挙区制（複数の議員を選出する選挙区）があり、日本においては長
らく、いわゆる中選挙区制（ひとつの選挙区から３人ないし５人の議員を選出す
る制度で、正確には大選挙区制の一種）が衆議院において採用されていたが、

1994年の政治改革立法の一環として小選挙区制を中心として、一定程度比例代表制も加味する小選挙区比例代表並立制（289の小選挙区と全国を11のブロックに分割した総数176議席の比例代表選挙区からなる制度。公選法4条1項・12条1項・13項）が採用されている。参議院議員選挙については戦後、各都道府県を単位とする地方区と、全国を1選挙区とする全国区を採用してきたが、1982年の改正で全国区が名簿式比例代表制になり、地方区選出議員は選挙区選出議員、全国区選出議員は比例代表選出議員と呼ばれるようになった（1人区、2人区、3人区、4人区、6人区からなる総数148議席の選挙区と、総数100議席の比例代表選挙区からなる制度を参議院では採用している。公選法4条2項・12条2項・14条）。

　このうち衆議院の小選挙区比例代表並立制に対しては①拘束名簿式比例代表制は直接選挙の原則に反しないか、②小選挙区と比例代表選挙区の両方に立候補を認めていることは、小選挙区で落選した議員にも当選の可能性を与えることになり、選挙人の意思に反しないか、③死票の多い小選挙区制は国民代表の原理に反しているのではないかといった憲法問題が提起された。

（3）政　党

　日本国憲法は政党について特に規定しておらず、また政党に他の団体に比べて特別の地位を与えているわけではないが、結社の自由を保障し議院内閣制を採用していることからして、政党の存在を当然の前提としていると考えられる。国会法に言うところの「会派」（国会法46条）とは、議会において活動を共にする団体のことであるが政党とほとんど重なっている。公職選挙法も政党を通じて選挙が行われることを想定している（86条の2ないし86条の7など）。また政治資金規正法は「政治団体」を規定して、その政治団体のうち①国会議員が5名以上存在するもの、または②直近に実施された選挙での得票総数が有効投票の2％であるものを「政党」と呼び、その政治活動の公明を図り、選挙の公正を確保するための規制を定めている（政治資金規正法1条・3条・20条ないし22条の9など）。また1994年に政治改革立法として、選挙制度改革（小選挙区比例代表並立制の導入）、政治資金規制の強化と同時に成立した政党助成法は政党交付金の助成によって、政党が不明朗な資金に頼ることをなくし、「民主政治の健全

な発展」（政党助成法1条）を実現しようとするものであるが、それは政党の存在を承認するとともに、その公的な性格と機能を重視するものであると言える。しかし政党助成金によって政党の自律性が阻害され、また政党助成金を獲得できる大政党だけが優遇されているとして、現状の政党助成のあり方に対し強い批判が存在する。

　政党によって初めて多様な国民の意見を集約したり、顕在化させることが可能になることを考えれば政党の存在は、民主的な政治の運営を想定する憲法にとって不可欠であることは明らかである。しかし、政党と選挙制度は相互に影響を与えているものであるため、どのような政党のあり方が望まれているのかは、またどれくらいの数の政党が存在することが望まれているのかは、憲法上一義的に判明するものとは言えず、憲法政治の運営の中で常に確認されていかなければならないことであると考えられる。

（4）選挙における自由と公正

　選挙が国民の意思が国政に反映される政治的に非常に重要な場であることを考えると、有権者はできる限り正確で十分な政治的情報に基づいて自身の政治的意思を純粋な形で他者から介入を受けることなく選挙権として行使できることが要請されている。そのための手段として、選挙運動の規制を撤廃して完全な自由競争によってそうした状況を確保しようとする方法と、一定の規則に基づいて候補者や政党が公正な条件の下で選挙運動ができるようにする方法が考えられる。選挙運動を表現の自由の一環として考えれば原則的に前者の方法が採用されるはずであるが、公職選挙法では選挙運動の期間、主体、方法、資金などに関して厳しい規制を置いている。判例も戸別訪問の禁止（公選法138条・239条）、文書図画頒布の制限（同142条・243条）、事前運動の禁止をいずれも合憲としている（最大判1950.9.27刑集4.9.1799、最大判1969.4.23刑集23.4.235、最大判1955.4.6刑集9.4.819など）。最高裁は、以前は選挙運動の規制は表現内容に着目したものではなく、表現活動の間接的・付随的規制にすぎないことを理由として緩やかな審査基準を適用しようとしていたが、近年選挙運動の規制は候補者が公正を確保するために定められたルールに従って運動できるための規制だとして選

挙運動規制が選挙を成り立たせるために必要であるから認められるのだという説明の仕方をするようになっている。しかし、そうした選挙運動観が憲法上望ましいものであるか大いに疑問があるところである。

④ 国会の活動

（1）国会の会期

国会は一定の限られた期間だけ憲法上の権能を行使するがその期間のことを会期と言う。会期には、①常会（毎年1回定期に召集される会、1月から150日間の会期、憲法52条）、②臨時会（臨時の必要に応じて召集される会、53条）、③特別会（衆議院が解散され総選挙が行われたのちに、召集される会、54条1項）がある。

各会期は独立しており、会期中に議決されなかった案件（議案、動議、請願）は後会に継続しない（会期不継続の原則）ことが国会法に定められている（国会法68条）。また一度議決した案件については同一会期中にはふたたび審議しないという一事不再議の原則も慣例上確立している。ただ会期不継続の原則はあくまで国会法上の原則なので、総選挙から総選挙までをひとつの「立法期」と理解し、その間の会期を連続したものとする制度に改正することはできる。

会期制によって国会の活動期間を限定すると、会期中におさまらなかった案件を処理するために会期を延長する必要が出てくる。しかし会期を長期化すると常設制とかわらなくなるため、会期不継続の原則を厳格には適用せず、議案の後会継続を認めている（国会法68条但書）。

（2）緊急集会

衆議院が解散されて総選挙が施行され、特別会が召集されるまでの間に、国会の開会を必要とする緊急事態が生じた際に、国会を代行するのが参議院の緊急集会である。

（3）会議の原則

会議の原則には①定足数、②表決数、③公開の原則が考えられる。①定足数

は合議体として会議を開いて審議を行うために必要な議事の定足数と、合議体としての意思を決定するために必要な議決の定足数がある。日本国憲法は両者を「総議員」の3分1と定めている。総議員に欠員を算入するべきかどうかで考えに違いがあるが、両議院の先例は厳格に法定の議員数であると解している。

　②表決数は憲法の特別の定めのある場合（憲法55条・57条1項・58条2項・59条2項・96条1項）を除いて、「出席議員」の過半数となっており、可否同数の場合は議長の決するところによる（56条2項）。この場合の出席議員とは学説の多数と先例によれば棄権者、白票、無効票も算入されるとされている。

　③公開の原則は国民に国政に関する情報を十分に提供し健全な民主政の運用を確保しようとするものであるが、代表制の下では自由委任の原則と衝突する可能性があり、秘密会を開く権限（憲法57条）を認めるとともに、委員会での会議は原則公開とはしないことで調整を図っている。

⑤　国会と議院の権能

　国会の権能は国会そのものの権能と、国会の構成要素としての議院の権能があるがそのいずれも、大日本帝国憲法下の帝国議会の権能に比べて非常に強いものになっている。主要な国会の権能には、憲法改正の発議権（憲法96条）、法律の議決権（59条）、条約の承認権（61条・73条3号）、内閣総理大臣の指名権（67条）、弾劾裁判所の設置権（64条）、財政の監督権（60条・83条以下）がある。また主要な議院の権能には、法律案の提出権、議院規則制定権（憲法58条2項）、国政調査権（58条2項）、議員の資格争訟の裁判権（55条）、議員の懲罰権（58条2項）などがある。

（1）国会の権能

　国会の権能は上に述べたようなものがあるが、それは衆議院と参議院がそれぞれ独立して活動しつつ、最終的には共同して行う権能である。（憲法改正の発議権については本書第3章国民主権の原理、第16章参政権で、法律の議決権については本章①（3）で、内閣総理大臣の指名権については第19章内閣でふれている）。

憲法改正の発議に関する権限（改正発議権）、立法に関する権限（法律議決権）、条約の承認権、内閣総理大臣の選出に関する権限（首相指名権）、財政監督の権限であるが、いずれも各院で行使される権限であり、裁判官弾劾裁判所は両院の議員によって構成される。

（2）議院の権能

議院の権能には①議院自律権、②運営に関する自律権が考えられる。①には会期前に逮捕された議員の釈放要求権、議員の資格争訟の裁判権（憲法55条）、役員選任件（58条1項）などがある。②には議院規則制定権、議員懲罰権（58条2項）がある。

また議院自律権のうち国政調査権（憲法62条）と司法審査の関係が問題となるが、国政調査権は憲法41条の「国権の最高機関」性に基づく国権統括のための独立の権能ではなく、議院に与えられた権能を実効的に行使するための補助的な権能であると理解することが支配的であるため、国政全般にわたる広範なものとは言え、司法権の独立を侵すようなものは認められない。

■参考文献■
浅野一郎・河野久編著『新・国会事典』（有斐閣、2004）
大山礼子『国会学入門〔第2版〕』（三省堂、2003）
芦部信喜『憲法と議会政』（東京大学出版会、1971）

第19章 内閣

　日本国憲法は、権力分立の考え方に基づき、立法権、行政権、司法権をそれぞれ別の機関に分担させ、行政権については、65条において、「行政権は、内閣に属する」と規定する。もっとも、行政権が「内閣に属する」からといって、内閣が全ての行政作用を自ら行うというわけではない。一般的には、内閣が「行政各部」を統括し、「行政各部」の諸機関が行政事務を行うことになる（憲法72条は、内閣総理大臣が行政各部を指揮監督することを規定する）。

1　行政権の概念

　内閣に属するとされる行政権とは何か。一般的には、立法とは法規範の定立であり、行政とは法に従って国の事務を行うことであり、司法とは法的紛争を解決して法秩序を維持することであると言うことができるが、学説上は、それほど単純ではない。通説は、国家の統治権から立法権と司法権を除いた残りが行政権であるというように消極的に理解する控除説と呼ばれる見解を支持してきた。この控除説には、第一に、君主が独占してきた統治権から立法権・司法権が分化していき、最後に行政権だけが君主の手元に残ったという歴史的沿革と適合的であること、第二に、現代行政国家における広範な行政作用を包括的に行政権に含めることができること、という長所がある。しかしながら、行政権の統制という観点からすれば、むしろ、現代行政国家においてこそ、広範になりがちな行政権の及ぶ範囲を限定するために、行政権を積極的に定義する試みが必要であるとも考えられる。

　しかし、現在のところ、このような積極的定義の試みは、成功していない。例えば、代表的な見解として、行政権とは、「法の下に法の規制を受けながら、

国家目的の積極的な実現をめざして行われる全体として統一性をもった継続的な形成的活動」であるという積極的定義を行う有力な見解もあるが（田中二郎）、このような定義では、行政作用と考えられるもの全てを説明することは難しいと言われる。控除説が通説であるのは、積極的定義が見出せないという学説状況によるところも大きいのである。

② 独立行政委員会の合憲性

　憲法65条によれば、行政権は内閣に属することになっており、内閣の統括下にない機関が行政権を行使することは憲法違反となりそうである。そこで、独立行政委員会が憲法65条に違反しないかどうかが問題となる。

　行政委員会は、通常、国家行政組織法3条2項に基づき各省の外局として設置されるか（公害等調整委員会は総務省の外局、公安審査委員会は法務省の外局、中央労働委員会は厚生労働省の外局、船員労働委員会は国土交通省の外局である）、内閣府設置法49条3項に基づき内閣府の外局として設置される（公正取引委員会、国家公安委員会）。なお、国家公務員法3条に基づき内閣の所轄の下に置かれる行政委員会として、人事院がある。

　行政委員会は、戦後の占領政策の中で行政の民主化を図る狙いから、アメリカの独立規制委員会をモデルとして導入された制度である。専門技術性や政治的中立性が求められるため、政治性の強い内閣の統制から独立して活動することが期待される。そこで、行政権を行使しながら内閣の統制からかなりの程度まで独立している行政委員会（独立行政委員会）は憲法65条に反するのではないか、という疑問が投げかけられてきた。もっとも、近時においては、独立行政委員会が違憲であるという論者はほとんどおらず、実際の論点は、独立行政委員会の合憲性をどのように説明するかになっている。そして、説明の仕方には争いがあるものの、専門技術性や政治的中立性が要請されるがゆえに内閣の指揮監督から独立する機関が存在するとしても、憲法65条の趣旨に反するものではないと解されている。

③ 内閣の成立

　内閣は、その首長である内閣総理大臣（俗に「首相」という）と、その他の国務大臣（俗に「閣僚」という）とで構成される（憲法66条1項）。

　内閣は、次の順序で組織される。第一に、国会による内閣総理大臣の指名とそれに基づく天皇による内閣総理大臣の任命（6条1項）であり、第二に、内閣総理大臣によるその他の国務大臣の任命（68条1項）と天皇によるその認証（7条5号）である。なお、天皇による内閣総理大臣の任命とその他の国務大臣の認証とは、ともに形式的・儀礼的な天皇の国事行為にすぎない。

（1）国会による内閣総理大臣の指名

　国会は、内閣総理大臣が存在しない場合（したがって内閣が存在しない場合）、全ての案件に先立って内閣総理大臣の指名を行わなければならない（67条1項後段）。この国会による内閣総理大臣の指名が内閣を組織するための第一歩である。なお、国会による内閣総理大臣の指名は、他の案件とは異なり、先議・後議の区別はなく、衆参同時に行われる。

　衆参両院で指名の議決が一致すれば、その人物が国会によって内閣総理大臣に指名されることになるが、衆参両院で指名の議決が一致しなかった場合には、どうなるのであろうか。例えば、2007年の参議院議員選挙の結果、衆議院と参議院の多数派が異なることになったため、衆議院では与党である自由民主党の総裁が内閣総理大臣に指名され、参議院では野党第一党である民主党の党首が内閣総理大臣に指名される可能性が高くなった。実際、2007年9月25日の内閣総理大臣指名選挙では衆議院は福田康夫（自由民主党）を、参議院は小沢一郎（民主党）を指名し、2008年9月24日の内閣総理大臣指名選挙では衆議院は麻生太郎（自由民主党）を、参議院は小沢一郎（民主党）を指名し、両院は一致しなかった。

　このような場合には、まず必ず両院協議会が開催され（両院協議会については本書第18章「国会」を参照）、妥協案が探られることになる。しかし、それぞ

れの議院の多数派10名ずつで構成される両院協議会において、３分の２の多数の支持によって成案（妥協案）が得られる可能性は低い。そして、両院協議会で成案が得られない場合（または衆議院が指名の議決を行ったにもかかわらず参議院が10日以内に指名の議決を行わない場合）には、衆議院の指名がそのまま国会の指名となる（憲法67条２項、「衆議院の優越」の一態様）。つまり、実際には、参議院で誰が内閣総理大臣に指名されようとも、結局は、衆議院で指名された者が内閣総理大臣になるのである（2020年12月末現在、日本国憲法の下では、衆参両院で指名の議決が一致しなかったことは過去に５回ある。いずれも両院協議会で成案が得られず、衆議院の議決通りに内閣総理大臣が指名された）。

　内閣総理大臣には、国会議員であること（67条１項前段）と、文民であること（66条２項）、という２つの適格要件がある。

　「文民」とは、シビリアン（civilians ＝非軍人）の日本語訳であり、内閣総理大臣だけではなくその他の国務大臣も、文民でなければならない（66条２項）。この文民条項は、文民統制（シビリアン・コントロール）の考え方を反映するものである。文民統制とは、軍人が政治に介入することによって民主政治が危機的状態に陥るのを未然に防ぐために、軍人でない者に軍隊の指揮権を統制させようという考え方である。日本国憲法は、９条２項によって「戦力」の保持を禁止しており、したがって、軍隊及び軍人が存在しない建前となっている。そこで、文民が具体的にどの範囲の者を指すのかについて、学説上は、現在職業軍人でない者、過去に職業軍人でなかった者、現在職業軍人ではなく過去にも職業軍人でなかった者など、様々な解釈が行われてきた。しかし、実際の議論のポイントは、旧憲法下で職業軍人であった者が文民と言えるかどうか、現役の自衛官や退役した自衛官が文民と言えるかどうかである。文民統制の趣旨からすれば、これらの者が内閣総理大臣やその他の国務大臣になるべきではないが、実務上は、第二次田中内閣において旧憲法下で職業軍人であった人物が国務大臣に就任しており、それ以降、文民とは軍国主義思想を持たない者をいう、という解釈に基づく運用がなされている。

（2）内閣総理大臣によるその他の国務大臣の任命

　内閣総理大臣が指名されると、次に、内閣総理大臣が、その任命権に基づいて（憲法68条1項）、その他の国務大臣を任命する。国務大臣の適格要件としては、内閣総理大臣と同様の文民条項がある（66条2項）。また、内閣総理大臣とは異なり国会議員であることは適格要件ではないが、国務大臣の過半数は、国会議員でなければならない（68条1項）。国務大臣の人数については、内閣法上、原則は14人以内だが、特別に必要な場合には17人以内となっており（内閣法2条2項）、2022年3月現在、附則の規定によりさらに3人増員されている。

④　内閣総辞職

　内閣総辞職とは、内閣を組織する内閣総理大臣及びその他の国務大臣が同時にその地位を離れることを言う。大別して、以下の4つの場合がある。第一は、内閣自らが総辞職を決定した場合である。第二は、衆議院において内閣不信任案が可決（または内閣信任案が否決）され10日以内に衆議院が解散されない場合である（憲法69条）。もっとも、日本国憲法の下で内閣不信任案が可決されたことは4回あるが、そのいずれにおいても、衆議院の解散が選択された。第三は、衆議院議員総選挙後に初めて国会が召集された場合である（70条）。議院内閣制を採用しているとされる日本国憲法の下では、内閣は、国会（特に衆議院）の信任を基盤とするから、総選挙後には内閣が総辞職するのである。第四は、内閣総理大臣が欠けた場合である（70条）。大平正芳首相が死亡したとき（1980年）と、小渕恵三首相が脳梗塞により意識不明となり継続的な執務不能状態に陥ったとき（2000年）の2例がある。

　内閣総辞職が行われると内閣総理大臣が不在となるので、前述のように、国会は、全ての案件に先立って、内閣総理大臣の指名を行うことになる（憲法67条1項後段）。また、内閣は、内閣総辞職を行っても、その次の内閣総理大臣が任命されるまでの間は、引き続きその職務を執行することになっている（71条）。この状態の内閣は、俗に「職務執行内閣」とか「事務管理内閣」と呼ばれる。

⑤　内閣総理大臣及び内閣の権限

（1）内閣総理大臣の権限

　大日本帝国憲法下の内閣総理大臣は、「同輩中の首席」（他の国務大臣と対等の地位）にすぎず、閣内の意見不一致の場合には、衆議院を解散するか総辞職するかしなければならないほど、閣内におけるその力は弱かった。これに対して、日本国憲法下の内閣総理大臣は、内閣の首長としての地位を与えられており（憲法66条1項）、他の国務大臣の任免権を有する（68条）ほか、「内閣を代表して議案を国会に提出し、一般国務及び外交関係について国会に報告し、並びに行政各部を指揮監督する」権限を有する（72条）など、その権限がかなり強化されている。

　特に国務大臣の任免権は重要であり、例えば、内閣総理大臣は、自らの意向に反対する国務大臣がいる場合には、その国務大臣を罷免し、新たな国務大臣を任命することができる（内閣総理大臣が自らは辞職せずにその他の国務大臣だけを入れ替える「内閣改造」は、内閣総理大臣が有する国務大臣の任免権に基づいて行われる）。その他の憲法上の権限としては、国務大臣の訴追に対する同意権（75条）、法律・政令に主任の国務大臣として署名したり主任の国務大臣とともに連署したりする権限（74条）がある。また、内閣法上の権限としては、閣議の主宰権及び閣議における重要政策の発議権（4条2項）、主任大臣間の権限疑義の裁定権（7条）、行政各部の処分または命令の中止権（8条）、などがある。そのほかにも、自衛隊に対する最高指揮監督権（自衛隊法7条）、緊急事態の布告（警察法71条・72条）、災害緊急事態の布告（災害対策基本法105条）、原子力緊急事態の布告（原子力災害特別措置法15条）などの大きな権限もある。

（2）内閣の職権

　内閣の職権は広範であるが、その一般的な規定としては、憲法73条がある。憲法73条は、「内閣は、他の一般行政事務の外、左の事務を行ふ」として、以下の事務を列挙する。①法律を誠実に執行し、国務を総理すること。②外交関

係を処理すること。③条約を締結すること。④法律の定める基準に従い、官吏に関する事務を掌理すること。⑤予算を作成して国会に提出すること。⑥この憲法及び法律の規定を実施するために、政令を制定すること。⑦大赦、特赦、減刑、刑の執行の免除及び復権を決定すること、である。

　そのほかにも、憲法上の権限としては、天皇の国事行為に対する助言と承認（3条・7条）、最高裁判所長官の指名（6条2項）及びその他の裁判官の任命（79条1項・80条1項）、国会の臨時会の召集の決定（53条）、参議院の緊急集会の要求権（54条2項）、予備費の支出、決算審査及び財政状況の報告（90条1項・91条）がある。

　内閣の職権は、閣議に基づいて行われる（内閣法4条1項）。閣議とは、全ての国務大臣を構成員とする会議体である。内閣総理大臣が主宰者であること（同条2項）や、各大臣がいかなる案件についても内閣総理大臣に提出して閣議を求めることができること（同条3項）は内閣法上に規定があるが、議事手続の詳細については慣例に従っている。特に重要なのは、次の2点である。第一は、閣議決定が多数決ではなく全会一致で行われることであり、これは、内閣が国会に対して連帯責任を負うことに根拠が求められる。第二は、議事が非公開で行われることであり、これは、高度に政治的な判断が行われる場として当然のことであると説明される。

6　議院内閣制と衆議院の解散

　政府（行政部）と議会（立法部）とがどのような関係にあるかに着目した場合、日本国憲法は、議院内閣制を採用していると言われる。歴史的経緯を捨象して単純化して述べるならば、議院内閣制は、政府の存立を議会（特に下院）の信任に基づかせることによって議会と政府が協働して政治を行う制度であり、政府は、議会に対して政治的責任を負うことになる。これに対して、議院内閣制に対置される大統領制は、政府と議会とを相互に厳格に独立させる制度であり、政府の長である大統領が議会とは独立に公選され、政府は議会に対して政治的責任を負わなくてよい。

　議院内閣制の本質が何であるかについては争いがあるけれども、日本国憲法が議院内閣制を採用していることは、以下のことによって明らかである。すなわち、第一に、内閣が、行政権の行使について、国会に対して連帯責任を負うこと（66条3項）、第二に、衆議院において内閣不信任決議がなされた場合には、衆議院の解散が行われない限り内閣が総辞職をしなければならないこと（69条）、第三に、内閣総理大臣が、国会議員の中から国会の議決によって指名されること（67条）、第四に、国務大臣の過半数が国会議員でなければならないこと（68条）、である。

（1）議院内閣制の本質

　議院内閣制の本質については、内閣が国会に対して連帯責任を負うことを本質と考える責任本質説と、内閣と国会とが均衡関係にあることを本質と考える均衡本質説とが対立してきた。責任本質説は、国会による内閣の統制を重視し、内閣の衆議院解散決定権は、議院内閣制の本質から導かれるものではないと説くのに対して、均衡本質説は、衆議院の内閣不信任決議権に対抗する手段として、内閣の衆議院解散決定権は議院内閣制の本質から導かれるものであると説く。日本国憲法が議院内閣制を採用しているとして先に示した4つの事項は、いずれも国会が内閣に優位することを示すものであり、それらだけをふまえて言えば、日本国憲法の採用する議院内閣制は責任本質型であると言うことができそうである。しかしながら、後述するように、日本国憲法の実際の運用においては、内閣が衆議院の解散決定権を持つばかりか、それを随意に行使してきており、内閣と国会との関係は均衡どころか内閣優位とさえ言いうる状況にある。

（2）内閣の衆議院解散決定権

　では、内閣が衆議院の解散決定権を有することは、どのように正当化されるのだろうか。

①　69条解散限定説と69条解散非限定説

　日本国憲法は、7条3号において、天皇の国事行為として、衆議院が解散さ

れうることを明示している。もちろん、天皇の国事行為は形式的・儀礼的な行為であるから、衆議院の解散を実質的に決定するのは、天皇ではありえない。では、衆議院の解散は、いかなる場合にいかなる機関が決定するのか。日本国憲法は、69条において、衆議院で内閣不信任決議が行われた場合に、衆議院が解散されうることを規定する（この場合の解散を「69条解散」という）。そして、69条以外には、衆議院が解散されうることの規定は存在しない。

　69条は、衆議院の解散をいかなる機関が決定するのかまでは、明らかにしていない。しかし、69条解散の実質的決定権の所在は、内閣以外には考えられない。衆議院が突きつけた内閣不信任決議に対して、内閣がそれを受け入れれば内閣は自ら総辞職を決定し、内閣がそれに不服の場合には、内閣が衆議院の解散を決定して衆議院総選挙を通じて政治的に決着をつけるというのが、ここで想定されているしくみである。少なくとも、この場面においては、内閣と国会との間の均衡が図られているのである。

　では、69条所定の場合以外に、内閣は、衆議院の解散を決定できるのか。この点に関しては、衆議院の解散を69条解散に限定する69条解散限定説と、69条解散に限定されないとする69条解散非限定説との対立がある。

　69条解散限定説は、日本国憲法の条文に忠実な見解であると言える。同説によれば、衆議院の解散のような重大な行為がいかなる場合にいかなる機関によって決定されるかは、当然に憲法典に明記されているはずであり、69条以外に明文の規定がない以上、69条解散以外の解散は認められないということになる。

　これに対して、69条解散非限定説は、まず、衆議院の解散を69条解散に限定するならば、内閣と国会との協働関係が崩れた場合に、政治の停滞が生じてしまうことを懸念する。議院内閣制は、衆議院の多数派が内閣を組織することによって内閣と国会とが協働して円滑な政治を行っていくことが期待された制度であると言える。そのような制度の下で、内閣が国会の支持を得られない状態が続くならば、内閣が提出する議案はことごとく国会において否決されてしまい、政治は停滞してしまう。もちろん、そうした場合、衆議院には内閣不信任決議を行うという手段があり、内閣には内閣総辞職を行うという手段がないわけではないが、内閣不信任決議は衆議院にとって解散及び総選挙のリスクを伴

う行為であり、衆議院の支持が得られていない状態での内閣総辞職は政権政党にとっては政権を失うに等しい行為であるから、どちらの手段も有効には機能しない可能性が高い。こうした状況を想定するならば、少なくとも内閣と国会との協働関係が崩れた場合には、内閣が衆議院の解散を決定できるようにしておくことが有用なのである。また、衆議院を解散し総選挙を行うことには、国政の重要案件について民意を問うという意義もある。このことを重視するならば、衆議院の解散を69条の場合に限定するのでは、不十分であるということになる。これらの考慮が働いて、69条解散非限定説が通説となっている。

②　7条説

では、69条解散以外の解散は、日本国憲法のどの条文に根拠づけることができるのか。学説は多岐に分かれる。少数説として、65条説（国家の統治権のうち立法権と司法権を除いた残りの部分が行政権であるという行政権の概念についての通説である控除説を前提として、実質的権限の所在が明確ではない衆議院解散権は、行政権を担う内閣に属するという見解）や、制度説（議院内閣制の観点から衆議院に対して内閣不信任決議権を認めていることを前提として、権力分立の観点からそれに対抗する手段として内閣に衆議院の解散権を認められるべきであるとする見解）もあるが、通説及び実務は、憲法7条を根拠に衆議院解散の決定を内閣の政治的裁量に委ねる7条説をとっている。

7条説とは、形式的・儀礼的な天皇の国事行為の実質的決定権の所在は、他の条文によって明確な場合にはその条文に拠るけれども、不明確な場合には、国事行為に対して「助言と承認」を行う内閣に帰属するという議論を前提とする。そして、衆議院の解散は実質的決定権の所在が不明確な国事行為であるから、「助言と承認」を行う内閣にその実質的決定権が帰属すると説く。さらに、7条説は、衆議院の解散は69条所定の場合に限定されるべきではないから、内閣は69条所定の場合でなくとも、7条の規定に基づいていつでも随意に衆議院の解散を決定できると説く（69条所定以外の7条だけに基づく解散を「7条解散」という）。

7条解散の合憲性をめぐって争われた訴訟として、1952年に第三次吉田内閣が行った「抜き打ち解散」（内閣不信任決議がなされていない中で唐突に行われた

7条解散であった）をめぐる苫米地訴訟（解散によって衆議院議員の職を失った苫米地義三氏が提起した訴訟）がある。しかし、最高裁は、この訴訟において、「直接国家統治の基本に関する高度に政治性のある国家行為のごときはたとえそれが法律上の争訟となり、これに対する有効無効の判断が法律上可能である場合であっても、かかる国家行為は裁判所の審査権の外にあり、その判断は主権者たる国民に対して政治的責任を負うところの政府、国会等の政治部門の判断に委され、最終的には国民の政治判断に委ねられているものと解すべきである」という統治行為論を用いて、7条解散の合憲性に対する判断を行わなかった（最大判1960.6.8民集14.7.1206。統治行為論については、本書第20章「裁判所」を参照）。

　なお、日本国憲法の下で行われた衆議院の解散は、直近の2017年の解散まで24例あるが、そのうち、69条解散は4例しかなく、他の20例は7条解散である。

③　衆議院解散決定権の限定

　前述のように、通説・実務である7条説は、69条所定の場合以外の解散を内閣の政治的裁量に委ねている。その結果として、内閣は、自らの都合のよいときに（したがって、政権政党が総選挙に勝てそうな時期に）、衆議院を解散しようとする事態が生じる。しかし、69条解散非限定説が支持されてきたのは、69条所定の場合以外にも衆議院を解散して総選挙を行うことが必要な場合があるとの認識によるところが大きく、内閣の政治的裁量を無限定に認めることは、むしろ望まれていなかったと言える。そこで、内閣の衆議院解散決定権をどのように限定すべきかということが、7条説の重要な課題となっている。もっとも、衆議院の解散は、内閣と衆議院との間に亀裂が生じた場合や総選挙を通じて重要政策の当否について国民の判断を求めることが望ましい場合などに限定されるべきであり、政権政党の都合で行われる解散は不当であるとは言えるとしても、解散決定権を内閣の政治的裁量に委ねる7条説を前提とするならば、それらの解散を違憲であると断ずることは難しい。この点、2005年の「郵政解散」は、賛否の分かれるものであった（一部に違憲論もあった）。「郵政解散」は、小泉内閣の下で重要な政策課題と位置づけられていた郵政改革を実現する法案が衆議院で可決され参議院で否決された段階で行われた。同法案を否決したの

は衆議院ではなく参議院であり、また、同法案を成立させるには、両院協議会の開催や衆議院における特別多数による再可決という方途が残されていた段階での解散であった。

7 国民内閣制論

　議院内閣制の根底を左右する2000年代の憲法改革論として、国民内閣制論があった。現代行政国家における日本の議院内閣制は、肥大化した行政部門を国会によって民主的に統制するしくみを提供するものとして、期待される側面があった。しかしながら、実際には、官僚組織主導の政策形成に対して、国会は、実効的な民主的統制を行えないでいる。そのような中、国会による行政部門の統制という従来の発想から脱却し、国民によって支えられた政治部門（特に内閣）によって官僚組織を民主的に統制しようという発想に基づき、国民内閣制論が一部の論者によって提唱されていたのだった。

　国民内閣制論とは、従来の議院内閣制に関する通説が内閣の支持基盤を議会多数派の信任に求めてきたのに対して、内閣の支持基盤を選挙を通じた国民多数派の信任に求める議論である。このような観点から、国民内閣制論は、日本国憲法の議院内閣制自体は維持しながら、その運用形態の大規模な見直しを主張するものであった。

　その後、制度改正そのものとしては国民内閣制論はそのままのかたちでは実現することはなかったが、一方では内閣機能の強化、省庁再編と副大臣・政務官制度の導入、内閣人事局による政府の公務員人事の統制の強化などによって、他方では小選挙区制の導入、二大政党制の頓挫と自由民主党の一強体制の出現によって、一面では強権的とも言える強力な政府（内閣）が実現し、首相と内閣の強力なリーダーシップを、その内容はどうあれ発揮しようと思えば広範囲に発揮することが可能になっている現状がある。この現状は国民内閣制論が想定していたような政官関係のバランスを大幅に超えたものにさえなっているようにも見える。こうした現状は国民内閣制論からは評価できるのであろうか。

■参考文献■

只野雅人『憲法の基本原理から考える』（日本評論社、2006）

赤坂正浩ほか『ファーストステップ憲法』（日本評論社、2005）の「内閣機能の強化と首相公選論」（赤坂正浩）

駒村圭吾「内閣の行政権と行政委員会」同上書所収

高橋和之『立憲主義と日本国憲法』（有斐閣、2005）

佐藤幸治ほか『ファンダメンタル憲法』（有斐閣、1994）の18（中村睦男）と19（佐藤幸治）

第20章 裁判所

1 裁判を受ける権利

(1) 裁判を受ける権利の意義

　個人が権利や自由を違法に侵害された場合に、最終的なよりどころとして重要になってくるのが裁判である。しかし、いくら個人が裁判に訴えようとしても、それが裁判所によって恣意的に拒絶されたりするようでは、被害を受けた個人の権利や自由の救済は覚束ないものとなるであろう。そこで、日本国憲法32条は、「何人も、裁判所において裁判を受ける権利を奪はれない」と定め、個人の「裁判を受ける権利」を人権として保障している。

　だが、これは、ただ単に個人が裁判を求めることができるということだけを意味しているわけではない。そこには、①全ての個人が平等に、政治権力から独立した公平な裁判所に自らの権利や自由の救済を求めることができ、さらに、②全ての個人はそのような公平な裁判所の裁判によるものでなければ、国による刑罰を受けることはない、という2つの意味が含まれているのである。しかも、その裁判所についても、日本国憲法は「最高裁判所及び法律の定めるところにより設置する下級裁判所」であることを要請しており（76条1項）、戦前の軍法会議のような特別裁判所を設置することや、行政機関が最終判断権を持つ終審として裁判を行ったりすることは禁止している（76条2項）。また、行政裁判所が禁止されたことで、大日本帝国憲法下では通常の司法裁判所の権限から除外されていた行政事件についても、日本国憲法の下では、民刑事事件同様、裁判所の権限の中に含まれるようになり、個人は、それら全ての事件において、等しく「裁判を受ける権利」を保障されるようになったのである。

このように、個人の「裁判を受ける権利」は、全ての個人が平等に、公平な裁判所によって公正な裁判を受けることを実質的に保障した人権であると言うことができよう。

（2）裁判の公開

公平な裁判所による公正な裁判を確保するためには、何よりもまず、裁判が密室で行われることなく、その内容が公にされる必要が出てくるであろう。そのため、日本国憲法82条1項は、「裁判の対審及び判決は、公開法廷でこれを行ふ」として裁判の公開原則を定め、さらに37条1項は、刑事裁判における被告人に対して「公平な裁判所の迅速な公開裁判を受ける権利」を保障している。ちなみに、82条1項のいう「対審」とは、裁判の原告・被告双方が、裁判官の面前でそれぞれの主張を闘わせて、この裁判官が中立的公平の立場から結論を下す手続のことをいう。

ただし、裁判の公開原則についても、全く例外がないわけではない。82条2項は、対審を公開することが「公の秩序又は善良な風俗を害する虞がある」と裁判官が全会一致で決定した場合には、「対審」は公開されないと規定している。その理由としては、「対審」を公開することで一般市民を犯罪行為に駆り立てたり、あるいはわいせつなど一般の習俗に反する内容が含まれることで一般市民に著しい不快感を与えたりすることなどを防ぐためであると、これまでは説明されてきた。しかし、むしろ近年では、この裁判の公開原則の例外について、国際人権規約B規約14条1項の立場から、訴訟当事者の私生活やプライバシーなどの人権に対する配慮の必要性によって説明されていることも注目される。他方で、判決全般と「政治犯罪、出版に関する犯罪又はこの憲法第三章で保障する国民の権利が問題となつてゐる事件の対審」は、常に公開されなければならない（82条2項但し書き）。もっとも、これについても、先に述べた訴訟当事者のほかの「憲法第三章で保障する国民の権利」への配慮や調整によって、その保護の見地から裁判を非公開とする必要性が出てくる場合も考えられるだろう。

また、裁判の公開とは、一般市民の裁判傍聴の自由を含むものであるが、し

かし傍聴席には物理的に限りがあり、さらに裁判長には裁判を行う上で法廷の秩序を維持する場合もある以上、裁判傍聴の自由には一定の制約が加えられることもまた、やむを得ないところである。ここで重要となるのが、報道機関による裁判についての「報道の自由」である。つまり、報道機関が裁判を傍聴できない個人に代わって裁判の内容を取材・報道することにより、個人に対する裁判の公開を間接的かつ実質的に確保し、同時に個人の「知る権利」に供するという意義を持つわけである。ただし、刑事訴訟規則215条は法廷での写真撮影・録音・放送を、さらに民事訴訟規則77条は法廷での速記・録画をも、裁判所の許可がなければ原則として禁じており、裁判に関する「報道の自由」が絶対的に保障されているわけではない。最高裁は、法廷の秩序維持と訴訟当事者の利益保護を理由としてこれを合憲としているが（最大判1958. 2. 17刑集12. 2. 253）、確かに先述したような理由でその必要性が認められる場合はありうるにしても、裁判所の完全に自由裁量的な許可によって裁判の公開や「報道の自由」が有名無実化されることのないよう注意が必要である。

（3）市民の司法参加と「裁判員制度」

　ここまでは、裁判所による裁判のいわば客体としての個人の権利に焦点を当ててきた。しかし、裁判所という機関は、市民の選挙を通じてその構成員が直接・間接に選ばれる国会や内閣という他の機関に比べると、市民の関与する機会が非常に薄い存在である。その意味では非民主的な機関であるとも言えよう。

　そこで、諸外国のように何らかの形で、個人が主体として裁判所の裁判に参加することにより、裁判の民主化を図ろうとする考え方が出てくる。このような考えを背景に2004年5月には「裁判員の参加する刑事裁判に関する法律」（裁判員法）が成立し、同法に基づき2009年5月から「裁判員制度」がスタートした。これは、有権者の中からくじで選出された原則として6名の裁判員が、刑事事件の第一審において、3名の裁判官と共に有罪・無罪の判決と量刑を行うというものである（裁判員法2条2項）。そこで対象となる事件は、法定刑に死刑や無期刑が含まれる重罪事件などに限定され（同法2条1項）、またその評決は過半数で行われることになるが、そこには必ず1名の裁判官が含まれてい

なければならない（同法67条1項）。

　これまで行われてきた裁判員裁判の累計は、2020年10月末現在で13,534件に上る。その内、約97％が有罪判決であり、死刑判決が39件、無期懲役が251件、他方で無罪判決は122件となっている（最高裁判所HP「裁判員制度」「裁判員制度の実施状況について【データ】～もっとくわしくお知りになりたい方へ～」を参照）。

　当初、このような裁判員制度については、市民の司法参加が行われることで市民の日常感覚が反映された裁判が期待されるという評価がある一方、初等中等教育課程などにおいて基本的な法学教育がなされていない現状で法学的な素養のない一般市民にこのような役割を認めることは、正確な法的知識を必ずしもふまえていないマス・メディアの報道などの影響も相まって、裁判の公正や被告人の権利保障を希薄化してしまうことにつながるのではないかとの指摘もなされていた。

　また、市民からの裁判員の選任とその職務の遂行は憲法18条が禁じた「意に反する苦役」に当たるなどとして、裁判員制度の合憲性を争う裁判が提起されたが、最高裁判所は「参政権と同様の権限を国民に付与するものであり、これを『苦役』ということは必ずしも適切ではな」いとして、裁判員制度を合憲と判断している（最大判2011.11.16刑集65.8.1285）。

　死刑も対象事件となる裁判員制度については、引き続き慎重な制度運用はもちろんのこと、制度開始から10年以上が経過した現在、市民が自らの司法参加と裁判員制度の意義について理解を深められるような積極的な取り組みが、よりいっそう求められている。

② 裁判所と司法権

（1）司法権とは何か？

　日本国憲法76条1項は、裁判所の権限について、「すべて司法権は、最高裁判所及び法律の定めるところにより設置する下級裁判所に属する」と規定している。まず、この「司法権」とはいかなるものであろうか。代表的な見解によれば、司法とは、「具体的な争訟について、法を適用し、宣言することによっ

て、これを裁定する国家の作用」と説かれてきた（清宮四郎『憲法Ⅰ〔第3版〕』（有斐閣、1979年）335頁）。要するに、司法権とは、法的な争いとして裁判所に持ち込まれた当事者間の揉め事を、裁判所が一定の手続によりながら、その争いを解決するのに適した法を用いて最終的な判断を下すことで、この争いを法的に解決するための裁判所の権限と捉えることができよう。

　ここでの重要なポイントは、当事者によって裁判所に持ち込まれる争いが、自分自身の法的な権利や利益には関係のない抽象的なもの（例えば、ただ単にある法令の解釈や効力に異議を申し立てたり、個人の主観的な意見や学問の内容の当否について争ったりすること）であってはならないということである。換言すれば、裁判所の司法権が発動されるためには、その前提として、当事者に対する何らかの法的な権利や利益の損害を伴った「具体的な争訟」の存在が必要となる。これを「事件性の要件」と呼ぶ。この「事件性の要件」は、裁判所法3条1項前段にいう「法律上の争訟」と同義とされ、判例はこの「法律上の争訟」について、①当事者間に具体的な権利義務があるか否か、あるいは法律関係があるか否かに関する争いで、かつ、②法令を適用することで、その争いが終局的な解決を見ることができるものとしており、「事件性の要件」の内容を確認している（最大判1981.4.7民集35.3.443）。

　もっとも、裁判所は、「具体的な争訟」（法律上の争訟）ではない、つまり「事件性の要件」を満たしていない特定の訴訟についても裁判を行うことがある。行政事件訴訟法に定められた「民衆訴訟」（5条）や「機関訴訟」（6条）など、「客観訴訟」と呼ばれるものがそれである（これに対し、司法権の発動対象である「法律上の争訟」は「主観訴訟」と呼ばれる）。これらは、同じく行政事件訴訟法42条が明らかにしているように、「法律に定める場合において、法律に定めるものに限り、提起することができる」ものであり、裁判所の「その他法律において特に定める権限」（裁判所法3条1項後段）に属するものとして、司法権とは区別されてきた。しかし、裁判所はこれまで、このような「事件性の要件」を満たしていない「客観訴訟」でも違憲審査権を行使してきており、そうなると、後述するように「事件性の要件」を前提としない抽象的な事件についても違憲審査を可能とする制度を日本においても法律によって導入することが

できるのではないか、という問題提起もなされている。

（2）司法権の限界

　しかし、たとえ裁判所に持ち込まれる事件が「事件性の要件」を満たしていたとしても、裁判所の司法権がその全てに及ぶわけではない。その例としては、①日本国憲法が明文をもって規定している議員の資格争訟の裁判（55条）と裁判官の弾劾裁判（64条）という憲法上の例外、②領事裁判権などの治外法権や、いわゆる「日米地位協定」に基づく米軍関係者らの一定の犯罪に対する日本の裁判権の排除などといった国際法上の例外が挙げられるが、より問題となるのは、③国会と内閣という政治部門の行為との関係における権力分立制に基づく例外である。なお、このほかにも、④地方議会・大学・政党・労働組合・宗教団体といった自主的な団体内部での紛争も、場合によっては司法権の限界として問題になるが（部分社会論）、ここでは割愛する。

①　議院自律権

　まず、国会との間で問題となるのは、各議院の「議院自律権」についてである。これは、権力分立制の下で国会・内閣・裁判所というそれぞれの機関は、他の機関によって干渉されることなく自らに委ねられた一定の事項について自律的に決定できる権能を持つので、当然そこには裁判所による審査は及ばない、というものである。例えば、最高裁も、各議院の議事手続に関する事項については、裁判所の審査は及ばないとしている（最大判1962.3.7民集16.3.445）。

　確かに、このことは原則として肯定されるべきであろう。しかし、各議院の議事手続には、日本国憲法56条に議決の要件などに関する客観的に判断可能な規定があり、これに反した議事手続については裁判所の審査の対象となると解すべきではないだろうか。また、形式的な合法性は保たれているとはいえ強行採決などの議事運営によって十分な審議も尽くされていないような議事手続については、現行法上の困難はつきまとうとしても、何らかの形で裁判所による審査の途を残した方が、かえって健全な民主主義の維持につながっていくようにも思われる。

②　政治部門の裁量権

　立法部たる国会と、内閣を始めとする行政部の裁量に委ねられた事項についても、裁判所による審査は及ばないとされる。このうち、立法部たる国会の裁量権を「立法裁量」と言い、内閣を始めとする行政部の裁量権を「行政裁量」と言う。

　とりわけ問題となっている「立法裁量」としては、①社会権を保障するための法律の規定と②選挙における議員定数を配分する法律の規定に関するものが挙げられる。最高裁は、①について、日本国憲法25条1項の「健康で文化的な最低限度の生活」とはきわめて抽象的かつ相対的な概念であるから、それをどう実現するかは国会の裁量に広く委ねられるとした（最大判1982.7.7民集36.7.1235）。また、②についても、都市部と地方の選挙区によって議員一人当たりの有権者数に格差が生じている（つまり同じ一票の価値が不平等になる）が、その格差が是正しなければならない比率になっていて、いつ是正するかを判断するのは、国会の裁量に委ねられる事柄であるとしている（最大判1983.4.27民集37.3.345）。

　これらの事項について広く「立法裁量」を認める以上のような最高裁の姿勢には、批判も少なくない。これについては、裁量といえども、問題となる憲法上の権利や自由に従って個別具体的にその範囲が確定されるべきである、という有力な指摘も存在する。

　また、「行政裁量」についても、例えば厚生労働大臣の裁量に基づく生活保護基準の引き下げのような行政行為に対して、裁判所がそのような裁量判断に至った過程を緻密に審査した上で、その合憲性を審査すべきであるとの有力な見解（判断過程統制論）も主張されるようになってきている。

③　統治行為

　統治行為とは、政治問題の法理とも呼ばれ、国会や内閣といった政治部門の「高度に政治性のある国家行為」の当否については法的な判断が可能であったとしても、政治部門の最終的な判断を尊重すべきであり、よって裁判所の審査は及ばないとする法理論である。このような法理論の背景には、①裁判所が政治に巻き込まれることで中立性が損なわれたり法的判断を行うことで混乱が生

じたりすることを、裁判所自らが避けるべきであるという考え方（自制説）と、②権力分立制の下ではそもそも市民の選挙によって選出されたわけではない裁判所が、「高度に政治性のある国家行為」の当否について判断を行うことには本質的な限界があり、その判断は政治部門に任せられるべきであるという考え方（内在的制約説）がある。

　それでは、具体的に、統治行為に該当する「高度に政治性のある国家行為」とは何か。これについて、これまで最高裁は、「日米安全保障条約」の合憲性や衆議院の解散の効力が争われた事件に際して、統治行為論を間接ないし直接的に援用している（第4章の砂川事件と、後掲苫米地事件参照）。

　権力分立制という建前からすれば、裁判所が法を通じて政治的な争い事の全てを最終的に決着できるとしてしまうことは、民主的なプロセスを経ない「裁判官政治」を招きかねない。その意味で、統治行為という発想が出てくるのには、全く理由がないわけでもないだろう。しかし、統治行為を理由にして司法権の及ばない「真空地帯」の存在をやみくもに認めてしまうと、今度は日本国憲法が貫徹しようとした法の支配の意義が大きく失われてしまうことにもなる。したがって、包括的に統治行為論を持ち出すのではなく、あくまで司法権が及ぶことを原則としながら、問題となる個々の国家行為を個別具体的に検証して、それでもなお裁判所の審査にはなじまないとするに足りる論拠がみつかるのであれば、その場合には例外的に司法権の行使が抑制されるものと解すべきであろう。

　なお関連して、最近では、2017年に野党が憲法53条に基づき臨時国会召集を要求したのに対し、内閣が3カ月間これに応じなかったことの合憲性が国会議員などの原告によって争われた裁判では、原告の訴え自体は退けられたものの、「憲法53条後段に基づく臨時会の召集要求がされた場合に、内閣が臨時会の召集を合理的期間内に行ったかどうかについては、合理的期間の解釈問題であって、法律問題といえるのであるから、法律上の争訟として、裁判所がこれを判断することが可能な事柄」だとする画期的な判断もなされている（那覇地判2020.6.10裁判所HP）。

苫米地事件（東京地判1953. 10. 19行集4. 10. 2540、東京高判1954. 9. 22行集5. 9. 2181、最大判1960. 6. 8民集14. 7. 1206）

　1952年8月に第三次吉田内閣が行った衆議院の解散（いわゆる「抜き打ち解散」）によって衆議院議員としての地位を失った苫米地義三氏が、この解散の違憲無効を主張し、任期満了に至るまでの歳費を請求した事件。東京地裁は、この解散を違憲無効と判断したが、東京高裁は、それを覆した。最高裁は、「衆議院の解散は、極めて政治性の高い国家統治の基本に関する行為であって、かくのごとき行為について、その法律上の有効無効を審査することは司法裁判所の権限の外にありと解すべき」として、統治行為論を採用して上告を棄却した。

③　裁判所の違憲審査権と憲法訴訟論

（1）日本の違憲審査制の性格

　日本国憲法の制定に伴い、裁判所には、大日本帝国憲法下では認められていなかった画期的な権限が与えられることになった。それが違憲審査権である。違憲審査権とは、「一切の法律、命令、規則又は処分が憲法に適合するかしないかを決定する権限」（憲法81条）である（なお、同条は「最高裁判所は」という書き出しになっているが、下級裁判所も違憲審査権を有していることはもちろんである）。要するに、裁判所は、「国の最高法規」（98条1項）としての憲法に照らして、法律、命令、その他の国家行為が憲法に反していればそれらを無効とすることができるのである。裁判所が「憲法の番人」と呼ばれる所以はここにある。

　では、日本国憲法81条は、どのようなタイプの違憲審査制を予定しているのだろうか。そして、それによって裁判所は、どのような形で違憲審査権を行使することになるのだろうか。

　違憲審査制には、次のような2通りの形態がある。まず、ひとつが「付随的違憲審査制」という方式である。これは、法廷の場で実際に争われている事件、つまり「事件性の要件」をクリアした「法律上の争訟」の中で浮上してきた憲法問題について、裁判所がその限りで付随的に違憲審査を行うというものである。このタイプの違憲審査制を採用している代表国は、アメリカである。さらに、もうひとつが「抽象的違憲審査制」という方式である。これは、通常の司

法裁判所とは別個に「憲法裁判所」という独立の機関を設け、その「憲法裁判所」が、具体的な訴訟事件を前提とせずに持ち込まれた法律や命令などの憲法適合性を抽象的に審査するというものである。このタイプの違憲審査制は、ドイツ、イタリア、オーストリアなどのヨーロッパ諸国や大韓民国などが採用している。

　日本の違憲審査制がこのどちらに属するのかについては、これまでにもずいぶん議論されてきたが、最高裁は、日本国憲法が現行の制度として認めているのは、個人の具体的な法的権利や利益の侵害が争われる「法律上の争訟」における（「事件性の要件」をクリアした）「付随的違憲審査制」であるとしており（警察予備隊違憲訴訟参照）、その後の判例もこれを踏襲して現在に至っている。

　もっとも、これに関連して問題となるのが、先述した「客観訴訟」における違憲審査である。つまり、「法律上の争訟」ではない（「事件性の要件」をクリアしていない）「客観訴訟」でも違憲審査が認められるとなると、「抽象的違憲審査制」の可否は、結局法律でそれを定めるかどうかにかかってくるのではないか、という疑問が生じてくるわけである。しかし、「客観訴訟」での違憲審査は、やはり具体的な国家行為が発生してその当否を争う際に、それに伴って付随的に行われるものであるから、ここから純粋な「抽象的違憲審査制」の可能性を引き出すのは無理があるだろう。

　むしろ、「憲法の番人」たる機能を期待されている違憲審査制を活性化させるために必要なこととは、あくまでも「付随的違憲審査制」を前提とした上で、司法権の間口を拡大させていく試みであると思われる。例えば、興味深いことに、「付随的違憲審査制」の母国アメリカでは、日本で言えば「客観訴訟」に当たるような納税者訴訟や国家機関同士による訴訟（連邦議会議員が原告となって、大統領の行為を憲法上越権行為であるとして争ったりする訴訟など）も、全て司法権の枠内で処理されている。もちろん、これらを日本と単純に比較したり援用したりすることができないことは言うまでもないが、こうした例なども手がかりとしながら、日本の法制度においても可能な限り司法権の守備範囲を拡大させる途を模索していくべきであろう。

警察予備隊違憲訴訟 (最大判1952. 10. 8民集6. 9. 783)

　　当時の日本社会党書記長であった鈴木茂三郎が、自衛隊の前身である警察予備隊の違憲無効を主張して直接最高裁に提起した事件。その際、原告は、手続論として、最高裁は「司法裁判所としての性格と憲法裁判所としての性格を併せ有する」とも主張していた。最高裁は、「要するにわが現行制度の下においては、特定の者の具体的な法律関係につき紛争の存する場合においてのみ裁判所にその判断を求めることができるのであり、裁判所がかような具体的事件を離れて抽象的に法律命令等の合憲性を判断する権限を有するとの見解には、憲法上及び法令上何等の根拠も存しない」と述べて、原告の訴えを退けた。

（2）憲法判断回避のルール

　「付随的違憲審査制」の下で裁判所が違憲審査権を行使するところまで行き着くためには、何よりもまず、「事件性の要件」を満たした訴訟事件の存在があって、なおかつ、民事訴訟・刑事訴訟・行政訴訟のいずれかとして提起されたその訴訟事件が、該当する訴訟法に定められた訴訟要件を満たしていることが大前提となる。それによって初めて裁判所が違憲審査の行使を可能とする環境が、ようやく整うわけである。ここでは、そのような環境が整ってその中で憲法上の争点が提起される訴訟事件を「憲法訴訟」と呼んでおく。

　しかし、ひとたびそのような「憲法訴訟」が成立したからといっても、裁判所は、必ずしもそこで憲法に関する判断を行わなければならないわけではない。換言すれば、裁判所は、憲法に関する判断を行わなくてもその事件を解決できるのであれば、みだりに憲法解釈まで踏み込む必要はないということなのである。なぜならば、「付随的違憲審査制」の下での裁判の目的とは、あくまでも裁判所に持ち込まれた法的紛争の解決にあり、それに付随する憲法問題について判断を得ることが決して真の目的ではないからである。

　アメリカでは、このことを定式化した憲法判断回避の7つのルールがある（定式化した裁判官の名にちなんで「ブランダイス・ルール」とも呼ばれる）。その中で、「裁判所は、憲法問題が適切に提起されていたとしても、事件を処理することができる他の理由が存在する場合には、その憲法問題について判断を行わない」という部分は、まさに上記のことを端的に表現した部分である。

　このような裁判所の態度の背景には、次のような考え方があると思われる。

すなわち、違憲審査とは、市民の選挙によって選ばれた議員から構成される国会が制定した法律を、市民が選んだわけでもない裁判官からなる裁判所が無効にしてしまうというシステムであるから、裁判所は違憲審査権を慎重に自制しながら限定的に行使していくべきである、という考え方である。このような考え方を「司法消極主義」というが、これに対し、抑圧されがちな少数者の人権を救出するために、裁判所はそれを阻害する法律などについて積極的に違憲審査権を行使すべきである、とする考え方を「司法積極主義」と呼ぶ。

　確かに、これまで本章を通じて見てきたように、裁判所には、その本質や機能の面からいって、謙抑的な権限行使が求められる場面もありうるのかもしれない。しかし同時に、裁判所とは、本来多数決によっても侵しえない個人の人権・自由を最大限保障するための立憲主義の砦でもある。したがって、裁判所には、憲法判断回避のルールを原則とするのではなく、むしろ、問題となる「憲法訴訟」の重大性やそこで主張されている人権侵害の実体、それに伴う憲法判断の必然性などを考慮して、柔軟に違憲審査権を行使していく姿勢が求められると言えるであろう。

（3）「憲法訴訟」における「違憲審査基準」

　「憲法訴訟」において裁判所が実際に違憲審査を行う段階に入ると、今度はいよいよ、問題となっている法律などが具体的に違憲かどうか（あるいは、そもそも違憲審査が及ぶのか及ばないのか）を確定する作業に移ることになる。その際重要なのは、その確定作業が、決して裁判官の全くのさじ加減で行われるのではなく、侵害されたと主張されている人権の性質や問題となっている法律などによる規制の目的と手段との関連において、一定の基準の下になされるということである。憲法学では、この基準のことを「違憲審査基準」と呼んでいる。もっとも、「違憲審査基準」とは、何らかの法律や規則の中にマニュアルとして定められているものではない。それは、これまでの判例や学説（とりわけアメリカを参考にしている）が集積して徐々に一定の形を整えていったものであるが、実際の「憲法訴訟」の裁判では、それがかなり流動的に用いられたりしていることにも注意されたい。

　「違憲審査基準」としてまず挙げられるのが、「二重の基準論」と呼ばれるものである。これは、問題となっている人権が精神的自由権に属する場合には、それを規制している法律などには厳格な違憲審査が、経済的自由権に属する場合には、緩やかな違憲審査が、それぞれ及ぶというという基準である。その理由としては、次のように考えることができる。

　すなわち、表現の自由を中心とする精神的自由権は、人々が自分の意見を自由に表明したり交換したりすることで成立する民主主義の根幹をなすものである。ところが、その精神的自由権が不当に制限されるようになると、自由な意見の流通が途絶え民主主義の機能自体が停止してしまう。したがって、民主主義の機能を停止させてしまいかねない精神的自由権を規制する法律などについては、裁判所は、それらを違憲性の強いものとして厳格に審査しなければならないのである。一方、経済的自由権については、仮にそれが不当に制限されたとしても、民主主義が正常に機能してさえいれば回復も可能である。その意味で、精神的自由権は、経済的自由権に比べ優越的な地位にあると言われる。また、経済的自由権は、福祉や公共事業などの社会・経済政策によってやむを得ず規制されてしまうこともありうる。そして、裁判所がその当否について判断するには限界があるため、経済的自由権を規制する法律については、よほど不合理であるとか明白な違憲性が認められない限り、立法部のその判断を尊重する必要がある。以上が「二重の基準論」のポイントである（本書123頁も参照）。

　しかしながら、「二重の基準論」だけでは、それ以外の権利や自由、また様々な規制態様に対応することは困難となる。そこで最近の学説では、「二重の基準論」の基本的な枠組みは維持したままで、規制目的の利益と規制手段の必要性に着目し、人権の性質に応じてそれらの規制に対する違憲審査の厳格度を使い分けるという基準が語られる傾向にある。

　具体的には、厳格度の強い方から順に、①厳格な審査（規制目的に非常に強力な利益があり、規制手段が必要不可欠かつ最小限のものであるかを審査）、②厳格な合理性の審査（規制目的に重要な利益があり、規制手段にその利益との実質的関連性があるかを審査）、③合理性の審査（規制目的に正当な利益があり、規制手段にその利益との合理的関連性があるかを審査）となる。そして、これらの「違憲

審査基準」は、①が人身の自由や精神的自由権といった人間の人格的生存の根幹をなすものや、参政権や精神的自由権に関わる平等原則のような他の人権の基礎を構成するものに、②が精神的自由権の中でも性表現の自由や他人の名誉毀損・プライバシー権を侵害する表現の自由のような人格的生存の根幹をなすとは言えないものや、消極目的での規制を受ける経済的自由権などに、そして③が積極目的での規制を受ける経済的自由権などに、それぞれ適用される。

　もっとも、「違憲審査基準」の中には、これ以外に、個別の人権のみに適用される基準（例えば、国家行為が政教分離原則に反するかどうかを判定する「目的効果基準」など）も存在することから、上記の「違憲審査基準」は、あくまで一般的なものとして捉えるべきである。このように、「違憲審査基準」は、学説の上ではかなり精密化されてはきているものの、先述のように、実際の裁判の場ではかなり流動的かつラフな形で適用されているのが実状である。

（4）裁判所による違憲判断の方法

　そして最後に、裁判所が違憲判断を行う方法について見ておきたい。これについては、まず「法令違憲」という方法がある。これは、文字通り法律などの規定それ自体を違憲とするやり方であり、純粋に違憲判断と言えばこれだけを指すようにも思われる。しかし、違憲判断の方法には、さらに「適用違憲」と呼ばれる方法もある。これは、法律などの規定それ自体は違憲とはせずに、その規定を問題となった事件に適用したことが違憲である、とするものである。このような「適用違憲」の背景にも、裁判所は法律そのものを違憲とすることは自ら極力避けるべきであるとする「司法消極主義」の考え方がやはり支配していると言えよう。

　日本では、とりわけ最高裁判所が違憲判断を行った例は、いずれの形にせよきわめて少ない。もっとも近年では、最高裁判所が「法令違憲」を行ったケースが相次いだことは注目されよう（例えば、非嫡出子法定相続分に対する違憲決定（最大決2013.9.4民集67.6.1320）、女性の再婚禁止期間に対する一部違憲判決（最大判2015.12.16民集69.8.2427）など）。しかし、それでも最高裁判所による「法令違憲」の判断は、これらのケースも含めて、これまでのところわずか10例にとど

まっている。

「司法消極主義」にもそれなりの理由と意義はあると言えるが、しかしそれも行きすぎると、人権の守護者、ひいては「憲法の番人」としての裁判所の役割を全く無意味なものにしてしまう。そうさせないためにも、私たちは裁判や違憲審査についてよく理解し、裁判所による憲法判断の回避が「司法消極主義」に名を借りた単なる裁判所の任務放棄とならないよう絶えず注意していく必要がある。

堀越事件控訴審判決（東京高判2010.3.29判タ1340.105）

　　旧社会保険庁に勤務していた一般職の国家公務員が、休日に職務とは無関係に政党機関紙を配布したところ、それが国家公務員による政治的行為を広範に禁じた国家公務員法102条1項と人事院規則14-7第6項7号等違反に問われ起訴された事件。第一審では有罪判決が下されたが、第二審の東京高裁は、問題となった国公法及び人事院規則の規定自体は合憲としつつも、非管理職で裁量の余地のない職務を担当し休日に個人として政党機関紙を配布したにすぎない本件被告人に対してまで、これらによる刑事規制を適用することは違憲と判断し、無罪判決を下した（その後、最高裁で無罪が確定）。

■参考文献■

芦部信喜（高橋和之補訂）『憲法〔第7版〕』（岩波書店、2019）

渋谷秀樹・赤坂正浩『憲法2　統治〔第7版〕』（有斐閣、2019）

永田秀樹・松井幸夫『基礎から学ぶ憲法訴訟〔第2版〕』（法律文化社、2015）

榎透・永山茂樹・三宅裕一郎『判例ナビゲーション憲法』（日本評論社、2014）

藤井俊夫『司法権と憲法訴訟』（成文堂、2007）

第21章 地方自治

① なぜ「地方自治」が重要なのか

　明治憲法では地方自治に関して規定はなく、「市制」「町村制」（1888年）や「府県制」（1890年）といった法律で自治制度が定められていた。そして府県知事は勅令の官吏だったり、府県庁には市町村を監督する「地方課」があったり、市町村会が条例を議決しても国の監督機関である府県知事の許可が必要といったように、地方公共団体は中央政府の指揮、監督下に置かれた。地方公共団体は中央政府の意向を国の隅々まで浸透させるための組織であった。

　それに対して「日本国憲法」では第8章に「地方自治」が置かれた。地方自治は日本の民主主義に不可欠と考えられたので憲法で保障されたが、「地方自治」は人権保障や平和主義にとっても必要不可欠である。なぜか。「地方自治の本旨」（憲法92条）とは地方自治を支える基本原則であり、「住民自治」と「団体自治」が含まれるとされる。江戸時代の「藩」は一定の「団体自治」を実現していたが、藩民の意思が反映されていたわけではない。また、日本国憲法の地方自治は英米流の地方自治を採用したというのであれば、「地方自治の本旨」は「住民自治」の意味で捉えるべきとの主張もある。このように、「地方自治の本旨」には必ずしも「住民自治」と「団体自治」が含まれるわけではないとの主張も存在する。ただ、一般的には「地方自治の本旨」として「住民自治」と「団体自治」の2つの要素が含まれるとされる。ここでは「住民自治」と「団体自治」の内容を明らかにすることで、「地方自治」が「基本的人権の尊重」「国民主権」「平和主義」の実現に必要不可欠であることを紹介する。

（1）住民自治

　地方の事務は地方の住民の意思により処理されるというのが「住民自治」である。「住民自治」は民主主義的要素を体現する。イギリスの政治家であり政治学者であるブライスも『近代民主政治』（1921年）で、「地方自治は民主政治の最良の学校、その成功の最良の保証人」と述べている。例えば国の首相に誰が適任か、国の予算をどのように配分すべきかといった問題に答えるのは難しいかもしれない。一方、例えば誰がゼミ長や会計係に適任か、学園祭で何をやるかは比較的簡単に決められたであろう。同様に、公共事業をどうすべきかという国政レベルの問題よりも、地域が狭く、住民に密接した自治体の事務、例えば交通渋滞緩和のために近所の道路の道幅を拡大するか、あるいは騒音・公害等に配慮してそのままにするかは住民にも判断しやすいと思われる。このように、地域の政治に住民が参加するのは容易であり、適切な判断を下せることが多い。そして、自治体の政治に参加することで国政にも適切に参加できるようになるというのがブライスの主張である。憲法や地方自治法では、自治体の長、自治体議員及び法律で定める吏員についての直接選挙（憲法93条）、地方自治特別法に対する住民投票（憲法95条）、条例の制定や改廃の請求、事務監査請求、議会の解散請求、首長・議員・主要公務員の解職請求など、住民自治を具体化した様々な制度が定められている。

（2）団体自治

　中央政府から独立した自治体が地方の事務を処理することを「団体自治」という。「団体自治」は権力の集中や濫用を防ぐことで人々の権利・自由を守るという自由主義理念を体現し、中央政府の権力の抑制を目的とする点では権力分立と同様の目的・機能を持つ。そこで中央政府レベルでの権力分立は「水平的権力分立」、中央政府と自治体の権限配分は「垂直的権力分立」と言われる。憲法93条で自治体に議会や首長が置かれ、憲法94条で自治体の自治権を認めることで「団体自治」は具体化されている。

　中央政府が一律に政治を行ったのでは地域の事情に配慮した政治は不可能であり、地方の問題を適切に対処できないことがある。例えば1960年代から70年

代にかけて、公害対策のために国は様々な法律を定めた。ところがそうした法律が地方の現状に合わなかったため、自治体は国よりも厳しい定めをする「上乗せ条例」や「横出し条例」を独自に制定した。最近も東日本大震災（2011年）や熊本地震（2016年）、北海道胆振東部地震（2018年）、西日本豪雨（2018年）、九州北部豪雨（2019年）のような自然災害が多いが、被災地の事情やニーズを迅速に把握できない国よりも、被災地の実情や要望を現場で迅速に把握できる自治体の方が適切かつ迅速に対応できることが認識されるようになった。

　また、地方自治は「平和主義」の実現にも不可欠である。敗戦までの日本では、中央集権的な国家体制が戦争遂行を容易にした。そこで日本国憲法では戦争遂行（体制）を阻止するという視点からも「地方自治」が採り入れられた。実際、中央政府から独立した自治体に一定の自治を委ねることは中央集権的な政治に対する歯止めの役割を果たし、「平和主義」の実現に役立つ。例えば「港湾法」では港湾管理者は自治体となっている（港湾法2条）。アジア・太平洋戦争（1931年〜1945年）の間、中央政府が港湾管理権を独占していた。そのために国の戦争遂行は容易になり、様々な港から軍艦が出撃した。現在の港湾法のように、港湾管理者が自治体の場合、中央政府が戦争しようとしても、港湾管理者が軍艦の寄港や出港を認めなければ戦争遂行への障害となる。自治体の港湾管理権と「平和主義」との関係を最も端的に示す例が「非核神戸方式」である。日本は表向き「非核三原則」を「国是」としてきた。しかし「非核2.5原則」と称されるように、歴代自民党政権は核兵器の「持ち込み」について米国と密約を結んできた（前田哲男・飯島滋明編著『国会審議から防衛論を読み解く』（三省堂、2003年）331〜388頁参照）。ところが神戸市は1975年以降、核兵器を搭載していないという証明書を提出しない外国軍艦の入港を認めていない。その後、米軍艦は神戸港に入港していない。こうして神戸市は市民の平和を守っている（もっとも、小泉内閣の下で成立した有事三法（2003年）や有事関連七法（2004年）によって、有事の際に最終的には自治体の意向を封じ、国の全面的な拘束下に置くことが可能な法的しくみが作りあげられている）。なお、中央政府の戦争遂行（体制構築）を阻止し、「平和主義」を守ることも自治体の役割とされている以上、「防衛や外交は国の専管事項」という主張は、日本国憲法の理解と

しては正しくない。

② 「自治体」について

（1）「自治体」という用語について

　「日本国憲法」や「地方自治法」などの法令では「地方公共団体」という用語が使われている。ただ、「地方公共団体」という用語には国に統治される「団体」の一種で地方にある団体というニュアンスが残っており、現在の憲法下で「地方公共団体」と呼ぶのは適切ではない。「自治体」という用語が新聞上でだけでなく、「公法学界でも通用している」（兼子仁『自治体行政法入門』（北樹出版、2006年）18頁）ので、本書でも「自治体」という用語を使う。

（2）地方自治の法的性質

　地方自治の法的性質については議論がある。まず、個人が固有の権利を持つのと同じように、自治体も固有の権利を持つという「固有権説」がある。次に、自治体に固有の権利は認められず、自治権は国家から承認されたという「承認説」がある。「承認説」はさらに、地方自治に関する憲法上の規定は無内容であり、地方自治を廃止することも許されるという「保障否定説」と、地方自治という歴史的・伝統的な公法上の制度は保障されており、国の法律でも地方自治制度の本質的内容を侵害できないとする「制度的保障説」に分かれる。さらに、地域が小さいほど「民意に基づく政治」を実現しやすく、地方の民意を汲みあげて政治が行われた方が国民主権を体現した政治となるので、地方自治は国民主権を実現するために必須という「人民主権説」に分かれる。

（3）憲法で保障された「自治体」を判断する基準は

　地方自治法では「都道府県及び市町村」が「普通地方公共団体」、「特別区、地方公共団体の組合、財産区及び地方開発事業団」が「特別地方公共団体」とされている（地方自治法1条の3第2項）。ただ、何が憲法上の自治体かは憲法では明記されていない。この基準に関しては、マッカーサー草案86条では「府県

知事、市長、町長、徴税権を有するその他一切の下級自治体」という文言が
「地方公共団体」という文言に変更された事情などを考慮し、憲法制定過程で
の立法者の意思を基準とする「立法者意思説」、住民が共同体意識を持ち、歴
史的にも現実の行政の上でも自治体の基本的権能を持つ団体を「自治体」とす
る「沿革・共同体意思説」（通説及び判例の立場）、「地方自治の本旨」に基づい
て法律で定められた団体が「自治体」という説がある。

（4）外国人の参政権

　外国人の地方参政権については、「公務員を選定し、及びこれを罷免するこ
とは、国民固有の権利である」という憲法15条1項を根拠に、外国人には認め
られないという「否定説」がある。一方、憲法93条の「住民」とは自治体を構
成する者、すなわち、その区域内に住所を有する者であり、国籍要件を付加さ
れていないので、憲法93条の「住民」は必ずしも外国人を排除するものではな
い、自治体の行為は「法律の範囲内」（憲法94条）で行われるので、93条の「住
民」概念に外国人を含めても国民主権との関係で何ら不都合はない等として、
外国人の地方参政権を認める見解（肯定説）も存在する。最高裁判所も「我が
国に在留する外国人のうちでも永住権者等であってその居住する区域の地方公
共団体と特段に密接な関係を持つに至ったと認められる者について、その意思
を日常生活に密接な関連を有する地方公共団体の公共的事務の処理に反映させ
るべく、法律をもって、地方公共団体の長、その議会の議員等に対する選挙権
を付与する措置を講ずることは、憲法上禁止されているものではない」と判示
した（最判1995.2.28民集49.2.639）。

（5）道州制について

　道州制をめぐっては、アメリカやドイツの連邦制類似の道州制は地方分権の
思想に適合する、公務員が減らされるなどで経費が削減される、治山治水や広
範囲な交通網の整備など、都道府県を越える行政課題への対応が求められてい
る、東京の一極集中、過密化・過疎化を抑制できるというメリットが主張され
る。一方、地域の規模が大きくなれば「住民自治」が機能しなくなる、合併に

よって広域化した市町村では公共施設が遠くなり、住民サービスの低下が問題となっているように、広大な道州にすれば、住民に縁遠い都道府県がますます住民から遠くなって住民に細やかな行政が困難になる、州都（道都）だけが栄えて地方が切り捨てられるなどのデメリットも主張される。地方自治のあり方は、コスト削減という視点だけで判断されてはならない。「人権尊重」「国民主権」「平和主義」の観点からもその是非を議論する必要がある。「道州制」導入で自治体住民の政治参加の意義や意識が低下するなら「国民主権」から問題である。地方分権とは名ばかりで、「道州制」が実質的に中央政府の出先機関となれば憲法上許されない。住民へのきめ細やかな行政が困難になれば、「人権尊重」とは相容れないこともありえよう。特に2011年の東日本大震災やその後の自然災害など、合併、広域化した自治体では被災者へのきめ細やかな支援が困難になった等の現実が明らかになると、「小さな自治体」の重要性が再認識されるようになった。

③　自治体のしくみ

（1）「二元型代表制」

　国の場合には「議院内閣制」がとられ、内閣総理大臣は国会に対して責任を負い（憲法66条3項）、国民に対しては間接的にしか責任を負わない。それに対して自治体の場合は「大統領制」であり、議会の議員と首長は住民により直接選挙で選ばれるという「二元型代表制」がとられている（憲法93条）。そして自治体の首長は住民に直接責任を負う。もっとも、単純に「大統領制」とも言えないところもある。そこで自治体の首長と議会の地位と権限について紹介する。

（2）首　長
①　地　位
　自治体の首長の任期は4年であって（地方自治法140条1項）、何回でも再選は可能である。議会から不信任決議がなされる可能性がある点では大統領制と異なる。ただし、「議院内閣制」とも異なるのは、衆議院による内閣不信任決議

がなされた際、内閣が衆議院を解散しても最終的には内閣も総辞職することになるのに対して（憲法70条）、自治体の首長は議会から不信任決議が出され、それに対して議会を解散したのちにも直ちに辞職するしくみになっていない。選挙で新たに選ばれた議員によって不信任決議が再び出されなければ首長は辞職しなくて良い（地方自治法178条）。議会からすれば、解散後の選挙で反首長派が議会の多数を占めることが見通せない限り、首長に不信任決議を出すのはためらうことになる。首長の解職に関しては後述する。

　なお、内閣総理大臣が国会議員であるのとは異なり（憲法67条1項）、自治体の首長は国会議員や自治体議員などと兼職できない（地方自治法141条など）。

　　② 権　限

　地方自治法では議会の議決事項が列挙され（96条1項）、それ以外は首長が決めるという首長優先の権限の配分がされている。とりわけ重要なのは予算の編成権と執行権（149条2号）、議会議決に対する再審議請求権（176条・177条）である。また、緊急の必要性があると首長が考えた場合、首長は議会の議決事項を「専決処分」できる（179条1項）。損害賠償金の決定や敗訴判決への上訴など、首長が議会の議決を経ずに「専決処分」することは少なくない。この専決処分は次の議会に報告して承認を求めることになっているが、不承認の場合でも専決処分は法的には有効とされる。

（3）議　会

　地方議会は予算の議決、重要な契約の締結や財産の取得・処分の決定など、多くの権限を有しているが、その中でも最も議論の対象となるのが条例制定権（憲法94条）である。条例については後述する。なお、地方議会の議員は国会議員と兼職できず（地方自治法92条など）、国会議員と異なり、不逮捕特権（大津地判1963.2.12下刑集5.12.67）や発言・表決の免責（最大判1967.5.24刑集21.4.505）は認められていない。地方議会の議員処分は除名以外は司法審査の対象とならないというのが1960年の判例であったが、2020年11月25日、最高裁判所は判例を変更し、議会の自律は尊重すべきとしつつも、議員が議会に出席できなければ住民代表の責務を十分に果たせないとして、「出席停止の懲罰の適否」も司法

の対象となると判示した。議会多数派による議員処分の事例が問題となることもあるので、こうした判例変更は処分の濫用を抑止できると好意的な評価がある。なお、地方自治法では、町村に関しては議会の代わりに選挙権を有する者の総会（町村総会）を置くことができる（94条）。

④ 条 例

　自治体は「法律の範囲内で条例を制定することができる」（憲法94条）。条例とは自治体が制定する自主法であるが、憲法94条の「条例」の意味については、議会が定めるものだけに限られるという説と、首長の制定する規則（地方自治法15条）や教育委員会、公安委員会などの各種委員会の制定する規則（地方自治法14条・96条）も含めるとする説に分かれる。なお、条例で定めることのできる内容に関しては、「自治体の事務」に関すること、「法令の範囲内」という制限がある（地方自治法14条1項）。

（1）「自治体の事務」に関すること

　自治体の事務に関することであれば条例で定めることができる。「法律」で定めることが憲法で要求されている以下の3つの場合が裁判で争われた。

　　①　条例で財産権を制約できるか。

　憲法29条3項では「財産権の内容は、法律でこれを定める」とされているが、法律でなく条例で「財産権」を規制できるか。財産は全国的な取引の対象となること、憲法で「法律」と明記されているなどの理由で、条例で財産を規制できないとする否定説もある。しかし、条例は住民の代表機関である議会の議決で成立する民主的立法であって法律と同様なので、条例で財産権を制約することは憲法上許されるというのが判例（奈良県ため池条例事件・最大判1962.6.26刑集17.5.521）や通説の立場である。

　　②　条例で刑罰を科すことはできるか

　憲法31条では、法律の定める手続でなければ刑罰を科せられないとされ、憲法73条6号では「政令には、特にその法律の委任がある場合を除いては罰則を

設けることができない」とされている。地方自治法14条5項では、条例で2年以下の懲役・禁錮または100万円以下の罰金を科すことができると定められている。しかし、条例で刑罰を科すことは憲法上許されるのか、法律の委任が必要かが問題となる。この点については、条例制定権は罰則制定権を含み、法律の委任を必要としないという「条例法律説」あるいは「憲法直接授権説」、条例は法律に準じるものであり、条例への罰則の委任は一般的・包括的で良いという「一般的・包括的法律授権説」、法律の委任を必要としつつ、委任の内容が相当に具体的であり、限定されていれば良いという「限定的法律授権説」がある。最高裁判所は「売春勧誘行為等取締条例違反事件」で「法律の授権が相当な程度に具体的であり、限定されておればたりる」とした（最大判1962.5.30刑集16.5.577）。

③ 条例で地方税を課税できるか

憲法84条では「あらたに租税を課し、または現行の租税を変更するには、法律又は法律の定める条件によることを必要とする」と定められているが、条例で課税することは憲法上許されるか。「大牟田市電気税訴訟」では、自治体が一応独立の統治権を有する以上、「自主財政権ひいては財政確保の手段としての課税権もこれを憲法は認めている」とされ（福岡地判1980.6.5判時966.3）、秋田市国民健康保険税条例事件でも自治体に課税権が認められるとされた（仙台高秋田支判1982.7.23行集33.7.1616）。学説でも、法律の委任がなければ条例で課税できないとする説もあるが、自治体が「行政を執行」（憲法94条）する権能に課税権も含まれるという説が一般的である。

（2）「法律の範囲内」（憲法94条）であること

憲法94条では、「法律の範囲内」で条例を制定できるとされている。言葉を変えれば、法律に反する条例を制定できない。ただ、何が「法律」に反することになるのか明らかではない。例えば、1960年代の公害に対処するため、国は一律の基準を定めた「公害対策基本法」（1967年）、「大気汚染防止法」（1968年）、「水質汚濁防止法」（1970年）を制定した。しかしそれが地方の実情に合わないため、1969年の東京都公害防止条例を始め、各自治体は規制対象を法令よりも

広く定める「横出し条例」や、法令による規制よりも強い規制を行う「上乗せ条例」を制定して、地域の実情に応じた公害対策を行った。こうした条例が「法律」に反するのかが問題となった。かつては法律が規定している事項は法律の委任がない限りは条例で制定できないという「法律先占論」が有力であった。ただ、「徳島市公安条例事件判決」で最高裁判所は、法律と条例が「同一の目的に出たものであつても、国の法令が必ずしもその規定によつて全国的に一律に同一内容の規制を施す趣旨ではなく、それぞれの普通地方公共団体において、その地方の実情に応じて、別の規制を施すことを容認する趣旨であると解されるときは、国の法令と条例との間にはなんらの矛盾抵触」はないとして「法律先占論」を否定し、「上乗せ条例」「横出し条例」を制定できるとした（最大判1975. 9. 10刑集29. 8. 489）。学説でも、法律が規制限度法律（最大限規正法）と最低規制基準法（全国的な規制の最低基準法）を区別し、規制限度法律（最大限規正法）なら「上乗せ条例」は違法だが、最低規制基準法（全国的な規制の最低基準法）なら地方の実情に応じて「上乗せ条例」を制定するのは許されるとする見解が通説となった。法律でも、大気汚染防止法４条１項、騒音規制法４条２項などのように「上乗せ条例」を認めるものもある。

⑤　住民の意思表明

国政レベルでは議会制民主主義が原則なのに対し、自治体レベルでは住民意思を直接表明する様々な制度が憲法や地方自治法で明記されている。そうしたしくみを紹介する。

（１）地方自治特別法に対する住民投票（憲法95条）

憲法95条では、「一の地方公共団体のみに適用される特別法は、法律の定めるところにより、その地方公共団体の住民の投票においてその過半数の同意を得なければ、国会は、これを制定することができない」と定められている。①国の特別法による自治体の自治権侵害の阻止、②自治体の個性の尊重、③自治体の平等権の尊重、④地方行政の民意の尊重、が憲法95条の立法趣旨とされる。

「一の」とは特定の自治体という意味であり、「一つの」という意味ではない。実際、1950年には横須賀・呉・佐世保・舞鶴に適用される「旧軍港都市転換法」が制定された。しかし1949年から1951年の間に15の地方自治特別法が制定されただけで、それ以降は特定の自治体を対象としていると思われる法律でも全国的に適用されるような形式をとったり、「自治体に不利益を与えない法律は地方自治特別法でない」との解釈がなされ、実際に機能していない。最近では辺野古新基地建設をめぐり、憲法95条が適用されるべきとの主張がある。

（2）直接請求制度（地方自治法12条・13条）

①　条例の制定改廃請求（地方自治法74条）

　有権者の50分の1以上の署名により、条例の制定や改廃について議会の審議を求めることができる。この場合、議会での審議を求められるだけで、条例の制定・改廃を住民が決定できるわけではない。

②　事務監査請求（地方自治法75条）

　有権者の50分の1以上の署名により、監査委員に自治体の事務について調査を求めることができる。この場合も監査委員に調査を求められるだけである。

③　首長などの解職請求

　有権者の3分の1以上の署名により、地方議会の解散（地方自治法76条）、自治体の議員の解職（同法80条）、首長の解職（同法81条）を請求できる。この場合、住民投票の過半数で解職できる。なお、大都市などで有権者の3分の1の署名を集めるのは非現実的であるので、地方自治法の改正により、その要件が緩和されている（同法76条等）。議会解散の例としては、名古屋市長が提案した、議員報酬半減案を否決した名古屋市議会の解散を問う住民投票（2011年2月6日）で解散賛成が約7割に達し、名古屋市議会は解散された。首長に関しては、職員のボーナス半減や副市長選任などで専決処分を繰り返した鹿児島県阿久根市長への解職請求が成立し、2010年12月5日の住民投票で市長の失職が決定した。一方、阿久根市長支持派の議員も議会解散のための活動を開始し、2011年2月20日の住民投票で議会の解散請求が成立した。2020年12月6日、セクハラ被害を訴えた草津の女性町議の解職請求の賛否を問う住民投票で町議は失職となっ

た。解職請求では「合法」な署名が前提となるが、2021年2月1日、愛知県選
挙管理委員会は、大村知事の解職を求める署名の83.2％が「有効と認められな
い」と発表した。「民主主義」「地方自治」の根幹を揺るがしかねない問題であ
り、刑事告発も検討されている。

（3）住民投票

①　条例による住民投票の動き

　地方自治法には住民投票の制度はない。しかし、条例あるいは自治体や住民
の代表が作成した実施要領や協定などに基づいて、1996年8月、新潟県巻町で
の原発に関する住民投票（投票率88％、反対61％）、96年9月の沖縄県での米軍
基地縮小等の県民投票（投票率59.5％、賛成89％）、97年1月、岐阜県御嵩町で
の産業廃棄物処理場に関する住民投票（投票率87.5％、反対79.7％）97年12月、
名護市での米軍ヘリ基地移転受入れ投票（投票率82％、反対52.6％）、2006年3月、
米空母艦載機の厚木基地から岩国基地への移転の是非を問う岩国市の「住民投
票」（投票率58.68％、反対87.4％）、2015年5月、大阪市における特別区設置の住
民投票（投票率66％、反対50.38％）、2019年2月、辺野古新基地建設の是非を問
う住民投票（投票率52.48％、反対72.15％）、2020年11月、大阪市における特別区
設置の住民投票（投票率66％、反対50.38％）など、多くの住民投票が実施され
てきた。

②　住民投票の長所・短所

　住民投票に関しては、国民主権の実践、国家エゴに対する住民意思の表明と
いった長所の一方で、情報操作とそれを原因とする住民の判断力不足、住民意
思の表明でなく、為政者の地位及び権力を強化する住民投票（＝プレビシット）
になる、地域エゴによる全国的利益の無視などの危険性が指摘されている。住
民投票だけの問題ではないが、選挙や住民投票での「フェイク・ニュース」は
民主政の根底を揺るがす看過できない問題となっている。

■参考文献■

白藤博行・榊原秀訓・徳田博人・本多滝夫編『地方自治法と住民』（法律文化社、2020）

小林武・渡名喜庸安『憲法と地方自治』（法律文化社、2007）

兼子仁『自治体行政法入門』（北樹出版、2006）

杉原泰雄『地方自治の憲法論』（勁草書房、2002）

【資料】

与那国町へ「自衛隊配備」と「住民自治」

　自然豊かで、旅行先としても人気のある与那国島。この与那国島では自衛隊配備をめぐって賛成派と反対派の対立が生じ、例えば学校の入学式や卒業式でも自衛隊誘致賛成派と反対派が分かれて座るような深刻な状況が生じた。ここでは（1）住民投票の機能、（2）「住民自治」の観点から与那国島への自衛隊配備問題を紹介する。

　まず（1）だが、与那国島の町民は「自衛隊配備」をめぐり、住民の意見は2つに割れた。自衛隊誘致をめぐっては「住民投票」を求める動きがあった。2010年9月、自衛隊誘致反対派は「自衛隊誘致決議の撤回と誘致活動の中止を求める署名」を町長と議会に提出した。この段階で「自衛隊誘致の是非をめぐる住民投票」が実施されれば、それまでの署名数を前提とすると、自衛隊誘致反対派は592票、自衛隊誘致賛成派は478票となり、住民投票の結果は反対派が多数を占めた可能性が高い。ところが実際に住民投票が行われたのは2015年2月22日であった。このときには既に自衛隊基地建設が始まり、基地建設の「既成事実」が進んでいた。「既成事実」が進むことで、市民の間には「あきらめ」気分が生じた。市民には「いまさら反対しても」という雰囲気が漂った。その結果、住民投票では、投票率85.74％、賛成632票（58.7％）、反対445票（41.3％）という結果となった。住民投票は、いつ、どのような状況で行われるかによって結果が大きく左右されることを与那国島の住民投票も事実で示した。そして与那国島での自衛隊誘致をめぐる住民投票は、町長などが進めてきた「自衛隊誘致」にお墨付きを与える機能を果たした。さらに「住民投票後、反対派は動けなくなった」と自衛隊誘致賛成派の人物が発言したように（『東京新聞』2018年8月28日付）、自衛隊誘致反対派の言動を封じる機能を果たした。

　次に（2）「住民自治」の視点からの問題。2016年3月以降、約1400人しかいない住民の中に約250人の自衛官やその家族が駐留する。与那国島では自衛隊に賛成と反対の立場の人たちはほぼ半々だが、自衛官や家族が与那国島で選挙権をもつことで、地元住民、特に自衛隊反対の人々の意見が封じられる。2017年8月6日に実施された町長選挙では、革新側は自衛隊票の出現で勝算がないと考え、町長選の候補者擁立を断念した。数年間しか与那国島にいない自衛官やその家族の投票により、昔から住み続けてきた与那国町民の自治が阻害される。与那国島の自衛隊配備は「住民自治」からも問題を提起する。

※与那国島への自衛隊配備問題については飯島滋明「与那国島への自衛隊配備と日本国憲法」（http://www2.ngu.ac.jp/uri/syakai/pdf/syakai_vol5603_25.pdf）参照

日本国憲法

（昭和21年11月3日）
施行昭和22年5月3日

　日本国民は、正当に選挙された国会における代表者を通じて行動し、われらとわれらの子孫のために、諸国民との協和による成果と、わが国全土にわたつて自由のもたらす恵沢を確保し、政府の行為によつて再び戦争の惨禍が起ることのないやうにすることを決意し、ここに主権が国民に存することを宣言し、この憲法を確定する。そもそも国政は、国民の厳粛な信託によるものであつて、その権威は国民に由来し、その権力は国民の代表者がこれを行使し、その福利は国民がこれを享受する。これは人類普遍の原理であり、この憲法は、かかる原理に基くものである。われらは、これに反する一切の憲法、法令及び詔勅を排除する。

　日本国民は、恒久の平和を念願し、人間相互の関係を支配する崇高な理想を深く自覚するのであつて、平和を愛する諸国民の公正と信義に信頼して、われらの安全と生存を保持しようと決意した。われらは、平和を維持し、専制と隷従、圧迫と偏狭を地上から永遠に除去しようと努めてゐる国際社会において、名誉ある地位を占めたいと思ふ。われらは、全世界の国民が、ひとしく恐怖と欠乏から免かれ、平和のうちに生存する権利を有することを確認する。

　われらは、いづれの国家も、自国のことのみに専念して他国を無視してはならないのであつて、政治道徳の法則は、普遍的なものであり、この法則に従ふことは、自国の主権を維持し、他国と対等関係に立たうとする各国の責務であると信ずる。

　日本国民は、国家の名誉にかけ、全力をあげてこの崇高な理想と目的を達成することを誓ふ。

第一章　天皇

第1条　天皇は、日本国の象徴であり日本国民統合の象徴であつて、この地位は、主権の存する日本国民の総意に基く。

第2条　皇位は、世襲のものであつて、国会の議決した皇室典範の定めるところにより、これを継承する。

第3条　天皇の国事に関するすべての行為には、内閣の助言と承認を必要とし、内閣が、その責任を負ふ。

第4条　天皇は、この憲法の定める国事に関する行為のみを行ひ、国政に関する権能を有しない。

2　天皇は、法律の定めるところにより、その国事に関する行為を委任することができる。

第5条　皇室典範の定めるところにより摂政を置くときは、摂政は、天皇の名でその国事に関する行為を行ふ。この場合には、前条第一項の規定を準用する。

第6条　天皇は、国会の指名に基いて、内閣総理大臣を任命する。

2　天皇は、内閣の指名に基いて、最高裁判所の長たる裁判官を任命する。

第7条　天皇は、内閣の助言と承認により、国民のために、左の国事に関する行為を行ふ。

一　憲法改正、法律、政令及び条約を公布すること。

二　国会を召集すること。

三　衆議院を解散すること。

四　国会議員の総選挙の施行を公示すること。

五　国務大臣及び法律の定めるその他の官吏の任免並びに全権委任状及び大使及び公使の信任状を認証すること。

六　大赦、特赦、減刑、刑の執行の免除及び復権を認証すること。

七　栄典を授与すること。

八　批准書及び法律の定めるその他の外交文書を認証すること。

九　外国の大使及び公使を接受すること。

十　儀式を行ふこと。

第8条　皇室に財産を譲り渡し、又は皇室が、財産を譲り受け、若しくは賜与することは、国会の議決に基かなければならない。

第二章　戦争の放棄

第9条　日本国民は、正義と秩序を基調とする

国際平和を誠実に希求し、国権の発動たる戦争と、武力による威嚇又は武力の行使は、国際紛争を解決する手段としては、永久にこれを放棄する。

2　前項の目的を達するため、陸海空軍その他の戦力は、これを保持しない。国の交戦権は、これを認めない。

第三章　国民の権利及び義務

第10条　日本国民たる要件は、法律でこれを定める。

第11条　国民は、すべての基本的人権の享有を妨げられない。この憲法が国民に保障する基本的人権は、侵すことのできない永久の権利として、現在及び将来の国民に与へられる。

第12条　この憲法が国民に保障する自由及び権利は、国民の不断の努力によつて、これを保持しなければならない。又、国民は、これを濫用してはならないのであつて、常に公共の福祉のためにこれを利用する責任を負ふ。

第13条　すべて国民は、個人として尊重される。生命、自由及び幸福追求に対する国民の権利については、公共の福祉に反しない限り、立法その他の国政の上で、最大の尊重を必要とする。

第14条　すべて国民は、法の下に平等であつて、人種、信条、性別、社会的身分又は門地により、政治的、経済的又は社会的関係において、差別されない。

2　華族その他の貴族の制度は、これを認めない。

3　栄誉、勲章その他の栄典の授与は、いかなる特権も伴はない。栄典の授与は、現にこれを有し、又は将来これを受ける者の一代に限り、その効力を有する。

第15条　公務員を選定し、及びこれを罷免することは、国民固有の権利である。

2　すべて公務員は、全体の奉仕者であつて、一部の奉仕者ではない。

3　公務員の選挙については、成年者による普通選挙を保障する。

4　すべて選挙における投票の秘密は、これを侵してはならない。選挙人は、その選択に関し公的にも私的にも責任を問はれない。

第16条　何人も、損害の救済、公務員の罷免、法律、命令又は規則の制定、廃止又は改正その他の事項に関し、平穏に請願する権利を有し、何人も、かかる請願をしたためにいかなる差別待遇も受けない。

第17条　何人も、公務員の不法行為により、損害を受けたときは、法律の定めるところにより、国又は公共団体に、その賠償を求めることができる。

第18条　何人も、いかなる奴隷的拘束も受けない。又、犯罪に因る処罰の場合を除いては、その意に反する苦役に服させられない。

第19条　思想及び良心の自由は、これを侵してはならない。

第20条　信教の自由は、何人に対してもこれを保障する。いかなる宗教団体も、国から特権を受け、又は政治上の権力を行使してはならない。

2　何人も、宗教上の行為、祝典、儀式又は行事に参加することを強制されない。

3　国及びその機関は、宗教教育その他いかなる宗教的活動もしてはならない。

第21条　集会、結社及び言論、出版その他一切の表現の自由は、これを保障する。

2　検閲は、これをしてはならない。通信の秘密は、これを侵してはならない。

第22条　何人も、公共の福祉に反しない限り、居住、移転及び職業選択の自由を有する。

2　何人も、外国に移住し、又は国籍を離脱する自由を侵されない。

第23条　学問の自由は、これを保障する。

第24条　婚姻は、両性の合意のみに基いて成立し、夫婦が同等の権利を有することを基本として、相互の協力により、維持されなければならない。

2　配偶者の選択、財産権、相続、住居の選定、離婚並びに婚姻及び家族に関するその他の事項に関しては、法律は、個人の尊厳と両性の本質的平等に立脚して、制定されなければならない。

第25条　すべて国民は、健康で文化的な最低限度の生活を営む権利を有する。

2　国は、すべての生活部面について、社会福祉、社会保障及び公衆衛生の向上及び増進に努めなければならない。

第26条　すべて国民は、法律の定めるところにより、その能力に応じて、ひとしく教育を受ける権利を有する。

2　すべて国民は、法律の定めるところにより、その保護する子女に普通教育を受けさせる義務を負ふ。義務教育は、これを無償とする。

第27条　すべて国民は、勤労の権利を有し、義務を負ふ。

2　賃金、就業時間、休息その他の勤労条件に関する基準は、法律でこれを定める。

3　児童は、これを酷使してはならない。

第28条　勤労者の団結する権利及び団体交渉その他の団体行動をする権利は、これを保障する。

第29条　財産権は、これを侵してはならない。

2　財産権の内容は、公共の福祉に適合するやうに、法律でこれを定める。

3　私有財産は、正当な補償の下に、これを公共のために用ひることができる。

第30条　国民は、法律の定めるところにより、納税の義務を負ふ。

第31条　何人も、法律の定める手続によらなければ、その生命若しくは自由を奪はれ、又はその他の刑罰を科せられない。

第32条　何人も、裁判所において裁判を受ける権利を奪はれない。

第33条　何人も、現行犯として逮捕される場合を除いては、権限を有する司法官憲が発し、且つ理由となつてゐる犯罪を明示する令状によらなければ、逮捕されない。

第34条　何人も、理由を直ちに告げられ、且つ、直ちに弁護人に依頼する権利を与へられなければ、抑留又は拘禁されない。又、何人も、正当な理由がなければ、拘禁されず、要求があれば、その理由は、直ちに本人及びその弁護人の出席する公開の法廷で示されなければならない。

第35条　何人も、その住居、書類及び所持品について、侵入、捜索及び押収を受けることのない権利は、第三十三条の場合を除いては、正当な理由に基いて発せられ、且つ捜索する場所及び押収する物を明示する令状がなければ、侵されない。

2　捜索又は押収は、権限を有する司法官憲が発する各別の令状により、これを行ふ。

第36条　公務員による拷問及び残虐な刑罰は、絶対にこれを禁ずる。

第37条　すべて刑事事件においては、被告人は、公平な裁判所の迅速な公開裁判を受ける権利を有する。

2　刑事被告人は、すべての証人に対して審問する機会を充分に与へられ、又、公費で自己のために強制的手続により証人を求める権利を有する。

3　刑事被告人は、いかなる場合にも、資格を有する弁護人を依頼することができる。被告人が自らこれを依頼することができないときは、国でこれを附する。

第38条　何人も、自己に不利益な供述を強要されない。

2　強制、拷問若しくは脅迫による自白又は不当に長く抑留若しくは拘禁された後の自白は、これを証拠とすることができない。

3　何人も、自己に不利益な唯一の証拠が本人の自白である場合には、有罪とされ、又は刑罰を科せられない。

第39条　何人も、実行の時に適法であつた行為又は既に無罪とされた行為については、刑事上の責任を問はれない。又、同一の犯罪について、重ねて刑事上の責任を問はれない。

第40条　何人も、抑留又は拘禁された後、無罪の裁判を受けたときは、法律の定めるところにより、国にその補償を求めることができる。

第四章　国会

第41条　国会は、国権の最高機関であつて、国の唯一の立法機関である。

第42条　国会は、衆議院及び参議院の両議院でこれを構成する。

第43条　両議院は、全国民を代表する選挙された議員でこれを組織する。

2　両議院の議員の定数は、法律でこれを定める。

第44条　両議院の議員及びその選挙人の資格は、法律でこれを定める。但し、人種、信条、性別、社会的身分、門地、教育、財産又は収入によつて差別してはならない。

第45条　衆議院議員の任期は、四年とする。但し、衆議院解散の場合には、その期間満了前に終了する。

第46条　参議院議員の任期は、六年とし、三年ごとに議員の半数を改選する。

第47条　選挙区、投票の方法その他両議院の議員の選挙に関する事項は、法律でこれを定める。

第48条　何人も、同時に両議院の議員たることはできない。

第49条　両議院の議員は、法律の定めるところにより、国庫から相当額の歳費を受ける。

第50条　両議院の議員は、法律の定める場合を除いては、国会の会期中逮捕されず、会期前に逮捕された議員は、その議院の要求があれば、会期中これを釈放しなければならない。

第51条　両議院の議員は、議院で行つた演説、討論又は表決について、院外で責任を問はれない。

第52条　国会の常会は、毎年一回これを召集する。

第53条　内閣は、国会の臨時会の召集を決定することができる。いづれかの議院の総議員の四分の一以上の要求があれば、内閣は、その召集を決定しなければならない。

第54条　衆議院が解散されたときは、解散の日から四十日以内に、衆議院議員の総選挙を行ひ、その選挙の日から三十日以内に、国会を召集しなければならない。

2　衆議院が解散されたときは、参議院は、同時に閉会となる。但し、内閣は、国に緊急の必要があるときは、参議院の緊急集会を求めることができる。

3　前項但書の緊急集会において採られた措置は、臨時のものであつて、次の国会開会の後十日以内に、衆議院の同意がない場合には、その効力を失ふ。

第55条　両議院は、各々その議員の資格に関する争訟を裁判する。但し、議員の議席を失は

せるには、出席議員の三分の二以上の多数による議決を必要とする。

第56条　両議院は、各々その総議員の三分の一以上の出席がなければ、議事を開き議決することができない。

2　両議院の議事は、この憲法に特別の定のある場合を除いては、出席議員の過半数でこれを決し、可否同数のときは、議長の決するところによる。

第57条　両議院の会議は、公開とする。但し、出席議員の三分の二以上の多数で議決したときは、秘密会を開くことができる。

2　両議院は、各々その会議の記録を保存し、秘密会の記録の中で特に秘密を要すると認められるもの以外は、これを公表し、且つ一般に頒布しなければならない。

3　出席議員の五分の一以上の要求があれば、各議員の表決は、これを会議録に記載しなければならない。

第58条　両議院は、各々その議長その他の役員を選任する。

2　両議院は、各々その会議その他の手続及び内部の規律に関する規則を定め、又、院内の秩序をみだした議員を懲罰することができる。但し、議員を除名するには、出席議員の三分の二以上の多数による議決を必要とする。

第59条　法律案は、この憲法に特別の定のある場合を除いては、両議院で可決したとき法律となる。

2　衆議院で可決し、参議院でこれと異なつた議決をした法律案は、衆議院で出席議員の三分の二以上の多数で再び可決したときは、法律となる。

3　前項の規定は、法律の定めるところにより、衆議院が、両議院の協議会を開くことを求めることを妨げない。

4　参議院が、衆議院の可決した法律案を受け取つた後、国会休会中の期間を除いて六十日以内に、議決しないときは、衆議院は、参議院がその法律案を否決したものとみなすことができる。

第60条　予算は、さきに衆議院に提出しなければならない。

2　予算について、参議院で衆議院と異なつた議決をした場合に、法律の定めるところにより、両議院の協議会を開いても意見が一致しないとき、又は参議院が、衆議院の可決した予算を受け取つた後、国会休会中の期間を除いて三十日以内に、議決しないときは、衆議院の議決を国会の議決とする。

第61条　条約の締結に必要な国会の承認については、前条第二項の規定を準用する。

第62条　両議院は、各々国政に関する調査を行ひ、これに関して、証人の出頭及び証言並びに記録の提出を要求することができる。

第63条　内閣総理大臣その他の国務大臣は、両議院の一に議席を有すると有しないとにかかはらず、何時でも議案について発言するため議院に出席することができる。又、答弁又は説明のため出席を求められたときは、出席しなければならない。

第64条　国会は、罷免の訴追を受けた裁判官を裁判するため、両議院の議員で組織する弾劾裁判所を設ける。

2　弾劾に関する事項は、法律でこれを定める。

第五章　内閣

第65条　行政権は、内閣に属する。

第66条　内閣は、法律の定めるところにより、その首長たる内閣総理大臣及びその他の国務大臣でこれを組織する。

2　内閣総理大臣その他の国務大臣は、文民でなければならない。

3　内閣は、行政権の行使について、国会に対し連帯して責任を負ふ。

第67条　内閣総理大臣は、国会議員の中から国会の議決で、これを指名する。この指名は、他のすべての案件に先だつて、これを行ふ。

2　衆議院と参議院とが異なつた指名の議決をした場合に、法律の定めるところにより、両議院の協議会を開いても意見が一致しないとき、又は衆議院が指名の議決をした後、国会休会中の期間を除いて十日以内に、参議院が、指名の議決をしないときは、衆議院の議決を国会の議決とする。

第68条　内閣総理大臣は、国務大臣を任命する。但し、その過半数は、国会議員の中から選ばれなければならない。

2　内閣総理大臣は、任意に国務大臣を罷免することができる。

第69条　内閣は、衆議院で不信任の決議案を可決し、又は信任の決議案を否決したときは、十日以内に衆議院が解散されない限り、総辞職をしなければならない。

第70条　内閣総理大臣が欠けたとき、又は衆議院議員総選挙の後に初めて国会の召集があつたときは、内閣は、総辞職をしなければならない。

第71条　前二条の場合には、内閣は、あらたに閣総理大臣が任命されるまで引き続きその職務を行ふ。

第72条　内閣総理大臣は、内閣を代表して議案を国会に提出し、一般国務及び外交関係について国会に報告し、並びに行政各部を指揮監督する。

第73条　内閣は、他の一般行政事務の外、左の事務を行ふ。

一　法律を誠実に執行し、国務を総理すること。

二　外交関係を処理すること。

三　条約を締結すること。但し、事前に、時宜によつては事後に、国会の承認を経ることを必要とする。

四　法律の定める基準に従ひ、官吏に関する事務を掌理すること。

五　予算を作成して国会に提出すること。

六　この憲法及び法律の規定を実施するために、政令を制定すること。但し、政令には、特にその法律の委任がある場合を除いては、罰則を設けることができない。

七　大赦、特赦、減刑、刑の執行の免除及び復権を決定すること。

第74条　法律及び政令には、すべて主任の国務大臣が署名し、内閣総理大臣が連署することを必要とする。

第75条　国務大臣は、その在任中、内閣総理大臣の同意がなければ、訴追されない。但し、これがため、訴追の権利は、害されない。

第六章　司法

第76条　すべて司法権は、最高裁判所及び法律の定めるところにより設置する下級裁判所に属する。

2　特別裁判所は、これを設置することができない。行政機関は、終審として裁判を行ふことができない。

3　すべて裁判官は、その良心に従ひ独立してその職権を行ひ、この憲法及び法律にのみ拘束される。

第77条　最高裁判所は、訴訟に関する手続、弁護士、裁判所の内部規律及び司法事務処理に関する事項について、規則を定める権限を有する。

2　検察官は、最高裁判所の定める規則に従はなければならない。

3　最高裁判所は、下級裁判所に関する規則を定める権限を、下級裁判所に委任することができる。

第78条　裁判官は、裁判により、心身の故障のために職務を執ることができないと決定された場合を除いては、公の弾劾によらなければ罷免されない。裁判官の懲戒処分は、行政機関がこれを行ふことはできない。

第79条　最高裁判所は、その長たる裁判官及び法律の定める員数のその他の裁判官でこれを構成し、その長たる裁判官以外の裁判官は、内閣でこれを任命する。

2　最高裁判所の裁判官の任命は、その任命後初めて行はれる衆議院議員総選挙の際国民の審査に付し、その後十年を経過した後初めて行はれる衆議院議員総選挙の際更に審査に付し、その後も同様とする。

3　前項の場合において、投票者の多数が裁判官の罷免を可とするときは、その裁判官は、罷免される。

4　審査に関する事項は、法律でこれを定める。

5　最高裁判所の裁判官は、法律の定める年齢に達した時に退官する。

6　最高裁判所の裁判官は、すべて定期に相当額の報酬を受ける。この報酬は、在任中、これを減額することができない。

第80条　下級裁判所の裁判官は、最高裁判所の指名した者の名簿によつて、内閣でこれを任命する。その裁判官は、任期を十年とし、再任されることができる。但し、法律の定める年齢に達した時には退官する。

2　下級裁判所の裁判官は、すべて定期に相当額の報酬を受ける。この報酬は、在任中、これを減額することができない。

第81条　最高裁判所は、一切の法律、命令、規則又は処分が憲法に適合するかしないかを決定する権限を有する終審裁判所である。

第82条　裁判の対審及び判決は、公開法廷でこれを行ふ。

2　裁判所が、裁判官の全員一致で、公の秩序又は善良の風俗を害する虞があると決した場合には、対審は、公開しないでこれを行ふことができる。但し、政治犯罪、出版に関する犯罪又はこの憲法第三章で保障する国民の権利が問題となつてゐる事件の対審は、常にこれを公開しなければならない。

第七章　財政

第83条　国の財政を処理する権限は、国会の議決に基いて、これを行使しなければならない。

第84条　あらたに租税を課し、又は現行の租税を変更するには、法律又は法律の定める条件によることを必要とする。

第85条　国費を支出し、又は国が債務を負担するには、国会の議決に基くことを必要とする。

第86条　内閣は、毎会計年度の予算を作成し、国会に提出して、その審議を受け議決を経なければならない。

第87条　予見し難い予算の不足に充てるため、国会の議決に基いて予備費を設け、内閣の責任でこれを支出することができる。

2　すべて予備費の支出については、内閣は、事後に国会の承諾を得なければならない。

第88条　すべて皇室財産は、国に属する。すべて皇室の費用は、予算に計上して国会の議決を経なければならない。

第89条　公金その他の公の財産は、宗教上の組織若しくは団体の使用、便益若しくは維持のため、又は公の支配に属しない慈善、教育若しくは博愛の事業に対し、これを支出し、又

はその利用に供してはならない。

第90条　国の収入支出の決算は、すべて毎年会計検査院がこれを検査し、内閣は、次の年度に、その検査報告とともに、これを国会に提出しなければならない。

2　会計検査院の組織及び権限は、法律でこれを定める。

第91条　内閣は、国会及び国民に対し、定期に、少くとも毎年一回、国の財政状況について報告しなければならない。

第八章　地方自治

第92条　地方公共団体の組織及び運営に関する事項は、地方自治の本旨に基いて、法律でこれを定める。

第93条　地方公共団体には、法律の定めるところにより、その議事機関として議会を設置する。

2　地方公共団体の長、その議会の議員及び法律の定めるその他の吏員は、その地方公共団体の住民が、直接これを選挙する。

第94条　地方公共団体は、その財産を管理し、事務を処理し、及び行政を執行する権能を有し、法律の範囲内で条例を制定することができる。

第95条　一の地方公共団体のみに適用される特別法は、法律の定めるところにより、その地方公共団体の住民の投票においてその過半数の同意を得なければ、国会は、これを制定することができない。

第九章　改正

第96条　この憲法の改正は、各議院の総議員の三分の二以上の賛成で、国会が、これを発議し、国民に提案してその承認を経なければならない。この承認には、特別の国民投票又は国会の定める選挙の際行はれる投票において、その過半数の賛成を必要とする。

2　憲法改正について前項の承認を経たときは、天皇は、国民の名で、この憲法と一体を成すものとして、直ちにこれを公布する。

第十章　最高法規

第97条　この憲法が日本国民に保障する基本的人権は、人類の多年にわたる自由獲得の努力の成果であつて、これらの権利は、過去幾多の試錬に堪へ、現在及び将来の国民に対し、侵すことのできない永久の権利として信託されたものである。

第98条　この憲法は、国の最高法規であつて、その条規に反する法律、命令、詔勅及び国務に関するその他の行為の全部又は一部は、その効力を有しない。

2　日本国が締結した条約及び確立された国際法規は、これを誠実に遵守することを必要とする。

第99条　天皇又は摂政及び国務大臣、国会議員、裁判官その他の公務員は、この憲法を尊重し擁護する義務を負ふ。

第十一章　補則

第100条　この憲法は、公布の日から起算して六箇月を経過した日から、これを施行する。

2　この憲法を施行するために必要な法律の制定、参議院議員の選挙及び国会召集の手続並びにこの憲法を施行するために必要な準備手続は、前項の期日よりも前に、これを行ふことができる。

第101条　この憲法施行の際、参議院がまだ成立してゐないときは、その成立するまでの間、衆議院は、国会としての権限を行ふ。

第102条　この憲法による第一期の参議院議員のうち、その半数の者の任期は、これを三年とする。その議員は、法律の定めるところにより、これを定める。

第103条　この憲法施行の際現に在職する国務大臣、衆議院議員及び裁判官並びにその他の公務員で、その地位に相応する地位がこの憲法で認められてゐる者は、法律で特別の定をした場合を除いては、この憲法施行のため、当然にはその地位を失ふことはない。但し、この憲法によつて、後任者が選挙又は任命されたときは、当然その地位を失ふ。

大日本帝国憲法

（明治22年2月11日）
施行明治23年11月29日

告　文

皇朕レ謹ミ畏ミ
皇祖
皇宗ノ神霊ニ誥ケ白サク皇朕レ天壌無窮ノ宏謨
ニ循ヒ惟神ノ宝祚ヲ承継シ旧図ヲ保持シテ敢テ
失墜スルコト無シ顧ミルニ世局ノ進運ニ膺リ人
文ノ発達ニ随ヒ宜ク
皇祖
皇宗ノ遺訓ヲ明徴ニシ典憲ヲ成立シ条章ヲ昭示
シ内ハ以テ子孫ノ率由スル所ト為シ外ハ以テ臣
民翼賛ノ道ヲ広メ永遠ニ遵行セシメ益々国家ノ
丕基ヲ鞏固ニシ八洲民生ノ慶福ヲ増進スヘシ茲
ニ皇室典範及憲法ヲ制定ス惟フニ此レ皆
皇祖
皇宗ノ後裔ニ貽シタマヘル統治ノ洪範ヲ紹述ス
ルニ外ナラス而シテ朕カ躬ニ逮テ時ト倶ニ挙行
スルコトヲ得ルハ洵ニ
皇祖
皇宗及我カ
皇考ノ威霊ニ倚藉スルニ由ラサルハ無シ皇朕レ
仰テ
皇祖
皇宗及
皇考ノ神祐ヲ祷リ併セテ朕カ現在及将来ニ臣民
ニ率先シ此ノ憲章ヲ履行シテ愆ラサラムコトヲ
誓フ庶幾クハ
神霊此レヲ鑒ミタマヘ

憲法発布勅語

朕国家ノ隆昌ト臣民ノ慶福トヲ以テ中心ノ欣栄
トシ朕カ祖宗ニ承クルノ大権ニ依リ現在及将来
ノ臣民ニ対シ此ノ不磨ノ大典ヲ宣布ス
惟フニ我カ祖我カ宗ハ我カ臣民祖先ノ協力輔翼
ニ倚リ我カ帝国ヲ肇造シ以テ無窮ニ垂レタリ此
レ我カ神聖ナル祖宗ノ威徳ト並ニ臣民ノ忠実勇
武ニシテ国ヲ愛シ公ニ殉ヒ以テ此ノ光輝アル国
史ノ成跡ヲ貽シタルナリ朕我カ臣民ハ即チ祖宗
ノ忠良ナル臣民ノ子孫ナルヲ回想シ其ノ朕カ意
ヲ奉体シ朕カ事ヲ奨順シ相与ニ和衷協同シ益々
我カ帝国ノ光栄ヲ中外ニ宣揚シ祖宗ノ遺業ヲ永
久ニ鞏固ナラシムルノ希望ヲ同クシ此ノ負担ヲ
分ツニ堪フルコトヲ疑ハサルナリ

朕祖宗ノ遺烈ヲ承ケ万世一系ノ帝位ヲ践ミ朕カ
親愛スル所ノ臣民ハ即チ朕カ祖宗ノ恵撫慈養シ
タマヒシ所ノ臣民ナルヲ念ヒ其ノ康福ヲ増進シ
其ノ懿徳良能ヲ発達セシメムコトヲ願ヒ又其ノ
翼賛ニ依リ与ニ倶ニ国家ノ進運ヲ扶持セムコト
ヲ望ミ乃チ明治十四年十月十二日ノ詔命ヲ履践
シ茲ニ大憲ヲ制定シ朕カ率由スル所ヲ示シ朕カ
後嗣及臣民及臣民ノ子孫タル者ヲシテ永遠ニ循
行スル所ヲ知ラシム
国家統治ノ大権ハ朕カ之ヲ祖宗ニ承ケテ之ヲ子
孫ニ伝フル所ナリ朕及朕カ子孫ハ将来此ノ憲法
ノ条章ニ循ヒ之ヲ行フコトヲ愆ラサルヘシ
朕ハ我カ臣民ノ権利及財産ノ安全ヲ貴重シ及之
ヲ保護シ此ノ憲法及法律ノ範囲内ニ於テ其ノ享
有ヲ完全ナラシムヘキコトヲ宣言ス帝国議会ハ
明治二十三年ヲ以テ之ヲ召集シ議会開会ノ時
（明治二三年一一月二九日）ヲ以テ此ノ憲法ヲ
シテ有効ナラシムルノ期トスヘシ
将来若此ノ憲法ノ或ル条章ヲ改定スルノ必要ナ
ル時宜ヲ見ルニ至ラハ朕及朕カ継続ノ子孫ハ発
議ノ権ヲ執リ之ヲ議会ニ付シ議会ハ此ノ憲法ニ
定メタル要件ニ依リ之ヲ議決スルノ外朕カ子孫
及臣民ハ敢テ之カ紛更ヲ試ミルコトヲ得サルヘ
シ
朕カ在廷ノ大臣ハ朕カ為ニ此ノ憲法ヲ施行スル
ノ責ニ任スヘク朕カ現在及将来ノ臣民ハ此ノ憲
法ニ対シ永遠ニ従順ノ義務ヲ負フヘシ

　御名御璽

大日本帝国憲法

第一章　天　皇

第1条　大日本帝国ハ万世一系ノ天皇之ヲ統治
　ス
第2条　皇位ハ皇室典範ノ定ムル所ニ依リ皇男
　子孫之ヲ継承ス
第3条　天皇ハ神聖ニシテ侵スヘカラス

第4条　天皇ハ国ノ元首ニシテ統治権ヲ総攬シ此ノ憲法ノ条規ニ依リ之ヲ行フ

第5条　天皇ハ帝国議会ノ協賛ヲ以テ立法権ヲ行フ

第6条　天皇ハ法律ヲ裁可シ其ノ公布及執行ヲ命ス

第7条　天皇ハ帝国議会ヲ召集シ其ノ開会閉会停会及衆議院ノ解散ヲ命ス

第8条　天皇ハ公共ノ安全ヲ保持シ又ハ其ノ災厄ヲ避クル為緊急ノ必要ニ由リ帝国議会閉会ノ場合ニ於テ法律ニ代ルヘキ勅令ヲ発ス

2　此ノ勅令ハ次ノ会期ニ於テ帝国議会ニ提出スヘシ若議会ニ於テ承諾セサルトキハ政府ハ将来ニ向テ其ノ効力ヲ失フコトヲ公布スヘシ

第9条　天皇ハ法律ヲ執行スル為ニ又ハ公共ノ安寧秩序ヲ保持シ及臣民ノ幸福ヲ増進スル為ニ必要ナル命令ヲ発シ又ハ発セシム但シ命令ヲ以テ法律ヲ変更スルコトヲ得ス

第10条　天皇ハ行政各部ノ官制及文武官ノ俸給ヲ定メ及文武官ヲ任免ス但シ此ノ憲法又ハ他ノ法律ニ特例ヲ掲ケタルモノハ各々其ノ条項ニ依ル

第11条　天皇ハ陸海軍ヲ統帥ス

第12条　天皇ハ陸海軍ノ編制及常備兵額ヲ定ム

第13条　天皇ハ戦ヲ宣シ和ヲ講シ及諸般ノ条約ヲ締結ス

第14条　天皇ハ戒厳ヲ宣告ス

2　戒厳ノ要件及効力ハ法律ヲ以テ之ヲ定ム

第15条　天皇ハ爵位勲章及其ノ他ノ栄典ヲ授与ス

第16条　天皇ハ大赦特赦減刑及復権ヲ命ス

第17条　摂政ヲ置クハ皇室典範ノ定ムル所ニ依ル

2　摂政ハ天皇ノ名ニ於テ大権ヲ行フ

第二章　臣民権利義務

第18条　日本臣民タルノ要件ハ法律ノ定ムル所ニ依ル

第19条　日本臣民ハ法律命令ノ定ムル所ノ資格ニ応シ均ク文武官ニ任セラレ及其ノ他ノ公務ニ就クコトヲ得

第20条　日本臣民ハ法律ノ定ムル所ニ従ヒ兵役ノ義務ヲ有ス

第21条　日本臣民ハ法律ノ定ムル所ニ従ヒ納税ノ義務ヲ有ス

第22条　日本臣民ハ法律ノ範囲内ニ於テ居住及移転ノ自由ヲ有ス

第23条　日本臣民ハ法律ニ依ルニ非スシテ逮捕監禁審問処罰ヲ受クルコトナシ

第24条　日本臣民ハ法律ニ定メタル裁判官ノ裁判ヲ受クルノ権ヲ奪ハル、コトナシ

第25条　日本臣民ハ法律ニ定メタル場合ヲ除ク外其ノ許諾ナクシテ住所ニ侵入セラレ及捜索セラル、コトナシ

第26条　日本臣民ハ法律ニ定メタル場合ヲ除ク外信書ノ秘密ヲ侵サル、コトナシ

第27条　日本臣民ハ其ノ所有権ヲ侵サル、コトナシ

2　公益ノ為必要ナル処分ハ法律ノ定ムル所ニ依ル

第28条　日本臣民ハ安寧秩序ヲ妨ケス及臣民タルノ義務ニ背カサル限ニ於テ信教ノ自由ヲ有ス

第29条　日本臣民ハ法律ノ範囲内ニ於テ言論著作印行集会及結社ノ自由ヲ有ス

第30条　日本臣民ハ相当ノ敬礼ヲ守リ別ニ定ムル所ノ規程ニ従ヒ請願ヲ為スコトヲ得

第31条　本章ニ掲ケタル条規ハ戦時又ハ国家事変ノ場合ニ於テ天皇大権ノ施行ヲ妨クルコトナシ

第32条　本章ニ掲ケタル条規ハ陸海軍ノ法令又ハ紀律ニ牴触セサルモノニ限リ軍人ニ準行ス

第三章　帝国議会

第33条　帝国議会ハ貴族院衆議院ノ両院ヲ以テ成立ス

第34条　貴族院ハ貴族院令ノ定ムル所ニ依リ皇族華族及勅任セラレタル議員ヲ以テ組織ス

第35条　衆議院ハ選挙法ノ定ムル所ニ依リ公選セラレタル議員ヲ以テ組織ス

第36条　何人モ同時ニ両議院ノ議員タルコトヲ得ス

第37条　凡テ法律ハ帝国議会ノ協賛ヲ経ルヲ要ス

第38条　両議院ハ政府ノ提出スル法律案ヲ議決シ及各々法律案ヲ提出スルコトヲ得

第39条　両議院ノ一ニ於テ否決シタル法律案ハ同会期中ニ於テ再ヒ提出スルコトヲ得ス

第40条　両議院ハ法律又ハ其ノ他ノ事件ニ付各々其ノ意見ヲ政府ニ建議スルコトヲ得但シ其ノ採納ヲ得サルモノハ同会期中ニ於テ再ヒ建議スルコトヲ得ス

第41条　帝国議会ハ毎年之ヲ召集ス

第42条　帝国議会ハ三箇月ヲ以テ会期トス必要アル場合ニ於テハ勅命ヲ以テ之ヲ延長スルコトアルヘシ

第43条　臨時緊急ノ必要アル場合ニ於テ常会ノ外臨時会ヲ召集スヘシ

2　臨時会ノ会期ヲ定ムルハ勅命ニ依ル

第44条　帝国議会ノ開会閉会会期ノ延長及停会ハ両院同時ニ之ヲ行フヘシ

2　衆議院解散ヲ命セラレタルトキハ貴族院ハ同時ニ停会セラルヘシ

第45条　衆議院解散ヲ命セラレタルトキハ勅命ヲ以テ新ニ議員ヲ選挙セシメ解散ノ日ヨリ五箇月以内ニ之ヲ召集スヘシ

第46条　両議院ハ各々其ノ総議員三分ノ一以上出席スルニ非サレハ議事ヲ開キ議決ヲ為スコトヲ得ス

第47条　両議院ノ議事ハ過半数ヲ以テ決ス可否同数ナルトキハ議長ノ決スル所ニ依ル

第48条　両議院ノ会議ハ公開ス但シ政府ノ要求又ハ其ノ院ノ決議ニ依リ秘密会ト為スコトヲ得

第49条　両議院ハ各々天皇ニ上奏スルコトヲ得

第50条　両議院ハ臣民ヨリ呈出スル請願書ヲ受クルコトヲ得

第51条　両議院ハ此ノ憲法及議院法ニ掲クルモノ、外内部ノ整理ニ必要ナル諸規則ヲ定ムルコトヲ得

第52条　両議院ノ議員ハ議院ニ於テ発言シタル意見及表決ニ付院外ニ於テ責ヲ負フコトナシ但シ議員自ラ其ノ言論ヲ演説刊行筆記又ハ其ノ他ノ方法ヲ以テ公布シタルトキハ一般ノ法律ニ依リ処分セラルヘシ

第53条　両議院ノ議員ハ現行犯罪又ハ内乱外患ニ関ル罪ヲ除ク外会期中其ノ院ノ許諾ナクシテ逮捕セラル、コトナシ

第54条　国務大臣及政府委員ハ何時タリトモ各議院ニ出席シ及発言スルコトヲ得

第四章　国務大臣及枢密顧問

第55条　国務各大臣ハ天皇ヲ輔弼シ其ノ責ニ任ス

2　凡テ法律勅令其ノ他国務ニ関ル詔勅ハ国務大臣ノ副署ヲ要ス

第56条　枢密顧問ハ枢密院官制ノ定ムル所ニ依リ天皇ノ諮詢ニ応ヘ重要ノ国務ヲ審議ス

第五章　司　法

第57条　司法権ハ天皇ノ名ニ於テ法律ニ依リ裁判所之ヲ行フ

2　裁判所ノ構成ハ法律ヲ以テ之ヲ定ム

第58条　裁判官ハ法律ニ定メタル資格ヲ具フル者ヲ以テ之ニ任ス

2　裁判官ハ刑法ノ宣告又ハ懲戒ノ処分ニ由ルノ外其ノ職ヲ免セラル、コトナシ

3　懲戒ノ条規ハ法律ヲ以テ之ヲ定ム

第59条　裁判ノ対審判決ハ之ヲ公開ス但シ安寧秩序又ハ風俗ヲ害スルノ虞アルトキハ法律ニ依リ又ハ裁判所ノ決議ヲ以テ対審ノ公開ヲ停ムルコトヲ得

第60条　特別裁判所ノ管轄ニ属スヘキモノハ別ニ法律ヲ以テ之ヲ定ム

第61条　行政官庁ノ違法処分ニ由リ権利ヲ傷害セラレタリトスルノ訴訟ニシテ別ニ法律ヲ以テ定メタル行政裁判所ノ裁判ニ属スヘキモノハ司法裁判所ニ於テ受理スルノ限ニ在ラス

第六章　会　計

第62条　新ニ租税ヲ課シ及税率ヲ変更スルハ法律ヲ以テ之ヲ定ムヘシ

2　但シ報償ニ属スル行政上ノ手数料及其ノ他ノ収納金ハ前項ノ限ニ在ラス

3　国債ヲ起シ及予算ニ定メタルモノヲ除ク外国庫ノ負担トナルヘキ契約ヲ為スハ帝国議会ノ協賛ヲ経ヘシ

第63条　現行ノ租税ハ更ニ法律ヲ以テ之ヲ改メサル限ハ旧ニ依リ之ヲ徴収ス

第64条　国家ノ歳出歳入ハ毎年予算ヲ以テ帝国議会ノ協賛ヲ経ヘシ

2　予算ノ款項ニ超過シ又ハ予算ノ外ニ生シタ

ル支出アルトキハ後日帝国議会ノ承諾ヲ求ム
ルヲ要ス

第65条　予算ハ前ニ衆議院ニ提出スヘシ

第66条　皇室経費ハ現在ノ定額ニ依リ毎年国庫
ヨリ之ヲ支出シ将来増額ヲ要スル場合ヲ除ク
外帝国議会ノ協賛ヲ要セス

第67条　憲法上ノ大権ニ基ツケル既定ノ歳出及
法律ノ結果ニ由リ又ハ法律上政府ノ義務ニ属
スル歳出ハ政府ノ同意ナクシテ帝国議会之ヲ
廃除シ又ハ削減スルコトヲ得ス

第68条　特別ノ須要ニ因リ政府ハ予メ年限ヲ定
メ継続費トシテ帝国議会ノ協賛ヲ求ムルコト
ヲ得

第69条　避クヘカラサル予算ノ不足ヲ補フ為ニ
又ハ予算ノ外ニ生シタル必要ノ費用ニ充ツル
為ニ予備費ヲ設クヘシ

第70条　公共ノ安全ヲ保持スル為緊急ノ需用ア
ル場合ニ於テ内外ノ情形ニ因リ政府ハ帝国議
会ヲ召集スルコト能ハサルトキハ勅令ニ依リ
財政上必要ノ処分ヲ為スコトヲ得

2　前項ノ場合ニ於テハ次ノ会期ニ於テ帝国議
会ニ提出シ其ノ承諾ヲ求ムルヲ要ス

第71条　帝国議会ニ於テ予算ヲ議定セス又ハ予
算成立ニ至ラサルトキハ政府ハ前年度ノ予算
ヲ施行スヘシ

第72条　国家ノ歳出歳入ノ決算ハ会計検査院之
ヲ検査確定シ政府ハ其ノ検査報告ト倶ニ之ヲ
帝国議会ニ提出スヘシ

2　会計検査院ノ組織及職権ハ法律ヲ以テ之ヲ
定ム

第七章　補　則

第73条　将来此ノ憲法ノ条項ヲ改正スルノ必要
アルトキハ勅命ヲ以テ議案ヲ帝国議会ノ議ニ
付スヘシ

2　此ノ場合ニ於テ両議院ハ各々其ノ総員三分
ノ二以上出席スルニ非サレハ議事ヲ開クコト
ヲ得ス出席議員三分ノ二以上ノ多数ヲ得ルニ
非サレハ改正ノ議決ヲ為スコトヲ得ス

第74条　皇室典範ノ改正ハ帝国議会ノ議ヲ経ル
ヲ要セス

2　皇室典範ヲ以テ此ノ憲法ノ条規ヲ変更スル
コトヲ得ス

第75条　憲法及皇室典範ハ摂政ヲ置クノ間之ヲ
変更スルコトヲ得ス

第76条　法律規則命令又ハ何等ノ名称ヲ用ヰタ
ルニ拘ラス此ノ憲法ニ矛盾セサル現行ノ法令
ハ総テ遵由ノ効力ヲ有ス

2　歳出上政府ノ義務ニ係ル現在ノ契約又ハ命
令ハ総テ第六十七条ノ例ニ依ル

索　引

ア 行

アクセス権 ……………………………… 155，156
旭川学力テスト事件最高裁判決
………………………… 177，180~182，186
朝日訴訟 …………………………………… 165
芦田修正 ………………………………… 26，51
新しい人権 ………………………………… 155
アメリカ合衆国憲法 ……………………… 126
アメリカ独立宣言 ………………………… 67
安全保障関連法 ……… 55，57，59，60，62~64
安楽死 …………………………………… 102
「家」制度 ………………………………… 228
違憲状態 ………………………………… 115
違憲審査 ………………………………… 112
違憲審査基準 ……………… 84，279，280
違憲性の推定 …………………………… 123
萎縮効果（chilling effect）……… 150~152，156
泉佐野市民会館事件判決 ………………… 124
一時不再議の原則 ………………………… 251
一般的・包括的法律授権説 ……………… 290
一票の価値 ……………………………… 114
イラク復興支援特別措置法 …………… 61，63
インターネット規制 ……………………… 160
ヴァイマル憲法 ……………… 69，125，130
営業の自由 ……………………………… 208
営利的言論 ……………………………… 153
愛媛玉串料訴訟 ………………………… 146
LRA 基準 ………………………………… 153
沿革・共同体意思説 ……………………… 286
冤罪事件 ………………………………… 198
大阪空港公害訴訟 ……………………… 168
大津事件 …………………………………… 18
押しつけ憲法論 …………………………… 28

カ 行

海外渡航の自由 ………………………… 207
会期 ……………………………………… 251
会期制 …………………………………… 251
会期中の不逮捕特権 …………………… 245-6
会議の原則 ……………………………… 251

会期不継続の原則 ……………………… 251
外国人 ……………………………………… 78
──の人権 ……………………………… 120
会派 ……………………………………… 249
外務省秘密漏洩事件 …………………… 158
閣議 ……………………………………… 260
学習権 …………………………… 177，178
学習権説 ………………………………… 177
学問の自由 ……………………………… 181
鹿児島大嘗祭違憲訴訟 ………………… 146
家族 ……………………………………… 117
華族、貴族 → 身分
家族国家 ………………………………… 229
学校教育法 ……………………………… 177
合衆国憲法修正 1 条 …………………… 126
家庭内暴力 ……………………………… 238
過度の広汎性のゆえに無効 …………… 152
間接差別 ………………………………… 236
間接選挙 ………………………………… 221
間接適用説（間接効力説）………………… 92
慣例 ……………………………………… 260
議院規則制定権 ………………………… 252
議院自律権 ……………………………… 272
議員定数不均衡訴訟 …………………… 114
議院内閣制 ……………… 19，221，248，260
──の本質 ……………………………… 261
議院の権能 ……………………… 252，253
議院の懲罰権 …………………………… 252
議会制民主主義 ………………………… 241
棄権の自由 ……………………………… 220
基本権保護義務論 ……………………… 93
君が代ピアノ伴奏拒否事件 …………… 133
義務教育 ……………………………… 174~178
義務の免除 ……………………………… 139
逆コース ………………………………… 178
客観訴訟 ………………………… 271，276
救貧施策 ………………………………… 164
教育基本法 ……………… 176，182~186
教育権 …………………………………… 179
教育内容決定権 ………………………… 178
教育に関する勅語（教育勅語）………… 178

教育を受けさせる義務 ……………………… 7
教育を受ける権利 …… 7, 174, 175, 177, 178
行政各部 ………………………………… 254
強制加入 ………………………………… 78
行政権 …………………………………… 254
行政裁判所 ……………………………… 17
行政裁量 ………………………………… 273
強制労働の禁止 ………………………… 170
極東委員会 ……………………………… 25
居住・移転の自由 ………………… 201, 207
起立斉唱命令事件 ……………………… 134
緊急集会 ………………………………… 251
緊急逮捕 ………………………………… 193
均衡本質説 ……………………………… 261
近代選挙の五原則 ………………… 217, 218
近代戦争遂行能力 ……………………… 55
均等待遇 ………………………………… 170
勤労条件法定主義 ……………………… 169
勤労の義務 ……………………………… 8
具体的権利説 …………………………… 163
経済的自由（経済活動自由）
　………………… 113, 122~124, 148, 201
警察官 …………………………………… 189
警察予備隊 ……………………………… 54
警察予備隊違憲訴訟 …………………… 277
形式的意味の憲法 …………………… 10, 11
形式的平等 ………………………… 108, 112
刑事施設被収容者の人権 ……………… 89
刑事手続 ………………………………… 188
敬譲 ……………………………………… 124
契約の自由 ……………………………… 211
結婚年齢 ………………………………… 118
検閲 ………………………………… 149, 151
厳格な基準 ……………………………… 84
厳格な合理性の基準 ………… 84, 113, 203
厳格な審査 ………………… 113, 151, 152
現行犯逮捕 ……………………………… 193
検察官 …………………………………… 189
現代行政統制 …………………………… 265
現代国家 ………………………………… 107
限定的法律授権説 ……………………… 290
剣道実技拒否事件 ……………………… 140
憲法改革論 ……………………………… 265
憲法改正 …………………………… 12, 14
　──の発議権 ………………………… 252

憲法研究会 ……………………………… 29
憲法裁判所 ……………………………… 276
憲法14条1項後段 ……………………… 132
憲法上の権限 …………………………… 260
憲法訴訟 ………………… 224, 277, 278
憲法尊重擁護義務 ……………… 4, 7, 175
憲法直接授権説 ………………………… 290
憲法73条 ………………………………… 259
憲法24条 ………………………………… 118
憲法問題調査会 ………………………… 23
権利一元説 ……………………………… 217
権利公務二元説 ………………………… 216
権力性の契機 …………………………… 35
権力分立 ……………………………… 6, 124
公開の原則 ……………………………… 251
公共財 …………………………………… 149
公共収用 ………………………………… 211
公共の福祉 ………… 9, 82, 129, 148, 202
合憲性の推定 …………………………… 123
合憲性判定基準 ………………………… 123
皇室典範 ………………………………… 38
麹町中内申書事件 ……………………… 133
公衆浴場距離制限事件 ………………… 206
公職選挙法 ………………………… 114, 220
　──11条1項1号 …………………… 223
控除説 …………………………………… 254
公人行為説 ……………………………… 41
交戦権 ……………………………… 50~52
幸福追求権 ……………………………… 95
公平かつ迅速な公開の裁判を受ける権利
　………………………………………… 195
公民的資質 ……………………………… 182
公務一元説 ……………………………… 216
公務員 ………………… 215, 216, 226
　──の人権 …………………………… 86
公務就任権 ………………………… 215, 217
拷問の禁止 ……………………………… 197
小売市場距離制限事件 ………………… 204
合理性の基準 …………………………… 84
合理的（な）根拠の基準 ……… 113, 204
合理的人間像 …………………………… 71
港湾法 …………………………………… 284
国際平和支援法 ………………………… 63
国事行為の臨時代行に関する法律 …… 38
国事行為臨時代行 …………………… 38, 39

国勢調査権 ……………………… 252，253
国籍法 ………………………… 118，207
国籍要件 ……………………… 222，226
国籍離脱の自由 …………………… 207
国体 ………………………… 11，12，21
国民 …………………………………… 120
　──の三大義務 …………… 7，8，175
　──の代表機関 ………………… 241
国民（の）教育権説 ………… 179，180
国民主権 ……………………………… 26
国民審査 ……………………………… 35
国民内閣制論 ……………………… 265
国務大臣の適格要件 ……………… 258
国務大臣の任免権 ………………… 259
国連憲章51条 ……………… 54，55，64
国連平和維持活動 (PKO) ………… 58
個人主義 ……………………………… 9
個人の尊厳 ………………… 5，11，12
個人の尊重 …………… 9，11，106
国会 ………………………………… 241
　──の権能 ……………………… 252
国会議員 ………… 216，245，246，257
国家機密 …………………………… 158
国家教育権説 ……………… 179，180
国家権力 ……… 4~7，11~13，174，175
国家公務員法 ……………………… 117
国家固有の憲法 ……………………… 11
国権の最高機関 …………… 241，243
個別的自衛権 ……………… 55，59，64
固有権説 …………………………… 285
固有の意味の憲法 …………………… 11
固有の憲法 …………………………… 12
雇用差別→差別
雇用対策法 ………………………… 116
婚姻 ………………………………… 118
婚姻適齢 …………………………… 236

サ　行

在外日本人選挙権訴訟 …………… 224
最高規範 ……………………………… 12
最高規範性 …………………………… 13
最高法規 ……………………………… 2，3
最高法規性 ……………… 5，6，12~14
再婚禁止期間 ……………………… 237
財産権 ……………………… 201，208

財政の監督権 ……………………… 252
在宅投票制度 ……………… 114，224，225
在宅投票制度廃止違憲訴訟 ……… 224
最低賃金 …………………………… 170
再度議決 …………………………… 245
裁判員 ……………………………… 190
裁判員制度 ………… 199，269，270
裁判官 ……………………………… 189
裁判の公開原則 …………………… 268
裁判を受ける権利 ………… 267，268
歳費受領権 ………………………… 246
差別 ………………………… 107，116
差別的表現・「ヘイトスピーチ (hate speech)」
………………………………………… 153
サラリーマン税金訴訟 …………… 114
猿払事件 ……………………………… 88
残虐刑の禁止 ……………………… 195
サンケイ新聞広告事件 …………… 156
三行為説 ……………………………… 40
参政権 ………… 72，215，217-8
三段階審査 …………………………… 85
GHQ内の民生局 (Government Section：GS)
………………………………………… 24
自衛官合祀訴訟 …………………… 137
自衛権 … 50，53，54，56，57，64，65
自衛戦争 ………………………… 49~52
自衛隊イラク派遣違憲訴訟 ……… 61
自衛隊加憲 …………………………… 64
自衛力 ………………… 53~58，64
塩見訴訟 …………………………… 165
資格争訟の裁判権 ………………… 252
死刑 ………………………………… 198
事件性の要件 ……… 271，272，275~277
自己決定権 ………………………… 101
自己実現 …………………………… 149
自己情報コントロール権 ………… 99
自己統治 …………………………… 149
事後法と「二重の危険」の禁止 … 195
事情判決 …………………………… 115
事前抑制 ………………………… 149~151
思想の自由市場 ………… 123，149，150
実質的意味の憲法 …………… 10~12
実質的平等 ………………… 108，112
私的行為 ……………………………… 40
私的自治の原則 ……………………… 91

児童虐待 ································· 238
司法権 ························· 270, 271
　　――の独立 ··················· 15
司法消極主義 ················ 278, 280
司法積極主義 ················ 278, 281
市民革命 ······························ 5, 8
市民的及び政治的権利に関する国際規約 ··· 217
社会学的（意味での）代表 ········· 241, 242
社会権 ························· 73, 174
社会的権力 ························· 92
社会の安全弁 ······················· 149
謝罪広告（強制）事件 ········· 128, 129
自由委任の原則 ····················· 243
集会・結社の自由 ··················· 159
就学必需費無償説 ··················· 176
衆議院の優越 ······················· 245
住基ネット訴訟 ····················· 101
宗教 ····························· 136
宗教的結社の自由 ··················· 138
宗教的行為の自由 ············· 123, 138
宗教的人格権 ······················· 137
宗教法人オウム真理教解散事件 ········· 138
住居の選定 ························· 233
住居の不可侵 ······················· 194
自由権 ························· 72, 174
自由権規約と社会権規約 ··············· 70
住所要件 ························· 222
自由選挙 ············ 218, 219, 247, 248
集団安全保障 ························· 49
集団的自衛権 ····· 51, 55, 57, 59, 60, 62, 64
周辺事態法 ························· 60
住民自治 ························· 282
住民投票（プレビシット） ············· 293
重要影響事態法 ················ 60, 63
授業料無償説 ················ 176, 177
主権 ····························· 3, 32
授権規範性 ························· 4
主権者教育 ················ 182, 183
取材の自由 ························· 157
首相と内閣の強力なリーダーシップ ······· 265
酒類販売免許制事件 ················· 206
準現行犯逮捕 ······················· 193
準国事行為説 ························· 40
常会 ····························· 251
障害者差別解消法 ··················· 115

消極（的）国家 ················ 162, 201
消極的要件 ························· 226
消極目的規制 ······················· 113
少子化問題 ························· 239
常設性 ····························· 251
小選挙区制 ················ 248, 265
小選挙区比例代表並立制 ··············· 249
象徴行為説 ························· 41
象徴たる地位に基づく公的行為＝象徴的行為
　　··························· 41
象徴的表現 ························· 154
象徴天皇制 ························· 36
象徴としてのお努めについての天皇陛下の
　　おことば ····················· 44
証人喚問権 ························· 195
証人審問権 ························· 195
承認説 ····························· 285
消費者保護 ························· 211
情報開示請求権 ················ 155, 156
情報公開法 ························· 156
情報自己決定権 ····················· 99
条約の承認権 ······················· 252
条例制定権 ························· 288
条例法律説 ························· 290
職業選択の自由 ················ 201, 204
女系天皇 ························· 42
女子再婚禁止期間規定訴訟 → 待婚期間
女性差別撤廃条約 ··········· 117, 235
女性天皇 ························· 42
女性宮家 ························· 43
庶民院・貴族院 ····················· 244
知る権利 ················ 155, 156
人格権 ················ 100, 204
新型インフルエンザ等対策特別措置法 ······· 214
信教の自由 ············ 127, 135, 137
人権 ····························· 5, 6
　　――の私人間適用（効力） ········· 91
　　――の対国家権力性 ··············· 91
　　――の内在的制約 ················· 81
　　――の不可侵性 ············ 70, 81
人権宣言 ························· 5
信仰の自由 ························· 127
人種 ····························· 107
新自由主義 ························· 167
人種差別撤廃条約 ············ 117, 154

信条 ……………………………………… 107
信条説 ……………………………… 127, 128
人身の自由 ……………………… 122, 187
身体的自由→人身の自由
人民主権 ……………………………… 217
人民主権説 …………………………… 285
臣民の権利 ……………………………… 6, 13
侵略戦争 …………………………… 49~52
森林法判決 …………………………… 213
垂直的権力分立 ……………………… 283
水平的権力分立 ……………………… 283
砂川事件 ………………………………… 57
生活保護 …………………………… 176, 177
生活保護引き下げ違憲訴訟
　　（いのちのとりで裁判）………… 164
税関検査事件 ………………………… 151
政教分離 ……………………………… 136
　　──の原則 ……………………… 140
制限規範 ………………………………… 12
制限選挙 ……………………………… 218
政治改革立法 ………………………… 249
政治資金規制の強化 ………………… 249
政治スト ……………………………… 171
政治的代表 ………………………… 241, 242
政治的中立性 ………………………… 255
政治的美称 …………………………… 33
政治的美称説 ………………………… 243
精神的自由 ………………… 122, 124, 148
　　──の優越的地位 …………… 122, 123
生前退位 ………………………………… 43
生存権 ……………………………… 174, 175
生存権説 …………………………… 175~178
政党 …………………………………… 249
政党助成法 …………………………… 249
正当性の契機 ………………………… 36
正当な補償 …………………………… 211
制度説 ………………………………… 263
制度的保障 ………………………… 74, 141
制度的保障説 ………………………… 285
成年被後見人 ………………………… 223
性別 …………………………………… 107
性別役割分業型家族 ………………… 234
世界人権宣言 ……………………… 126, 217
責任本質説 …………………………… 261
積極（的）国家 …………………… 162, 202

積極政策目的（による）規制 ……… 113
積極的差別是正措置（affirmative action）
　　…………………………………… 108
積極的定義 …………………………… 255
積極的要件 …………………………… 226
摂政 …………………………………… 38
全会一致 ……………………………… 260
選挙 ………………………………… 215, 246
　　──における原則 ……………… 247
選挙区 ………………………………… 248
選挙権 ……………………………… 215, 216
選挙権及び被選挙権の享有が否認される者
　　…………………………………… 223
選挙権享有の消極的要件 …………… 223
選挙権享有の積極的要件 …………… 222
選挙権享有の要件 …………………… 222
選挙権の欠格事項 …………………… 223
選挙制度 ……………………………… 248
選挙制度改革 ………………………… 249
選挙人団 ……………………………… 248
全国民の代表 ……………………… 242, 245
煽動（せんどう）………………… 152, 153
専門技術性 …………………………… 255
戦力 ……………………………… 50, 53~58
総会（町村総会）…………………… 289
臓器移植 ……………………………… 103
争議権（団体行動権）……………… 171
総合調整機能 ………………………… 243
相続 …………………………………… 233
租税法律主義 …………………………… 8
空知太神社事件 ……………………… 147
尊厳死 ………………………………… 102
尊属殺重罰規定違憲判決 …………… 119
尊属殺人罪 …………………………… 234
存立危機事態 ……………………… 62, 64

　　　　　　タ　行

対抗言論 ……………………………… 133
待婚期間 …………………………… 118, 119
第三者所有物没収事件 ……………… 192
大選挙区制 …………………………… 248
大統領制 ……………………………… 260
大日本帝国憲法（明治憲法）
　　…… 6, 7, 11, 13, 15, 126, 132, 178
代表民主制 …………………………… 241

代理懐胎 ……………………………………… 102
代理投票 ……………………………………… 224
高訴訟 ………………………………………… 166
ダグラス・マッカーサー …………………… 21
他事記載の禁止 ……………………………… 221
たたかう民主主義 ………………… 130，131
田中二郎 ……………………………………… 255
多文化主義 …………………………………… 121
弾劾裁判所の設置権 ………………………… 252
団結権 ………………………………………… 171
男女雇用機会均等法 ………… 116，118，235
男女同一賃金 ………………………………… 170
団体交渉権 …………………………………… 171
団体自治 ……………………………………… 282
治安維持法 ……………… 6，12，127，132
知的財産権 …………………………………… 209
地方議会議員 ………………………………… 216
地方自治の本旨 ……………………………… 282
地方自治は民主政治の最良の学校 ………… 283
嫡出子 ………………………………………… 110
チャタレー夫人の恋人 ……………………… 152
中間審査基準 ………………………………… 153
中間的な審査 ………………………………… 150
抽象的違憲審査制 ………………… 275，276
抽象的権利 …………………………………… 156
抽象的権利説 ………………………………… 163
中選挙区制 …………………………………… 248
長 ……………………………………………… 216
徴兵制 ………………………………………… 132
直接選挙 ………………… 218，221，247
直接適用説（直接効力説） ………………… 92
沈黙の自由 ………………………… 129，131
通信の秘密 …………………………………… 160
津地鎮祭事件 ………………………………… 142
定義づけ衡量 ………………………………… 152
定足数 ………………………………………… 251
敵基地攻撃能力 ……………………………… 65
適正手続 ……………………………………… 191
適用違憲 ……………………………………… 280
テロ対策特別措置法 ………………… 61，63
天皇 …………………………………………… 76
　──の国事行為 …………………………… 37
　──の退位等に関する皇室典範特例法 …… 45
天皇機関説 …………………………………… 20
ドイツ基本法 ……………………… 130，132

党議拘束 ……………………………………… 243
東京都保健師管理職選考受験資格確認等請
　求事件 ……………………………………… 80
同性愛カップル ……………………………… 238
統制権 ………………………………………… 171
同性婚 ……………………………… 102，118
統治行為 …………………………… 273，274
投票価値の平等 ……………………………… 115
投票所自書主義 ……………………………… 220
投票の秘密侵害罪 …………………………… 221
時・場所・方法の規制 ……………………… 154
特別会 ………………………………………… 251
特別権力関係論 ……………………………… 85
特別裁判所 ………………………… 18，267
独立行政委員会 ……………………………… 255
苫米地（事件）訴訟 ……………… 264，275
奴隷的拘束からの自由 ……………………… 187

ナ　行

内閣 …………………………………………… 254
　──の衆議院解散決定権 ……………… 261
　──の首長としての地位 ……………… 259
　──の職権 ……………………………… 259
内閣総辞職 …………………………………… 258
内閣総理大臣公式参拝違憲訴訟 …………… 145
内閣総理大臣によるその他の国務大臣の任命
　……………………………………………… 256
内閣総理大臣の権限 ………………………… 259
内在的制約説 ………………………………… 82
内心説 ……………………………… 127，128
内心の自由 ………………………… 126，127
中嶋訴訟 …………………………… 166，176
長沼事件 ……………………………………… 57
7条説 ………………………………………… 263
奈良県ため池条例事件 ……………………… 213
成田新法事件 ………………………………… 192
二院制 ………………………………………… 244
二行為説 ……………………………………… 40
二重の基準 ………………………… 113，203
二重の基準論 …… 84，123，125，148，279
二大政党制 …………………………………… 265
日米安全保障条約 ………… 59，60，274
日米ガイドライン ………………… 60，63
妊娠中絶 ……………………………………… 104
年齢要件 …………………………… 222，226

納税の義務 ……………………………… 8
ノモス主権論 …………………………… 47

ハ 行

バージニア憲法 …………………… 125
配偶者の選択 ……………………… 230
博多駅 TV フィルム事件 ………… 157，158
漠然不明確または過度に広汎な制約 ……… 149
パターナリズム …………………… 75
八月革命説 ………………………… 28
パブリック・フォーラム ………… 154
パワハラ防止法 …………………… 116
犯罪被害者 ………………………… 199
判断過程統制論 …………………… 273
PKO 協力法 ……………………… 58
比較衡量論 ………………………… 83
被疑者 ……………………………… 189
被告人 ……………………………… 189
被選挙権 ……………… 215，217，225，226
被選挙権享有の要件 ……………… 226
非嫡出子相続分違憲決定 ………… 119
非適用説（無効力説） …………… 92
人及び市民の権利宣言 …………… 68
人たるに値する生活 ……………… 170
一人一票 …………………………… 219
秘密選挙 ……………… 218，220，247
秘密投票 …………………………… 220
表決数 ……………………………… 251
表現内容規制（content-based regulation）
…………………………… 149，150，152
表現内容中立規制（content-neutral regulation）
…………………………… 149，150，154
表現の自由 ………………………… 13
　──の「優越的地位」 …………… 148
平等選挙 ……………… 218，219，247
ファシズム（全体主義） ……… 125，126
風営法ダンス規制事件 …………… 206
夫婦同姓 …………………………… 236
夫婦同姓規定違憲訴訟 → 夫婦別姓
夫婦別姓 ……………………… 118，119
フェイク・ニュース ………… 161，293
福祉国家 ……………………… 162，202
付随的違憲審査制 ……………… 275~277
2つの適格要件 …………………… 257
普通教育 ……………… 175，176，182

普通選挙 ……………… 26，218，247
不平等選挙 ………………………… 219
踏絵（絵踏み） …………………… 132
プライバシー権 …………………… 99
プライバシー侵害 ………………… 153
フランクフルト憲法 ……………… 68
フランス人権宣言16条 …………… 5，6
ブランダイス・ルール（憲法判断回避のルール）
…………………………… 277，278
Brandenburg vs. Ohio 判決 …… 153
武力攻撃事態法 …………………… 59，62
プログラム規定説 ………………… 163
プロバイダー責任制限法 ………… 161
文民 ………………………………… 257
文民条項 …………………………… 258
文民統制（シビリアン・コントロール） …… 257
文面上違憲無効 …………… 151，152
文面上無効 ………………………… 150
ベアテ・シロタ …………………… 229
ヘイト・スピーチ ………………… 154
平和主義 ……………… 48~50，55，64
弁護士 ……………………………… 189
弁護人選任権・国選弁護人選任請求権 …… 195
防衛や外交は国の専管事項 ……… 284
法人 ………………………………… 77
放送の自由 ………………………… 158
報道の自由 ………………… 157，159
法の下の平等 ……………………… 106
防貧施策 …………………………… 164
法律案の提出権 …………………… 252
法律上の争訟 …………… 271，275，276
法律先占論 ………………………… 290
法律の議決 ………………………… 245
法律の議決権 ……………………… 252
法律の留保 ……… 6，7，13，19，70，81
法令違憲 …………………………… 280
保障否定説 ………………………… 285
ポツダム宣言 ……………………… 21
堀木訴訟 …………………………… 165
堀越事件 …………………………… 89
堀越事件控訴審判決 ……………… 281
ボン基本法 ………………………… 69

マ 行

マイノリティ ……………… 110，121

マクリーン事件 ……………………… 120, 208
マッカーサー・ノートまたはマッカーサー
　　三原則 …………………………………… 24
松本烝治 …………………………………… 23
未成年者 …………………………………… 75
三井美唄炭鉱労組事件 …………………… 226
三菱樹脂事件（判決）………… 94, 116, 132
南九州税理士会事件 ……………………… 78
箕面忠魂碑訴訟 …………………………… 146
美濃部達吉 ………………………………… 20
身分 ………………………………… 107, 111
宮沢俊義 …………………………………… 23
民主政の過程 ……………………………… 124
民主的第二次院型 ………………………… 244
民族 ………………………………………… 120
無記名投票 ………………………………… 221
無償範囲法定説 …………………………… 176
明確性の原則 ……………………………… 152
明白かつ現在の危険 ……………………… 153
明白性の基準 ……………………………… 204
名誉棄損表現 ……………………………… 153
名誉権 ……………………………………… 100
免責特権 …………………………………… 246
目的・効果基準 …………………………… 143
黙秘権 ……………………………………… 195
門地 ………………………………………… 107

ヤ　行

夜警国家 …………………………………… 162
靖国神社 …………………………… 135, 144
薬局距離制限事件 ………………………… 206
「唯一」の意味 …………………………… 244

唯一の立法機関 …………………… 241, 243
郵便投票 …………………………………… 224
United States vs. O'Brien 判決 …………… 154
よど号ハイジャック記事抹消事件 ……… 90
予防接種被害裁判 ………………………… 213
より制限的でない他の選びうる手段（LRA）
　　の基準 ………………………………… 154

ラ・ワ　行

利己主義（ミーイズム）………………… 9
離婚 ………………………………………… 231
立憲主義 ………………… 3~7, 9, 11, 12, 175
立憲的意味の憲法 ………………………… 11
立候補の自由 ……………………………… 226
立法裁量 …………………………… 117, 273
立法裁量論 ………………………………… 163
「立法」の意味 …………………………… 244
柳園生活保護国賠訴訟 …………………… 166
良心的兵役拒否 …………………………… 132
旅券発給拒否事件 ………………………… 208
臨時会 ……………………………………… 251
連合国最高司令官総司令部
　　（General Headquarters；GHQ）………… 21
連邦議会型 ………………………………… 244
労災障害等級訴訟 ………………………… 109
労働基準法 ………………………………… 117
69条解散限定説 …………………… 261, 262
69条解散非限定説 ………………… 261, 262
65条説 ……………………………………… 263
猥褻（わいせつ）………………………… 152
忘れられる権利 …………………………… 161

初学者のための憲法学 ［新版］

2008 年 3 月 10 日　初版第 1 刷発行
2020 年 4 月 15 日　初版第16刷発行
2021 年 4 月 1 日　新版第 1 刷発行
2024 年 4 月 10 日　新版第 4 刷発行

著　者　麻生多聞・青山豊・三宅裕一郎
　　　　實原隆志・福嶋敏明・志田陽子
　　　　岡村みちる・馬場里美・飯島滋明
　　　　榎澤幸広・奥田喜道

発行者　　　木 村 慎 也

・定価はカバーに表示　　　印刷　恵友社／製本　和光堂

発行所　株式会社 北 樹 出 版

〒153-0061　東京都目黒区中目黒1-2-6

電話(03)3715-1525(代表)　FAX(03)5720-1488